The Hunt for History

On the Trail of the World's Lost Treasures—from the Letters of Lincoln, Churchill, and Einstein to the Secret Recordings Onboard JFK's Air Force One

歷史獵人

追尋失落的世界寶藏

著｜奈森．拉伯（Nathan Raab）、盧克．巴爾（Luke Barr）
譯｜韓翔中

獻給凱倫（Karen）與伊莉莎白（Elizabeth）。

目次

前言
Preface

一八四九年，我的曾曾祖父查理・沃恩・休士頓（Charles Vaughn Houston）在波士頓上了船，這個懷抱雄心壯志的年輕人要趕赴加州的淘金潮。他繞過南美洲南端的火地島之角，在舊金山上了岸。旅途來到金礦區後，他從事起挖金來，直到一八五五年，之後帶著收獲的黃金搭船前往巴拿馬。他從巴拿馬開啟了另一段驚險又充斥黃熱病威脅的陸上旅程，跨越中美地峽，而後再度搭上船返回緬因州，並在那兒迎娶了他的甜心蘇佛尼雅・安・波特（Sophronia Ann Potter）。他花了好幾年時光才累積了那些黃金，那是他日益嫻熟的專業與努力，再加上不少運氣所換得的。

我經常在想，曾曾祖父究竟經歷了多少次的徒勞無功？當他這樣子搜索著崎嶇的地表，在河床上淘洗、尋找寶藏，看著地上的斑痕思索著下方是否藏著東西，他的稀世「白鯨」[1]應當就是深埋在地下閃亮亮的黃金礦脈吧？我不知道他到底有沒有找著，只知道他從礦區回來的時候已經成了個有錢人了。我們有個家族傳家寶便是這個時期留下的，那是他在加州找到的一塊黃金；也許，這來自他最起初尋獲的所得。

我在獵取的，則是另一種類型的事物。我在搜尋歷史，搜索過去的遺物，尋找歷史文件與物件，我追尋重要的、甚至是無價的東西——所謂的無價不僅在於價格，而且是具有重要意義的。我盡全力為我們的公司「拉伯收藏」（Raab Collection）尋得那些物件，並且公開販售。

緬因的某間閣樓裡剛發現了一只盒子，裡頭有亞歷山大．漢彌爾頓（Alexander Hamilton）[2]親筆寫的二十封信；喬治．華盛頓（George Washington）手寫的一份地址；第一位飛越大西洋的女性飛行員愛蜜莉亞．艾爾哈特（Amelia Earhart）填寫的飛行著陸證書；尼爾．阿姆斯壯（Neil Armstrong;）攜往月球又帶回來的美國國旗；愛因斯坦（Albert Einstein）一封未公開出版的信件，內容是關於相對論的探討。

每一天都有來自世界各地的人聯絡上門，邀請我們去看看他們有些什麼、價值多少、如何賣出。每一天，我會仔細檢查數十件歷史文件與物件，看看能不能發現新寶藏。有些物件很有價值，有些則不然；有些物件是真跡，有些則非。對於前者而言，我送上好消息；對後者來說，我則敲碎了美夢。不！很不幸地，你透過網路傳來的那封林肯信件不是真跡。不！那本一九七〇年代的甘地親筆簽名書也不是，甘地在一九四八年就死了。

我在尋找那些不好辨識的前人遺物，永遠在注意是否有尚未發掘的景色。在這層意義上，我就像是在尋人，尋找那些塑造歷史的偉大人物。那個發現的時刻到來具有一種崇高感、使命感，其他的一切都變得不重要了。英國浪漫詩人濟慈（John Keats）用十四行詩〈初讀查普曼譯荷馬〉（On First Looking into Chapman's Homer）攫住了這種感受：「於是我感覺自己似是天象的觀察者／一顆新的星球竄入眼簾／或像不屈不撓的科爾蒂斯（Cortez）[3]以他的鷹眼／凝視著太平洋——而他所有手下／面面相覷，浸淫在沉默的狂想／就在那達理恩（Darien）的山巔上。」

我發覺自己能夠理解那種感受。在那個時刻，所有的過往歷史一下子全都湧現於前。

每一天都帶來新的希望，一種對於發現的全新振奮：這也是為什麼，我們是這

1〔譯註〕「白鯨」是指朝思暮想、千辛萬苦卻又很難找到的事物，出自《白鯨記》（*Moby-Dick*）典故。

2〔譯註〕亞歷山大·漢彌爾頓（一七五五—一八〇四）是美國開國元勳，憲法起草人之一。

3〔譯註〕科爾蒂斯（一四八五—一五四七），西班牙在中南美洲的探險者、殖民者，以征服阿茲特克（Aztec）帝國著稱。

一行的佼佼者。這種感受從不折損。每次發現的輪廓都是相異的，每日發現的紋理也都在變化——物件的重要性與稀有程度、藏品的大小與淵源皆有所差別。一份麻薩諸塞州康柯特鎮（Concord）的原始土地調查，是由亨利・大衛・梭羅（Henry David Thoreau）[4]所繪製；甘地親筆的一封信，裡頭陳述著自己相信耶穌；華盛頓在福吉谷（Valley Forge）冬季紮營時寫下的信件；邱吉爾在地下作戰室所寫的信件裡，感謝美國人協助英國對抗希特勒。我的曾曾祖父不斷篩選、篩選再篩選，直到他發現小金塊；而我們在做的也是一樣的事，篩選、篩選再篩選，冀望能夠尋到歷史的寶庫。

我從事這行已有十五年，從初入行的學徒到如今獨當一面，我曾經發掘不少歷史寶藏，也曾經失望沮喪：碰上贗品、收藏者不願割愛，甚或買到贓物等等。我曾無奈地告訴傑拉德・福特（Gerald Ford）[5]的外甥，他手上那張叔叔的簽名是複製品。這感覺真的很古怪，尤其是對方的長相實在像極了那位前總統。

不過，當你遇上真正的大交易，那種興奮感真是難以言說。就像我的祖宗休士頓夢想自己能找到地底深處的金礦礦脈，我們也是如此。我夢想能夠找到了不得的歷史遺物，一些古往今來從沒有人見識過的東西，豐富的重要文件、書信、物件等等——那樣的發現可會改變人們對歷史的看法。或許有某個家族世世代代一直擁有某些收藏，它們被放在地下室裡，直到今日才終於被發覺，是那些從美洲開發早期留傳至今的驚人遺產。

數年前的某天，宜人的春日午後讓人直想溜出辦公室，當時我正在看錶，心裡一邊想著等等要回家騎腳踏車去晃晃，此時電話響了。

一位操著南方口音的男士從密西西比打來，聲音非常溫和，我們就稱他比爾・克勞佛德（Bill Crawford）吧。比爾號稱（他的口氣不虛浮也不機靈，甚至沒有改變那柔和的語氣）自己擁有一些信件與物品，是他的曾曾曾曾祖父威廉・哈里斯・克勞佛德（William H. Crawford）留傳下來的。

威廉・克勞佛德是美國史上罕為人知的大人物之一，或許是其中最大尾的吧！他是拿破崙與路易十八統治時期，被詹姆斯・麥迪遜（James Madison）[6]派駐法國的公

4〔譯註〕梭羅（一八一七—一八六二），美國文人，著有《湖濱散記》（*Walden*）、《公民不服從》（*Civil Disobedience*）等書。

5〔譯註〕傑拉德・福特（一九一三—二〇〇六），美國第三十八任總統。

6〔譯註〕詹姆斯・麥迪遜（一七五一—一八二六），美國第四任總統。

使。後來又當上麥迪遜總統的戰爭部長，以及詹姆斯・門羅（James Monroe）總統[7]的財政部長。克勞佛德從湯瑪斯・傑佛遜（Thomas Jefferson）時代以來，便是好幾位美國總統的好友兼顧問，他曾擔任喬治亞州的參議員，甚至在一八二四年差點成為總統候選人。此外，克勞佛德還是與深南方（Deep South）有著密切關聯的主要政治人物之一。在「一八一二年戰爭」[8]終了的談判期間，詹姆斯・麥迪遜請克勞佛德領導派往歐洲的外交團；這場牽涉數大洲的衝突，是對美國全球地位的首次試煉。當時克勞佛德在美國的地位日隆，後來卻因中風被迫中斷；然而在這段時期的歷史裡，他是絕不能略過的人物，而且確確實實還是個中心人物。

我腦中的午後單車之旅瞬間煙消雲散。

這傢伙是來真的嗎？我們曾經接獲許多消息，卻沒幾個證實為真。舉個經典的例子：我幾乎快要記不清，有多少人曾經帶來林肯總統手中〈蓋茨堡演說〉（Gettysburg Address）的副本[9]，它們先前未曾於世上出現，但這些人卻宣稱手上的絕不是摹本。這份文件目前已知有五份副本，兩份是林肯本人在演講期間所寫，其餘三份是事後為其它目的而寫。那些人聲稱握有第六份世人未知的草稿，這個可能性有多少呢？同樣的狀況也發生在《美國獨立宣言》與《美國憲法》。我甚至沒有要求親眼看看這些所謂的珍寶副本。一般來說，那些擁有複製品、贗品、二等物件的人，通常越是堅持手上的是真品、很重要，叫嚷得特別響亮。

「我會找到你家住哪，直接上你家去。這是你活該！」最近有個傢伙是這麼威脅的。他不願相信自己手中那份約翰．漢考克（John Hancock）的文件[10]居然只值四千美元，而不是一百萬！

最好的歷史發現是在輕聲細語中進門來的，它們鮮少是在天使的合唱聲中降臨。正因為這樣，要當歷史獵人確實是個需要包山包海、全副心力的事業。愈宣稱是真跡、證明書愈多的，就愈可能有詭計藏在其中。

現在呢，那位來自密西西比的先生，我得把電話音量調到最大才能聽清楚他的聲音。他並非聲稱自己擁有的是無價珍寶，但確實表示著自己擁有意義重大的物件。

7〔譯註〕詹姆斯．門羅（一七五八—一八三一），美國第五任總統。

8〔譯註〕一八一二年戰爭（一八一二—一八一五），美國與英國之戰，主要戰場在加拿大與美國。

9〔譯註〕〈蓋茲堡演說〉是林肯總統於一八六三年的政治演講，哀悼此役陣亡將士，內容強調聯邦為自由、平等奮鬥的精神。

10〔譯註〕約翰．漢考克（一七三六—一七九三），美國開國元勳，他在《獨立宣言》上的簽名尤具特色。

他告訴我：「我真的很喜歡這封傑佛遜談論一八一二年戰爭的信件。」

他在電話中直接讀給我聽：「在和約簽訂並批准之後，有人認為在紐奧良的鮮血白流了，但我認為，那鮮血絕未白流。那鮮血證明……我們可以在陸上、在水上保衛住紐奧良，西半部地區會趕來解救它……，我們的民兵是真英雄，當他們的領導者亦是英雄之時。」

這信寫得真漂亮！

「我還有其他的。」他說。然後他列舉出了好些名字：傑佛遜、麥迪遜、門羅、拉法葉侯爵（Marquis de Lafayette）、亨利．克雷（Henry Clay）、威靈頓公爵（Duke of Wellington）、約翰．馬歇爾（John Marshall），還有好多好多人物。

「你有多少件？」我問道。

「喔！差不多幾百件吧。」

一個家族擁有這麼大筆的收藏，居然長年不為人知：這簡直就是座金礦。在十九世紀，這麼大一筆家族財產不時會被「發現」；但到了二十世紀與現在的二十一世紀，它們幾乎已經不會浮出檯面了。我的心裡非常疑慮，就算他所說的東西裡只有一半是真的，這批藏品都會是近三十年來最了不起的美國歷史寶藏發掘，價值是以百萬美元為計算單位。

春季的暴風雨在天空中張牙舞爪，遠到得以讓我們的飛機降落，近到足以讓我讚嘆它的美麗。我與父親、我的妻子凱倫抵達了地方上的小機場，鄰近克勞佛德的鄉村家園。我們前往當地銀行的會議室與對方見面。

比爾寄來了一份所謂的藏品清單，以及七張特殊文件的原始影印本。從事這一行的人總是疑神疑鬼，但我們覺得或許他那邊真是有些稀品。我確實相當興奮，充滿期待又怕受傷害的緊張感。我們可能又會再碰上一疊影印本，也可能比爾搞錯了，但我確信他是真誠的，於是決定碰碰運氣奮力一搏，坐上飛機。

隔天早晨，比爾就在銀行大廳裡等著，他穿著卡其褲與扣領襯衫。雙方握了手並表達各自欣喜之時也在彼此打量。比爾領著我們上樓到會議室，他的妻子也在那裡，我們就先稱呼她為珍（Jane）吧。珍坐在占了會議室一半空間的木頭圓桌旁，她起身與我們握手，又是另外一回合的幸會幸會與彼此打量。我心裡想：這對友善的夫婦簡直像是從諾曼·洛克威爾（Norman Rockwell）[11]的畫裡活脫脫走出來的，我這念頭純粹是指好的意思。

我們自己倒了咖啡，他們兩位戴上了白手套。呃！對我們來說，這是個紅色警訊，很多操守有問題的賣家愛用這套把戲，讓涉世不深的買家為了沒那麼重要的文物多付出幾把銀子。手套形象（當然要是白手套）等同吾人歷史遺產的自詡保護者，這件事已經成為根深柢固的眾人印象。從以前到現在，電影與小說中的那些專家總是戴著白手套，最近期的例子就是《當鋪之星》（Pawn Stars）這個節目，裡頭那些受過訓練的檔案管理員，小心翼翼地將幾百年的歷史文件取出，再極其謹慎地拿給某位名人檢視一番。專家與名人都戴著被他們認定為極度重要的白手套。然而，事實是處置紙類文件時，戴著手套反而會影響手的靈活度，有礙碰觸陳舊的紙張。當你戴著手套，不管是哪個種類的手套，你只會增加撕破文件的機率而已。白色棉手套更容易吸汗或是吸油，然後轉附到文件上。還有，手套上面的細小纖維也會遺留在文件上頭，然後跟著一起被存檔起來。所以，拜託！不要是手套，手套根本就是來幫倒忙的。好好洗手清除油汙，然後把手烘乾。

他們脫掉了手套。

如今在我們面前的東西仍然是一團謎，而我們將要搞清楚的是，到底比爾擁有的是不是什麼貴重的東西，如果是，這礦脈究竟有多深呢？

比爾很早就到了，他從銀行地下層的大保險庫裡，把所有物件搬到會議室的保險櫃中。他拿著銀行的銀色鑰匙，從我們面前走向保險櫃。

這個人或許是誆了我們一大把，或許他也沒聰明到發現自己擁有的東西是假的；又或者，他真的坐擁了一座歷史寶庫，而那些物件打從我的父親誕生以來還未曾在市場上現身過。

期待的時刻可能是大發現的預兆，也可能是灰心沮喪的前兆。你就站在一座未知新事物的懸崖之上，你望向懸崖邊緣，想要窺見下面究竟是什麼。

比爾將鑰匙向右轉，半秒之後鎖開了，他拉開了保險櫃門……

11〔譯註〕諾曼·洛克威爾（一八九四—一九七八），二十世紀前期美國知名畫家。

第一部　學徒時期

Part I　Apprentice

1 早年時光：貝比・魯斯與泰迪・羅斯福
Early Days: Babe Ruth and Teddy Roosevelt

我的老爸生來就是個收藏家，他蒐集棒球卡、舊報紙，還有個林肯的副總統漢尼拔・哈姆林（Hannibal Hamlin）用過的手提箱。我爸很愛跟我說這個手提箱的故事，他的叔叔認識哈姆林的兒子，而叔公將這個手提箱送給了爸爸。我們倆最鍾愛的是棒球，老爸愛棒球，兒子我也是。我們熱愛棒球賽，費城費城人隊萬歲！也熱愛一切棒球周邊的事物。

老爸會帶我去在地的棒球卡店「麥克藏品」（Mike's Collectibles，當然它已經關門很久了），還會去參加經常巡迴到鎮上的棒球卡展。展覽地點只能辦在沒有開窗的飯店宴會廳，或者是沒什麼吸引力的大場館，不過裡頭總是擠滿了狂熱的收藏家、賣家，還會有球星到場親筆為堆在摺疊桌上的紀念物品簽名。要說這展覽足夠光鮮亮麗，我是說不出口，但是我熱愛它的全部。展覽令人興奮，我跟老爸一起去，只有我倆讓這件事更具有獨特意義。

我遇到了我的英雄、我崇拜的運動明星，就算只有短短幾秒：你和他們握手，告訴他們你自己的名字，拿出棒球、照片、棒球卡，或者隨便你有的任何東西都行，他們會在上頭簽名並寫著送給你。這太刺激了！我記得彼得・羅斯（Pete Rose），他人很好。我還記得馮・海耶斯（Von Hayes），他一點都不在乎我是他的死忠粉絲，而且費城人隊亟需球迷，這傢伙真是粗魯。我還遇過桑迪・考佛斯（Sandy Koufax）。我很確定自己拿到的第一張明星簽名是來自馬克・麥奎爾（Mark McGwire）。那些棒球卡與簽名，我全都還留著。

在我們周身，展場的賣家也會賣些別的老東西，例如魯・賈里格（Lou Gehrig）或貝比・魯斯（Babe Ruth）的簽名照。某張桌子的後方掛著「班比諾」（Bambino）[1]貝比・魯斯的照片，底部還有著簽名。那個賣家的桌上擺著兩個展示盒，在他後方有塊可以吊掛東西的板子。我去探看那個賣家玻璃盒裡的棒球卡，就在我轉過頭來時，看到了父親正在和賣家耳語交談，他似乎看上了那張簽名照。父親買下了我想要的那張卡片，不過我已經不記得是哪張了。接著，他也買下了貝比・魯斯的簽名照。

「別跟你媽說我買了這玩意兒。」他把照片塞進公事包，一邊跟我說。

「ＯＫ！」我微微笑著。

那是我親睹父親購買的第一張簽名照，當時的我差不多八歲吧？我想這張簽名照可能得要三百美元。

那時，是一九八〇年代末。整體來說，我對於這項嗜好還沒產生真正的興趣。我的父親是律師，不是簽名照商人，而我當時正在努力著學業；但我真的很喜歡跟著老爸一起去參加那些展覽。

結果，我父親在棒球卡展上的收藏衝動，在我不知情的狀況下居然雨後春筍般地冒出頭來。他的心思越來越不在法律業務上，他在看法律文件的同時，一隻眼睛卻盯著最新的賣家型錄。在棒球方面萌生的枝芽，很快就擴展到他真正的興趣：歷史。

老爸會在我放學後來接我，他有最新的Topps棒球卡盒組[2]，我會坐著瀏覽那些卡片，挑出自己喜歡的。他還會買給我最新的棒球卡指南，我們一起閱讀，看看我們擁有哪些具有價值的棒球卡。

回想起來，我的父親是在那些棒球卡展與運動藏品世界裡，逐漸醞釀出他的新動

1〔譯註〕「班比諾」是義大利文「男孩」的意思，也是「貝比」．魯斯的綽號。

2〔譯註〕Topps是知名美國運動卡片公司，棒球卡尤其知名。

向的。他學到了歷史遺物也是可以買賣的，就像是運動紀念品那樣。

對我來說，運動與歷史這兩個世界則是繼續揉合為一。我最早讀過的書裡，有一本是勞倫斯・里特（Lawrence Ritter）寫的《棒球先驅的榮光》（*The Glory of Their Times*），講述了第一批職業棒球員的故事，而且用的是他們自己的話語：二十世紀早期，棒球的「前貝比魯斯」時代究竟是怎麼一回事。我還讀過偉大投手諾蘭・萊恩（Nolan Ryan）的自傳。我想，自己第一次跟人打賭，應該就是跟我爸：一九八六年大聯盟世界大賽，大都會隊擊敗紅襪隊，讓我從他那裡贏了六美元。起初我一直吃鱉，直到最後一刻我翻盤了[3]。

我們買了費城人隊的季票，我爸對這件事相當自豪。他會帶著球星簽名型錄去球場，然後在比賽期間朗誦。此時，我父親蒐集的是與美國政治史、軍事史有關的簽名文物與文件等。那時的他還不清楚，那些費城人隊的比賽（包括道格・卓貝克〔Doug Drabek〕只差一球就完成無安打比賽，卻被西爾・坎沙諾〔Sil Campusano〕破功的那場）其實就是他的試煉地、訓練場。我以為他的那些閱讀，是從繁重法律工作裡頭得以分心的快樂與興趣，然而事實是他已經身處在他自己的小聯盟世界裡了。

曾祖父是來自東歐的移民，而我爸是在紐澤西州布拉德利海灘（Bradley Beach）長大的，地點接近阿斯伯里帕克（Asbury Park），他就是個海灘小子！父親對於歷史的興趣由來已久：祖父會買一些東西給他，像是老來福槍或飾品，前提是家裡有錢的話，不過這種情況實在不常見。當老爸有機會將這種熱愛傳遞給自己的小孩時，他是真的全心全意的，或者說他努力著要這麼做。我們小孩子的床邊故事，是斯巴達（Sparta）與羅馬。老爸會在萬聖節穿上全套聯邦軍官的制服，但他有些時候還會在其他場合穿上這身行頭，實在讓我們覺得很丟臉。家裡的衣櫥有一頂美國獨立革命戰爭期間的三角帽（當然這頂帽子也經常出現在他頭上）。我們家曾經去參觀倫敦的邱吉爾地下作戰室，同一趟旅途中，我們買了納爾遜將軍（Lord Nelson）「勝利號戰艦」（HMS Victory）的模型。七月四日美國獨立紀念日，別人家的小孩子都是去紐澤西海邊，咱們家卻會帶上地圖與指南，驅車西向蓋茨堡。我們家經常有這類型的旅行，也會造訪其它歷史遺址，像是麻薩諸塞州的老史德橋歷史村（Old Sturbridge Village），老爸曾在那個村子裡說，要是我能把羅馬帝國的前十個皇帝背起來，就給我五美元。

3〔譯註〕該系列賽打了七場，紐約大都會前兩戰都落敗，最終以四比三逆轉了紅襪隊。

我辦到了，或許這也是我第一次靠著歷史知識賺到錢。

老爸不只是希望我們能到歷史現場，更希望我們能進入歷史、感受歷史。他的熱情十足，而他希望能將這股熱情傳承下去。

他想要點燃我們熱情的心意，最生動地表現就在蓋茨堡。我們擠上了車子，到達目的地之後再擠進旅館房間。旅行的那幾天，我們步行重現戰場，老爸會走過南方邦聯將軍喬治・皮克特（George Pickett）部隊自取滅亡衝向聯邦將軍喬治・米德（George Meade）的古戰場：這便是史上的「皮克特衝鋒」。父親不只是帶我們到小圓頂（Little Round Top）頂端，我們還一起循著約書亞・張伯倫（Joshua Lawrence Chamberlain）與「緬因州第二十志願步兵團」（Twentieth Maine）的腳步走到後方樹林。張伯倫守住了聯邦軍的側翼。父親在這種時刻總會老淚縱橫，尤其當他想起那些作古已久的歷史人物曾經的英勇行為。這就是歷史力量在他身上的作用，那可不是抽象或純粹的知性活動，它是深深的情感。

在老爸的哄勸下，我和我的兄弟強納斯（Jonas）在古戰場上搜索，期望找得到美國史上最慘烈戰役的真實彈殼。我們確實也找到了！我還記得那是在小圓頂上，當時我只有七、八歲，那裡有塊長著雜草與苔蘚的區域，從山丘往下延伸至魔鬼穴（Devil's

Den）——邦聯軍隊曾經紮營的冰河時代巨石堆。老爸鼓勵我們去挖一挖，我們抱怨連連：「啥都沒看到啊！」然後他說：「喔！繼續找，或許還可以去那邊試試看。」

我們總是能找到一些玩意兒。好多年後我才知道，老爸是在當地古玩店買下這些彈殼的，一顆也許要價五角吧。然後，他再布好這些子彈讓我們找到，就像祖父對他做的一樣。這是父親讓我們與歷史產生連結的做法，讓我們擁有真實感、是可以碰觸得到的。

我的父母鼓勵我寫信給名人，冀盼著對方回信。早在那個時候，老爸就已經在指導我了：他告訴我，訣竅就是要多講好話、拍點馬屁、問些有趣的問題，然後讓對方知道我只是個孩子。我曾寫信給理查・尼克森（Richard Nixon），問他關於與中國改善外交的事。我收過很多制式的回信，但我也曾獲得親筆信。後來當上國務卿的柯林・鮑爾（Colin Powell），當時是波斯灣戰爭的將領，他回信給我，裡頭提到喬治・馬歇爾（George C. Marshall）是他最崇拜的模範，信中還提及他的努力與對任務的奉獻。

我曾經寫信請詹姆斯・華生（James Watson）為我畫一張雙螺旋圖，華生與法蘭西斯・克里克（Francis Crick）共同建構了DNA的結構模型。華生真的畫了圖，然後我在父親的鼓勵之下，又將這張圖寄給了克里克（他們倆共同榮獲諾貝爾獎），克里克也在上頭簽了名。當年的我正在閱讀《侏儸紀公園》（*Jurassic Park*），克里克寫給我的信裡提到他對於複製恐龍的想法，至今這依然是熱門話題。此外，馬特・葛洛寧（Matt Groening）則為我畫了張「辛普森家庭」。

對我來講，這一切都很好玩。我會滿心期待地盼著郵差，期望收到回信。而對我老爸來講，這些事越來越像一番事業，當他企圖將自己的收藏出售並購買更好的物件時，就會在在地的出版品上打廣告，並且尋找有心的買家。似乎是出於偶然，此時他已有了某項事業，他發現自己花在研究簽名與文件的時間，遠高於法律業務。他在廚房外面設立起非正式的辦公室，但裡頭的東西經常滿到起居室去，我會在晚上穿著睡衣花好上幾個小時，將幾百件型錄塞到一個要送往郵局的巨大郵務袋。父親早期販賣的簽名宣傳型錄僅僅要價三十美元，是由我的母親親自設計的，儼然已經是個家族事業了。

其他賣家的型錄寄來時，生活就好像暫時停止了一樣，老爸會一頁一頁地閱覽起來。那個時代的賣家已經很多了，而且當時的郵件經常延誤，你很可能搶先對手一步，也很可能因此落後，速度是關鍵。猶豫一陣子，其結果就是成功買下或失敗的差異。老爸在閱覽這些商品時，房間總是充滿緊張與專注的氣氛。

一九九〇年代中期，我的父母決定全心投入簽名物件事業，將它變成全職工作。要進入這個領域的主要障礙（存貨與採購的資金）固然是重要的問題，但其程度絕對不如現今這麼嚴重。「史帝芬・拉伯簽名及歷史紀念物」（Steven S. Raab Autographs & Historic Memorabilia），公司的最初資本額只有四千五百美元而已。我的父母不曾覺得有失敗的可能，他們全力投入其中。

彼時的我已經上大學了，並未參與這項事業，但它蒸蒸日上，如同我青年時期的背景音樂一般。還記得約莫在我二十歲時，父親這門新事業開張購買的第一批簽名，其中一張是西奧多・羅斯福（Theodore Roosevelt）的，是從老手賣家羅伯特・巴喬德（Robert Batchelder）那裡買來。我與羅伯特有一面之緣，他在賓州安布勒鎮（Ambler）的一家老銀行建築裡有間辦公室。父親鎖定巴喬德出版型錄中的一封信，是老羅斯福寫給其友（紐約州眾議員亨利・史普瑞格〔Henry Sprague〕）的。此信是打字的，信頭上寫著「紐約州／行政處」，日期是一九〇〇年一月二十六日，老羅斯福當時是加州州長。這封信的內容關乎政治角力，其中一部分寫道：

我一直很喜歡這句西非諺語：「語氣溫和並隨身帶根巨棒（big stick），你就可以走得很遠。」要是我沒帶著巨棒，那麼組織就不會支持我。要是我大吼大叫，如同潘克斯特（Pankhurst）那些騙人的瘋子期望的那般，我就沒辦法贏得那十票了。

有些人物可以橫跨時代，維多利亞女王讓自己的名號成為一個時代，亞歷山大與拿破崙成為帝國的代號；而老羅斯福以及這幾句話，則開啟了一段美國領導地位的時代[4]。老羅斯福接管一個年輕的國家，這個年輕國家曾經歷社會的撕裂與經濟戰爭的摧殘，當時仍在恢復中。老羅斯福以他的意志力塑造出美國的世紀，沒有任何美國人能講出比他更具分量的話語，或是寫下更具代表性的文字。

那封信要價四千五百美元，以當時來說算是高價，父親本來不覺得有何特別之處；然而，那句「巨棒」的漂亮措辭吸引了他的注意。這句名言是在這裡首次出現的嗎？這是老羅斯福第一次使用嗎？這是他的靈光一閃嗎？在這個案例中，「巨棒」一詞僅是隨意提及，抑或這就是它的源起，兩者差異可能導致我父母的開價出現十萬美元的落差。老羅斯福可能講過這句話很多次了，但所謂的「第一次」，就只有一次而已。

我的父親感覺到巴喬德還未發現箇中奧妙。

這本型錄還沒翻完，老爸就打電話去賣家辦公室，從對方助理那裡得知此信件仍在待售之列，決定對它提出「保留」(hold)。在這個行業裡保留算是相當常見的做法，這行很重視所謂的「君子協定」，有禮的保留可以讓認真的收藏家有時間考慮並研究該物件。我的父親趕忙跑出位在費城城中區的辦公室，去隔壁的書店買了本老羅斯福的傳記，店員拿出的是艾德蒙・莫里斯（Edmund Morris）所著的《西奧多・羅斯福的崛起》(*Rise of Theodore Roosevelt*)。他花了五分鐘翻閱索引與章節之後，確定那封寫於一九〇〇年一月二十六日的信，確實是那句名言的初次使用。老爸馬上跳上了車，在他抵達賣家辦公室時，那封信已經有十多筆訂單了，不過他排在首位。查看表單之後一個小時，他成為了那封信的擁有者，真是先發制人的一著！老爸的興奮之情與收藏家直覺，超出立即獲益的欲望，他決定不要馬上轉售，把這封信變作自己的個人收藏，並且為此吹噓一番。

這筆交易對於我父母的影響實在無以復加，那封信最終是以二十萬美元售出。我

4〔譯註〕老羅斯福總統以其「巨棒外交」而著名。

媽已經全職與我父親共同經營事業，她將這次信件的發現及其重大價值，視為他們的努力與知識的一種驗證，於是她更加投入於如何買下最棒的物件。從前，父親發行的型錄中會有數百件價格在二十至五千美元不等的品項，自此以降，型錄中的物件數量愈來愈少，單價則是愈來愈高。

我從來沒有加入家族企業的念頭，從來沒有！我曾經為美國聯合通訊社（Associated Press）工作並在羅馬住過一段時間，返家後我擔任某位康乃狄克州國會議員的新聞祕書，期間學得不少政治與媒體的學問。後來，我被找去為費城市長候選人山姆．卡茨（Sam Katz）處理公關與溝通事宜；卡茨輸掉了那次的選舉，該次選舉至今仍以聯邦竊聽市長辦公室事件而知名。那個事件已經過了十五年，但我依然沒有從那次的狂亂經驗裡走出來。如果卡茨勝選，後來會變成什麼樣呢？這是個很有趣的問題，而他的敗選成為我的人生十字路口。接下來我要做什麼呢？後來我進到了全職公關這一行，卻覺得那個世界很討厭。

老爸率先提起要我加入家族事業的想法，他說這有前途，而且不用被別人管。一開始我只是兼差做做，我並非收藏家，這個領域對我的吸引力不如它對父親的拉力。

父親將此視為愛好，但我可是在找工作啊！

我去見了一位長年的家族老友，他六歲的時候我爸就認識他了。當時我二十四歲，我問他，當律師是不是明智的選擇？這個問題縈繞在我心頭好多年。那個朋友是傑出的費城律師，他說從事法律業當然是個選項，但我父親的事業可以為我提供機會，「你走進任何一個房間，你都是個同事，你的地位是平等的。你不用去某個法律機構當個菜鳥律師（first-year associate），與和你同等級的人打交道。你可以遇見一些不可思議的人，並且取得他們的尊敬。」這份建議印在我的腦海中，我在二〇〇五年決定全職轉行。歷史獵人的生涯開始了。

†　†　†

熱愛這些文物並非是在操作偶像崇拜，而是我們看見了自己最棒的志向與動力，反映在了那些物件上頭。老羅斯福的「巨棒」一詞啟發了我的父親，也為他開了一扇窗，讓他能夠更廣闊地觀察這門事業，此事象徵著他能夠成就些什麼。他找到的第一份大寶藏，讓他發現歷史上最偉大的文件（真正推動歷史的那些東西）可能出現在自己身邊。在我的歷史獵人生涯中，有另一封老羅斯福的信件也標誌著這種時刻，不過緣由不大相同。

那是在一九〇三年老羅斯福總統任內，他帶著一小群人到黃石公園度假，同行的包括知名自然主義者約翰．巴勒斯（John Burroughs）[5]。選擇這個地點完全不讓人訝異，因為這個新科總統本來就是個知名的堅定行動派、自然主義者、大獵人、牧場主人、軍人，以及義勇騎兵（Rough Rider）。在黃石公園裡，總統的隨扈與特勤人員在附近旅館裡舒適地享受著的同時，總統本人卻是睡在地板上，蓋的則是軍毯。老羅斯福有時會孤身在荒野裡遊蕩，但這位喪母又喪妻（而且是在同一天）的男人心中始終繫著家庭，他經常暫停冒險，動筆寫下柔情的書信給孩子與第二任妻子伊蒂絲（Edith）。在這次旅行途中，他所使用的信紙上方浮印著「黃石公園／懷俄明州」。

四月十六日，他寫信給最年幼的兒子昆丁（Quentin），小名「昆弟弟」（Quenty-Quee）。小男孩只有五歲，是父親心頭的小蘋果。許多關於老羅斯福第一家庭的故事，都會提到昆丁在白宮裡的可愛胡鬧事蹟。「親愛的昆弟弟，」這位父親是這麼開頭的。「我好愛你。這是一頭驢子的畫，牠馱著我的衣物行囊。」文字至此暫時中斷，接著是總統手繪的馱獸素描。「馱隊裡大約有二十頭驢子。牠們排成縱隊，一頭跟著一頭，走過山路、渡過小溪。」老羅斯福署名。「愛你的父親。」

這封信的掃描檔有天出現在我的收信匣內，寄件者是來自中西部的物件所有者。我起初犯了錯，略過它去看下一件我們正在考慮的物品。後來我又回頭看了好幾次這封電子郵件，這封老羅斯福的信裡頭，有些東西在震撼著我。我想像一九〇三年那位也住在東岸的孩子收到信時，看見父親所畫的驢子。我想像那位美國總統身處在國家另一端的荒野之中，沉浸於對兒子的愛，我覺得自己好像抓住了老羅斯福非常內心的、個人的時刻，彷彿他倏忽從黃石公園飛到我面前，向我顯現自己是個怎樣的人。這讓我憶起與父母在新罕布夏州白山山脈（White Mountains）以及緬因州阿科底亞國家公園（Acadia National Park）健行的時光。不曾有過其它物件讓我感受到如此深刻的連結。如果你知道另外一件事，這封

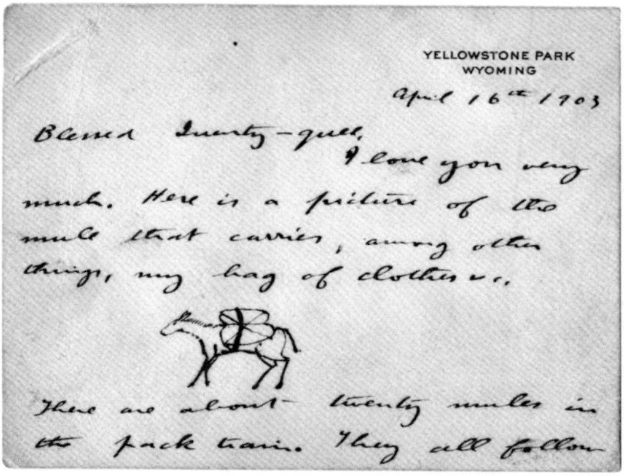
YELLOWSTONE PARK
WYOMING

April 16th 1903

Blessed Quenty-quee,
I love you very much. Here is a picture of the mule that carries, among other things, my bag of clothes &c.

There are about twenty mules in the pack train. They all follow

老羅斯福致兒子家書的第一頁，配上驢子插畫。（Sagamore Hill National Historic Site〔U.S. National Park Service〕）

信的苦澀感將會更加強烈。二十歲的昆丁．羅斯福在一次大戰的空戰中被擊落，那天是一九一八年七月十四日（「巴士底日」〔Bastille Day〕）[6]，距離停戰日（Armistice）只剩四個月。這個噩耗重創了年已花甲的老羅斯福，半年後他便過世了。

「我要這封信。」我說。「我認為人們會重以視之。」我們花了差不多七千美元，以當時老羅斯福手稿的一般價格來說算是不少，甚至比現在許多老羅斯福的小型手稿價格更高。有許多傳記都提到老羅斯福寫給孩子的信件，包括黃石公園旅途中所寫的，但都未收錄這封。這是個新發現！

「我愛這封信，它讓人真實感受到老羅斯福的人格。」美聯社記者喬安．拉維格麗歐（JoAnn Loviglio）如此表示。我們準備宣布這項發現時，我先打了電話給喬安，她和我是在參與市長選戰時期的老相識了，她說：「我們可以看到這個人的某一面，那是我們不曾真正見過的。」喬安寫的故事登上媒體，此事成了國際新聞。

所以，到底這件歷史文物是怎麼從黃石公園到達白宮，然後再抵達我的書桌上的呢？我所學到的是，歷史文物的身世總是曲折離奇。一位老羅斯福檔案專家解釋道：「老羅斯福夫人在丈夫過世之後有個令人遺憾的習慣，那就是將丈夫的書信分送給密友。」某位密友的後代決定將這件禮物賣給我們。

CNN邀請我上節目討論這項發現。回到辦公室後，第一通等著我的電話是「國家公園基金會」（National Park Foundation）打來的，它跟美國國家公園管理局有關係。對方希望能買下這封信，我告訴他們，他們是第一個打來的，但絕不會是最後一個。對方立即匯了錢。

我從這個物件裡看見些什麼呢？而那個人的人格或那件文物啟發了我什麼呢？每個問題的答案各有不同，但在二〇〇七年時那是些沒有答案的問題，是當時的我不會自問的問題。我就只是買下物件，賣出物件，然後繼續尋找下一個。

5〔譯註〕約翰・巴勒斯（一八三七—一九二一），美國自然文學家兼生態保護運動者。

6〔譯註〕一七八九年七月十四日巴黎民眾攻入巴士底，該事件象徵法國大革命，後成為法國國慶日。

2 父親的教誨 Lessons from My Father

我大約是在二十五歲開始從事家族事業，那時的我什麼都不懂。是的！我從小會跟父親一起去棒球卡展，有時還陪他去拍賣活動。歷史這一行一直是我的成長背景，但也就只是背景而已。我們家的電話老是在響，型錄與地址標籤堆在廚房的桌上，家中談話有很大一部分是關於物件的買賣。我不太理會父親每天高談買入賣出的簽名物件或他的客戶，對這些並沒有很感興趣，而且成長過程中他也沒有逼我加入。除此之外，那時的我也比較大了，擁有自己的生活。在母親的號召下，父親完全放下了法律事業；歷史，成為他的職業而不僅只是嗜好了。

如今狀況有些改變了，這門事業也成了我的生計。我必須全面地去學習，我們的客戶有誰、競爭對手有誰等等的。我必須學習如何鑑定歷史物件，這需要時間，需要重複練習並注重細節。起初，在這件事上我完全仰賴老爸，但我很專心地學習。這種事是無法在學校學到的，必須如同德國文人歌德所言：「像旅人翻山越嶺一般屈服吧。

如果山不存在那邊，路途會比較短、比較輕鬆，但山就是在那兒，旅人便必須想辦法越過它。」付出的艱辛時光與練習絕無捷徑可取代，若要越過這座山，沒有別的路可走。

鑑定乙事當時有我父親坐鎮，所以初期我面對最困難的任務，在於是否能從物品中看出價值。總的來說，我也算是略知一二：這本書來自林肯的圖書館，那封信是華盛頓寫的等等。然而，要發掘價值所在並發現他人忽略之處，或是查看華盛頓將軍大量的信件時能夠找出最棒的那封，其實並沒有看起來那麼容易，這件事所需要的眼光遠超過我當時的能力。

談到鑑定與價值，只有一個人可以教導我，那便是我的父親。

那時，賣家、拍賣型錄、實體型錄乃是市場之所在。網際網路已經很流行了，但多數賣家並沒有將所有物件清單及價格放上網。若有型錄寄來，父親就會要求我多注意。舉例而言，喬伊．魯賓凡恩（Joe Rubinfine）算是我們這行的名人，他的父母是紐澤西州的養雞場主人，而他則成為歷史文件的賣家。喬伊老早就開始抓「歷史臭蟲」（history bug）了，在我父親仍是孩童時，喬伊就已經在買賣文物了。喬伊的型錄看似平淡無奇、少有插圖，但在我們家卻是眾所矚目的焦點。我喜歡喬伊的作風，他不用跑到山頂上大聲呼喊，他的物件品質值得人們尊敬。

老爸會把我叫進來：「魯賓凡恩的型錄到了！」有時他會指著上面的物件叫我看。我還記得有次我們買下一件華特・雷利（Walter Raleigh）[1]簽名的文件，父親說：「小奈（Nate）[2]，這真的很特別。」我學到，華特・雷利是英格蘭伊莉莎白時代的重要人物，他是美洲的偉大探索者，是西班牙的死敵，本來是英雄但後來卻成了壞蛋，被囚禁於倫敦塔。雷利是歷史上最重要的英格蘭人之一，他的簽名極為罕見，要價不斐，買家皆非尋常人物。然而上述的事蹟，原先的我一點都不了解。老爸每隔一陣子就會介紹型錄上的物件給我，例如佛蘭西斯科・皮薩羅（Francisco Pizarro，降服印加帝國的西班牙征服者）的簽名，他說：「我並不覺得我們需要買下它，但你得知道這種物件並不常見。」另一個例子是，老爸曾經標註一封華盛頓提及美國憲法的書信，我說：「你幹麼圈出這個？這要三十萬美元耶！你真的想花那麼多錢嗎？」然後他說：「沒有，這顯然不適合我們，但我認為你應該看看，它的內容是在捍衛美國憲法。」我們何必在乎呢？嗯，華盛頓對抗英國人而贏得革命後，擔任一七八七年制憲會議（Constitutional

1〔譯註〕雷利（一五五二—一六一八），英國作家、政治人物、探險家。女王伊莉莎白一世封其為爵士。

2〔譯註〕作者奈森的小名。

Convention）的主席，於是有了這份開創性的文件。華盛頓抄寫憲法的這份文件在數年後創下拍賣紀錄，最終由「維農山莊」（Mount Vernon）[3]以一千萬美元購得。

我從小就看著父親在賣家型錄上圈起感興趣的物件，他會坐在家門口旁的辦公桌前，弓著身、戴著眼鏡，對著一疊型錄開始打圈、刪去，並在頁緣寫下問題。他將椅背往後斜倒，一旦發現有價值的東西，椅背就會和他一起往前彈。傍晚左右，他會花好幾個小時逛遊賣家的網站，搜尋喜歡的物件。老爸永遠都處在狩獵狀態。

如今我也開始自己閱覽型錄。我和老爸會玩一種遊戲：兩人閱讀同一本型錄並圈起自己認為有趣、值得討論的物件。型錄通常頗為厚重，黑白印刷，順序根據姓氏排列，看似枯燥單調但裡頭有著不可思議的歷史物件等待出售。終極試煉是找出價值所在，老爸在這方面有天賦，他可以從私人賣家提供的型錄或物件當中找出好東西，而這造就了他的成功。

學習著如何鑑定物件與文件之時，我逐漸面臨這個行業最具挑戰性的部分：價值從何而來？此時距離我成為箇中好手大概還需要十年的光景。老爸是用數十年的時光來閱讀、吸收，而我當時僅僅是入行第二年。不過，有一必經的階段是：比較我在型錄中圈起來的物件，跟父親圈選的有何不同。對於鑑定華盛頓的書信，我能信任的人很少；對於標定物件價格或其歷史價值一事，我能信任的人更少。要做到這種等級，需要更深入、更深刻的理解力，這絕不僅止於頁面上的日期或底部的簽名，而是關乎象徵性、代表性與意義。我深信，這樣的理解將會是成功與失敗的分水嶺，所以我有許多功課得做，而恆心是不二法門。

一般來說，我會先動手，選出很有意思的物件，專注於賣家提供的標題說明。我覺得起初那幾年自己做得不太到位，我圈選的物件總是有些問題與瑕疵，或者物件並非真跡，更多的狀況是根據老爸的經驗判斷那東西不太好賣，又或者是這類物件比我想像的更常見。

我記得有個例子牽涉到知名度不太高的一位歷史人物：羅伯特·安德森（Robert Anderson）——「桑特堡」（Fort Sumter）戰役的英雄。

美國內戰（即南北戰爭）的首場戰役爆發之際，安德森就在現場，聯邦要塞受到邦聯軍的攻擊，而他是要塞的指揮官。安德森最終被迫投降，除此之外沒有特別值得一提的事蹟。此君引人注意的，即在於南卡羅萊納的這座堡壘遭受重大攻擊事件。原

3〔譯註〕維農山莊為華盛頓故居，目前由維農山莊婦女協會負責運作。

先我根本就不知道安德森這號人物，當然也不會去圈選一封他寫的信。

「小奈，你看到了嗎？你有沒有看到這是什麼？」老爸說，重複著他的口頭禪，一直到現在，這段話依然常常出現在我倆日常的討論。

那是一封安德森討論桑特堡戰役的信件。我後來學到，事實是沒有人在乎羅伯特·安德森是哪號人物，「除非」牽涉到桑特堡戰役。這對我而言是個重大的教訓！要評斷價值，得去注意與那位人物相關的事蹟，並透過那些事去衡量物件的價值。所以，林肯署名的普通書信，或許其價值也很普通，但若是信中提到「奴隸制度」（廢除奴隸制是林肯的主要遺緒），它就可能價值幾十萬，甚至是幾百萬美元。又例如老羅斯福用過的一支筆當然有其價值，但設想一下，如果是他年少時戴過的帽子呢？一個在「美西戰爭」（Spanish-American War）率領莽騎兵的年輕上校兼英雄所戴的帽子。他離開原本舒適的職位，志願參與戰役，後來贏得了全國性聲譽並將他推上副總統之位，隨後更當上了美國總統。

安德森給我的教訓是：歷史脈絡（historical context）很重要！與安德森相關的主要歷史大事就是桑特堡戰役，美國唯一一場內戰（希望也是最後一場）爆發之初，他人就在現場。人們會蒐集這個。「他們對羅伯特·安德森討論桑特堡之役的信件，要價五百美元。」老爸說。「很顯然，他們壓根就不知道自己擁有什麼樣的物件。」

父親深刻的歷史知識是我們進行討論時的堅實背景。

我首次親身探訪藏品，是與父親一道開車前往紐澤西。我倆帶著支票上了車，將道路電子收費器（E-ZPass）放在儀表板前便開上高速公路，那可真是一段枯燥無聊的車程。我們要去見的是一對夫婦，他們的私人收藏包括華盛頓總統任內的一封簽名信，寫於一七八九年七月。信很短，內容是華盛頓要收件人注意附件的國會法案，然後簽下他有特色的署名，G:Washington（他習慣在G與W之間加冒號）。收藏者開價兩萬五千美元。我很遲疑，心想，這太貴了吧！華盛頓將國會的某個法案寄給維吉尼亞州州長，但他每項法案都是這麼做的啊！每回都寄十三份，一個州一份。美國草創之際，國會通過法案後總統簽署，聯邦政府得將法案副本寄給各州州長，否則州長怎麼知道要怎麼遵循呢？起初的一小段時期，華盛頓以總統之姿親力親為，不久之後便改由華盛頓的國務卿湯瑪斯・傑佛遜代勞。而我們今天要去檢視的那封信，是華盛頓本人親簽的。

「好吧，這是封很棒的華盛頓信件，我們得以有更多的華盛頓信件可運用。但是，每有法案出籠他不是就得做十三遍嗎？」我問道。「比起我們要去找的這封，還有很多很多啊！這不值得！」

老爸將我拉出那對夫婦的展示間，穿過出入口到了門廊。「你沒看清楚這是什麼嗎？」老爸說。「你有沒有看到日期啊？」他解釋道，這封信寫於七月初，而第一屆國會通過的第一批法案就是在那年七月簽署的，於是他推理這封信肯定是最早的那批！

確實，研究者發現這就是國會最初通過的兩個重要法案之一，也就是給予美國海關向進口貨物徵稅的權力，這甚至早於所得稅的徵收。美國自獨立戰爭以來就處於負債狀態，政府賺錢的唯一方式便是透過海關，此事替美國清償了債務，並為政府的運作提供資金。這項法案後來被證明是美國第一任財政部長亞歷山大・漢彌爾頓的計畫重點。我們最終以賣家開出的兩萬五千美元買下這份文件。

父親真的是看出了這個物件的真正價值所在。

相對的，我呢？連回到家以後都還在餐桌旁嚷著，認為自己在網路上找到的前總統約翰・昆西・亞當斯（John Quincy Adams）書信更值得購買。在這封要價兩千美元的信裡，亞當斯還提到了七月四日。亞當斯的父親是獨立宣言簽署人之一，亦曾任職美國總統[4]。

「我認為那封信可以讓我們賺上八千元。」我說。「亞當斯可是提到了『七月四日』

呢！」

錯了！「這種信他一天會寫兩遍，大概持續了五年左右。」老爸說。亞當斯是個與一七七六年相關的名人，雖然這個關係是迂迴的。每逢七月四日美國獨立紀念日，這位老先生就會被麻州及全美各市鎮的邀請大肆轟炸，邀請他前來為獨立紀念日的各項慶典講話，他幾乎從沒答應。「這物件的實際價值低於對方的開價，這類玩意兒可說是隨處可見。」

父親曾圈選一封林肯的信，內容是林肯特赦某位士兵。這封信件的賣家是廣受尊敬的同行凱瑟琳．巴恩斯（Catherine Barnes），她的辦公室從前在里頓豪斯廣場（Rittenhouse Square），在我父親律師事務所的附近，現在她已經退休了。

「嗯，這封信沒說太多話。」我說。「就只說了：『赦免這個士兵。』」

老爸說：「你說的沒錯，但是人們在乎的是林肯的慈悲，這封信呈現了那種慈悲，而這類的林肯書信並不常見。」

4〔譯註〕即約翰．亞當斯（一七三五—一八二六），美國第二任總統；約翰．昆西．亞當斯（一七六七—一八四八）則是第六任總統。

林肯的人格是林肯歷史遺緒的核心。在殘酷的戰爭期間，林肯了解自己的角色就是要去號召所有美國人的，即使對象是那些號稱要建立新國家（即邦聯）的美國公民。林肯也了解這不是尋常的時刻。在某些富有同情心的案例中，林肯的說情事蹟具有傳奇性。這個人心胸寬大，但他的心也很疲倦，他要管理一個四分五裂的國家，他為人丈夫，還是四個孩子的父親，但其中三個卻童年夭折。林肯的仁慈本身是種傳奇，我卻漏掉了這件事。

遊戲繼續。

我圈選的是一封班傑明．富蘭克林（Benjamin Franklin）的信，內容頗不入流，富蘭克林抱怨自己之所以開會遲到，是因為前一天抽了太多鴉片。這封信很不尋常、具娛樂性，前文提及的賣家喬伊．魯賓凡恩開價兩萬五千美元。雖然富蘭克林的通信頗為著名且廣泛，但他的信卻不常見，即使是一封富蘭克林遺囑的基本信件，價格都可以超過一萬五千美元。所以，我覺得可以在這裡找到機會。而父親對此卻不苟同，他說：「你沒辦法賣得更高。」回顧之下，他是對的。富蘭克林的歷史遺緒重點不在於他愛抽鴉片，這只是一件軼事、一個奇聞，雖然確實令人很感興趣。父親對於價值的估量是對的，這真是一種困難複雜的計算。

第一課是要找出那些人物最為人所知、最為人欽佩的部分，找出我們可以知悉此人人格中擁有意義之處。一旦找到，我們通常就可以找到獲利空間。好好跟隨這個原則並追溯到它的源頭。

我得花上許多年的時光，才能將這一課連結上我童年時父親的追求：人們蒐集的是讓他們感動、啟發他們的事物。不過在這個階段，這種眼光還不屬於我，我只是間接認知到而已。

我早期付出的努力並非徒勞無功。我還清楚記得，第一次說服老爸買下型錄上某個物件的過程，而他看漏了那個東西。

倫敦的「麥格斯兄弟」(Maggs Bros.)是間歷史文物公司，是當年簽名物件業的巨頭，亦是皇室與商業菁英長期的物件供應商。我們在費城收到其型錄，當中有一封拿破崙的信件引起我的注意。拿破崙這位歐洲大眾時代的先知、舊日皇室的噩夢曾說過：「我一向隨著大眾的意見與事件的發展而前進。」拿破崙不僅只是政治人物或軍事人物，拿破崙是一種概念——他是一場運動的化身。

我想，現在才收到型錄，代表歐洲人已有多出一個禮拜的時間挑揀出它來。拿破崙在一八〇七年給他的戰爭部長寫了這封信，標價五千英鎊以拿破崙信件而言算是一大筆錢。你或許以為這個皇帝的信在全世界都很值錢，確實，全球都想要他的信，但這並不等同於具有高價。拿破崙簽名文物的需求確實很高，不過供給與需求可說是旗鼓相當：拿破崙簽署過很多很多東西，有時候他一天能寫到十五至二十封信，而且據說他同時會寫好幾封。當然這些信件並未全數留存下來，可他確實用掉了許多墨水。

在這封信上，我用上了自己學到的一些東西：收件人是誰？日期為何？談了些什麼？我的法文知識派上了用場。

派一位信差至拜雍（Bayonne）朱諾將軍（Junot）那兒……命令他在收到此信之後二十四個小時內啟程，率領他的軍隊進入西班牙，並前往葡萄牙邊境。西班牙人應當已下令要為朱諾的軍隊提供補給。你要通知朱諾將軍，我的特使已經離開里斯本，所以他的行動刻不容緩，俾使能阻止英國人。

拿破崙這封信旨在下令入侵伊比利半島，信的內容極為知名、廣受引用。這場入侵行動再加上遠征俄國，最終把拿破崙給拖垮，他幾乎因為俄國的冬季而全軍覆沒。西班牙人不喜歡拿破崙的占領，英國人則經葡萄牙參與這場戰鬥。英國軍隊的指揮官是威靈頓公爵，也就是後來在滑鐵盧（Waterloo）擊敗拿破崙的那個人。總之，入侵西班牙促成了拿破崙的垮臺。我希望買到這封信，而且我說服父親這封信的標價沒有反應其真正的價值。為什麼會這樣呢？為文物標價是一門藝術，並非一門科學。麥格斯經驗老到，但聰明人也可能犯錯。或許，他們就是沒想到能夠提高拿破崙普通簽名物件的價格。我們最後以兩萬五千美元售出此信。

我入行初期的另一個成功經驗則是發生在eBay上，是我第一次也是唯一一次在那兒買東西。我從沒上過eBay網站，但某天當我安靜地坐在沙發上想著要殺時間，結果就逛到eBay去了。我看到有位賣家兜售著康乃狄克州的威廉．威廉斯（William Williams）的簽名文物，他並未秀出物件的完整圖像，有部分文字缺漏，也沒敘述這封信件究竟寫了什麼。而且，威廉．威廉斯是誰啊？我知道問題的答案：他是美國獨立宣言的簽署人之一，他是願意付出一切反對英國王政統治的那群人之一。

我要求賣家提供完整照片，他拒絕了。真奇怪，我猜想「他對於賣這東西不是很有興趣」。跟一個將這些文物單純視為商品，或者對其內容沒有興趣的人進行交易，實在令人不太高興。這跟你與某人聊了一個小時，結果發現對方壓根不知道你的名字，感覺很類似。你會得到一種特殊的感覺，那就是彼此之間的頻率不對。現在的狀況大概就是這樣。

我與父親討論了很多次，要怎麼挖掘得更深入以及詢問下一個問題。那封信的年代是一七七五年，美洲殖民者在當年起而對抗英國人。這封信會不會與此有關呢？人們會蒐集獨立宣言簽署者的文物，任何與愛國有關的事物，價格都不會差。我盡力檢查此信，發現以下幾句：「若這最終能奠定吾人的自由，而我如果有一萬人力，我並不害怕冒著這一萬人生命的風險。」哇！

於是，我再一次向賣家請求更多圖像，解釋自己是誠心想要購買。對方沒有回應。我決定順應直覺，下標，然後得手了。結果，這是封威廉斯在一七七五年三月寫給一位親英保皇黨（British loyalist）的信，他向對方訴求支持美洲獨立。信件內容很長，以下是部分節錄：

> 無庸置疑，那個專制政府已經對美洲謀劃多年，且如今開始強烈加以貫徹，只要諸殖民地堅定團結並擁有高貴的決心，方可阻止此陰謀的推展。我確信，你所擁有的財產多於你願意付出的，而你從來就不太願意屈居他人之下。這難道不令人更加吃驚嗎？那些你所贊同的作法，最終必定破壞你所願。

我入行初期的第六感挖寶，最後讓我賺得三萬六千美元。

可以這麼說，在入行的早期時光我就是個學徒，而經驗是個嚴苛而有效率的老師。起初，老爸會陪著我一起看藏品。隨著時間的推展，固然我們還是會討論價值與歷史重要性等議題，而我鑑定真品的眼光亦頗有進步。

於是，我開始孤身出擊。

兩位女性坐在我的餐桌對面：一對母女。住在附近的她們來拜訪我位於主線區（Main Line）的家。主線區位於費城郊區，此地因為電影《費城故事》（The Philadelphia Story，一九四〇）經典的演員組合：卡萊・葛倫（Cary Grant）、凱瑟琳・赫本（Katharine Hepburn）、詹姆斯・史都華（James Stewart）而出名。當時我的父母人在他們緬因州巴爾港（Bar Harbor）的房子；我的太太凱倫尚未參與我的事業，她那時是個律師，在卓克索（Drexel）任職；而女兒則還未出世。

那兩位女士的真皮公事包裡裝滿了陳舊的紙張。她們將紙張放到桌上，而我逐頁檢視了兩個小時。她們繼承了很多東西，因先人長年收集文件，於是她們擁有好幾百件物品。沒有什麼驚天動地的玩意兒，多數是早期賓州重要人物簽名的商業性文件。

其中有一封班傑明・富蘭克林的信。很好！但乍看之下無甚特殊之處：「我將您所寫的報告副本轉交予鄧肯（Duncan）船長，希望能夠安全寄達。我是先生您最謙卑的僕人，B. Franklin。」

富蘭克林要寄送的，是一七六八年《斯坦威克斯堡條約》（Treaty of Fort Stanwix）談判的必要文件，而該條約將西部的美洲原住民土地讓予英國。富蘭克林當時是賓夕法尼亞殖民地（他的第二故鄉）的代理人，當時他正駐在倫敦。那封信的收件人是威廉・特倫特（William Trent），特倫特代表某些貿易商的利益訴求，對上了在那場衝突中受到波及的其他團體。

我上網查詢，已出版的富蘭克林文件紀錄中並未出現這一封。這封信一直在此家族的手上，經過好幾個世代無人知曉它的存在。我手拿著這封信，利用靠街大窗透進來的光線仔細端詳。直紋紙，很棒的浮水印。在那個年代，舊布料粉碎後製成的溼紙張會晾在架子上，晾乾之後架子的痕跡依然留在紙上，不過需要仔細觀察才能看得出。簽名看起來很完整，整封信都是富蘭克林的手筆。我把信紙翻過來，想要看看它的「穿透」（show-through），我們這行用這個詞彙來形容墨水滲透紙張的狀況，若是複製品或摹本就不會有「穿透」。如果是真跡，墨水通常會滲到背面，尤其是較為古老的墨水，它含有的鐵膽（iron gall）[5]較多，更容易滲透紙張。

然而，我將信紙翻過來的時候，超乎預期。我所看見的是地址欄，此信是寄去紐約給威廉・特倫特。底部右側還有一個簽名，但這與另一個簽名看起來不一樣。

這個簽名寫著：「B. Free Franklin」。在當時，官員從事公務時可以寄送免郵資信件，只要簽上自己名字並附上「免費」（free）字樣。今天的美國官員依然如此，只不過簽名是印刷的（如果你收過國會議員的來信就會知道了）。這種簽名稱為「免費郵戳」（free frank），而這就是富蘭克林的免費郵戳簽名，讓他能夠寄送免郵資信件。當我要查看紙背穿透時，發現了這個不可思議的歷史珍寶與簽名稀品：富蘭克林把Free放在B與Franklin中間，以防止偽造[6]。我知道這很罕見而且可能很值錢。

我起身離開餐桌打電話給老爸，向他解釋我認為這件文物是真跡。我傳了圖片訊息

5〔譯註〕鐵膽墨水又稱鞣酸鐵墨水，由鞣質和鐵鹽混合製成，從第五世紀至十九世紀是歐洲地區主要使用的墨水。

6〔譯註〕B Free Franklin 讀起來有「自由吧富蘭克林」的意思。

給他，他也同意這是真跡。我還把信紙背面的照片傳給他。「這是個『B. Free Franklin』簽名嗎？」父親問。「是！」我回答。父親說他自己從沒親眼看過這類文物。這個簽名已然成為「美國郵政」（US Postal Service）的象徵，有很多郵票以這幾個字為主題發行。富蘭克林本人則曾經擔任過殖民地郵政總長。

在許多案例裡，郵戳欄與簽名和信件本身是分開的，這封富蘭克林的信件與免費郵戳則未分開。十八世紀的信件並非放入信封寄送，寫信者使用的是一張很長的信紙，大概是可書寫範圍的兩倍大，你要將信紙對摺，在一半的紙面上書寫，然後摺疊信紙，如此一來，文字就在內面，再於外面寫上地址。全部都是在同一張紙上。有種經常出現的狀況是，多年之後，免費郵戳會與信件分開。收藏家會將信紙切成兩半，弄出兩件文物：這樣就會有一封富蘭克林的信，以及一個富蘭克林的免費郵戳簽名。現在我手上的，是一封未出版的、世人不知曉的富蘭克林書信，此時的富蘭克林是位身在倫敦的代表，處置英國國王從美洲原住民處取得更多土地的事宜，信紙背面還有個B. Free Franklin簽名。我將自己的發現告訴賣家，並且寫下一張五位數的支票，這是我首次獨力完成此類任務，接著我便展開研究。這是近數十年來極少數出現在市場上的該類簽名，而且是唯一仍與信件相連的物件。我們以五萬美元將其售出，而我後來甚至期望能夠把它再弄回手

班傑明・富蘭克林罕見的「B. Free Franklin」簽名。

上來。

我的訓練有了成果。現在的我絕對會把買下的物件翻過來，看看另一面有沒有什麼有趣的東西。

3 這東西值多少？
What Is It Worth?

二〇〇五年，在我剛加入家族事業的第一年，麥爾坎．葛拉威爾（Malcolm Gladwell）出版了著作《決斷2秒間》（*Blink*），書中指出，一個專家應該要能在一瞬間看出事物（例如藝術品）的真偽，而真正的專家隨著時間獲得更多資訊後，會再度肯定自己那一瞬間的判斷。

葛拉威爾寫道：

> 我們所處的這個世界，認為做出一個決定的品質，與投入的時間及努力有直接關係……我們相信，只要訊息蒐集得越多、思量的時間越久，便能做得越好。我們真的只願意相信具有意識的抉擇。但有些時刻，尤其是在壓力下，迅速未必導致白費，我們的瞬間判斷與第一印象，可能是了解這個世界的更好方式。《決斷2秒間》的最初任務，就是要說服你一個簡單的事實：快

速的判斷可以與深思熟慮後的判斷一樣好。……一眨眼的時間與幾個月的理性分析，可能造就相同的價值。

差不多在這段時期，老爸與我參加了一場於紐約市舉辦的珍稀書籍展，我們在展場中搜尋商品，在場的還有許多老朋友、專業藏家，以及各種賣家。如果你能找到什麼有趣的物事，別人也很有可能瞧見它。

我們逛過一個又一個攤子，既專心又分心，有時端詳有時掠視，翻過一頁頁裝在塑膠保護套中的文件，然後繼續移動，總共看了大約一千五百件。我們在找東西買，但沒有特地尋找哪一類物品，我們也不知道自己要找什麼；當你沒有特別在找什麼，卻又挖到寶的時候，那可真是驚喜啊！

老爸說：「看看這玩意兒。」

一封一八七三年由達爾文（Charles Darwin）寄給美國廢奴主義者（abolitionist）湯瑪斯·溫特渥斯·希金森（Thomas Wentworth Higginson）的信，標價一萬五千美元，這大概是達爾文信件的時價，或者高於時價。我稍微看了一下，然後說：「我真的不想花一萬五千塊錢買封達爾文的信。」我們能期望賣出它得到多少利潤呢？父親說：

「這個東西不一樣。讀讀這封信。」

我讀了：

唐恩舍（Down House），肯特（Kent），二月二十七日

親愛的湯瑪斯：

吾妻剛讀完您寫的《與黑人兵團的生活》（*Life with a Black Regiment*），我真誠感謝你，此番閱讀給予我們極大的樂趣。我對黑人的觀感一向良好，我的印象得自於我見過的少數幾個黑人，而我很高興自己的模糊印象得到了確認，您的著作對於黑人的性格精神力量有極佳的討論。您在此地時，我並不知曉您的高貴。我曾經讀到黑人兵團的消息，但並不知道您令人欽佩的作為與此有關。雖然很享受您造訪寒舍唐恩的時光，然我與妻子都很懊惱之前沒去了解黑人兵團，不然應當會很高興聽您親口談談美國南方之事。

您的敘述生動得令我回憶起四十年前在巴西的旅程。我們這裡有您的文章合輯，是由好心的康恩威先生（Conway）寄來，但尚未有暇閱讀。我偶爾會從《指南》（*Index*）蒐集到一點您的消息；我們前一個小時才剛讀完您在

《自由思想》(*Free Thought*)上的有趣文章。

親愛的先生,致上我誠心的敬意。

您忠心拳拳的 Ch. Darwin

達爾文是個留名青史的人物,吾人至今仍可感受到他的遺緒。愛默生(Ralph Waldo Emerson)說得好,他對達爾文的觀察是:「自然學者或地理學者中的天才……繪製出這領域的地圖;讓我們認識了新的領域,冷卻了我們對於古老事物的依戀。」達爾文作品在十九世紀的影響無遠弗屆,在這封信裡,他正談到美國南北戰爭,對於希金森所指揮首批解放黑奴組成的兵團「南卡羅萊納州第一志願兵團」(First South Carolina Volunteers)表達自己的欽慕之情。達爾文表示「我一向對黑人的觀感良好」,當然他使用了陳腐但當時未必有貶意的詞彙「黑佬」(negroe),然而他這番話在那個奴隸制度甫滅不久的時代,等於是對種族問題做出強而有力的宣示。他將這些連結到自己四十年前的巴西旅程,那趟旅程便是達爾文著名的「小獵犬號」(Beagle)之旅。達爾文在途中蒐集樣本、進行觀察,從而造就開闢性的演化理論,收錄在他一八五九年的《物種起源》(*On the Origin of Species*)書中。

事情立即明朗（至少現在我有花時間仔細讀它），這封信絕非只是一封達爾文書信，這是一封重要的達爾文書信。

在龐大的書信與書堆中，走過了相當於城市裡數個街區的距離，像是讀報一般地閱讀物件，我的老爸偶然拾得來自過去的強烈聲響，足以喚醒人們的回憶，如同尋到藏在房中的祕密寶石。那天是書展的第三日，早已有成千上萬的人路過這個放在玻璃盒裡的顯眼物件。

我們鑑定了物件的真確性，雖然第一眼的印象是這東西沒問題，但這是購買每份文件都得做的。老爸會這麼說：「以清新的眼光開始。」這意味著，將文件從封套裡拿出來，用一隻手摸過信頭，確定信頭是有浮水印的；大量的老信紙紙頭都是有浮水印的，如果沒有，那就表示有人可能用了影印機。運筆的狀況如何？你有沒有看見紙面上的墨流？筆跡看起來是不是刻意的？字行是不是直的呢？贗造者常犯的錯誤之一就是無法保持字行成一直線。字母 t 上面有沒有補上橫線呢？我在看完第一頁之後會把紙張翻過來，從墨水痕跡察看運筆的力道是否一致呢？墨流是否沒有變化，如果是，那這可能是複製品；正確的狀況是有時墨水應該會稀一點、少一點，有時則應該會濃一些、重一些，查看一下墨水穿透的情況。我會檢查簽名：簽名看起來是否對勁呢？我看見這個簽名是Ch. Darwin，這很好，你可不會想要看到簽名寫著Charles Darwin，因為達爾文不是這樣署名的。

我們最後的結論跟第一印象相同：這東西是真的。

於是我們對這份文件提出「保留」，並告訴賣家，我們三十分鐘之內就回來，這三十分鐘是我們給自己做研究的時間。賣家表示，這封信乃是收信人直系後代所委託，故從未出現於出版品上。

收信人湯瑪斯．希金森是位廢奴主義教士，這個身分讓他認識了愛默生、亨利．沃爾德．畢澈（Henry Ward Beecher）[1]、梭羅。在美國內戰期間，希金森在聯邦軍官拜上校，並率領由解放黑奴所組成的第一志願兵團，由此，他寫下書籍《黑人兵團的軍旅生活》（*Army Life in a Black Regiment*）。數年之後，希金森在倫敦與達爾文會面，他們因此建立通信。

根據在小獵犬號上的經驗，達爾文對於種族的觀點（正如他在信中所表示）並不令人訝異。一八三二年二月二十八日，小獵犬號旅程的初期，船隻抵達了巴西的巴伊亞（Bahia），達爾文花了幾天的時間探索該地的熱帶雨林，也在此遇見了黑人奴隸。那些人的處境讓達爾文生氣而作嘔，導致他與小獵犬號船長羅伯特．費茲羅伊（Robert

FitzRoy）二人，對於將人視作財產的倫理問題有所爭執。後來，達爾文在自傳中也寫到了這件事：

> 航程初期在巴西巴伊亞，他就曾捍衛並讚頌奴隸制度，我對此感到非常厭惡。他跟我說，他剛拜訪了一位大奴隸主，奴隸主喚來許多奴隸，問他們開不開心；還問他們想不想要獲得自由，每個奴隸的答案都是「不」。我接著問他（我的態度可能很不屑），他認為這些奴隸在主人面前所回答的，真有任何價值可言嗎？我這樣子講讓他非常非常生氣。

顯然，費茲羅伊後來禁止達爾文出席他的晚餐，不過他很快便道歉，兩人也和好了。達爾文從來沒有忘卻巴西奴隸的那些景象，也始終反對奴隸制，那封寫給希金森的信，是少數闡明達爾文對於種族問題態度的文獻。

我們甚至不需要三十分鐘的時間！人們熱愛達爾文，而這裡有一封達爾文的信，

1 〔譯註〕畢澈（一八一三—一八八七），投入美國廢奴運動的新教教士。

足以讓達爾文崇拜者的信心增加十倍有餘。這些東西的價值是一種主觀評估，但我認為該賣家對這封信有所誤判。我們讓買家注意到這個物件不尋常、激發人心、切合議題的要素，幾乎是立刻將這封信轉賣了出去，利潤相當可觀。要注意到這些要素，同時需要歷史知識還有對該人物遺緒之了解。這個人為什麼知名？為什麼會在意這個人呢？對於文物及其歷史背景進行精闢而有共鳴的論述，可以大幅增加該文物的價值。

老爸常說，有些人有好「品味」。這個意思是說他們花錢花得好，他們的蒐藏能呈現出智慧與熱情，這是種人格的反映；要擁有這樣的收藏需要能夠超越紙張、超越墨跡，看出物件「就是那個東西！」的能力。有些人不知道怎麼做，別的人不願意花時間這麼做，這就是為什麼有那麼多人就這樣從東西旁邊走過去，有些人卻停下了腳步；這就是為什麼有些標價一千美元的東西，價值可能高達十萬。

在這個行業，通往成功的終極金鑰就是決定價值與認定歷史重要性的能力，而從事這行的必要條件則是鑑定真偽的能力，老到的收藏家及其他賣家可以嗅出菜鳥生手的味道。學習如何鑑定需要特殊的技能，而鍛鍊出這套技能或許需要數十年的工夫；這是必要的第一步，而我的學徒時光必須專注於其中全部的奧祕。

舉例來說，有些歷史人物署名信件時會使用特製的印章，這些人物包括了愛因斯坦，愛因斯坦寄信為反對核擴張組織進行募款時，蓋上的是特製的藍色簽名印鑑。是的！這位幫助美國達成核子科技的先生深知這項科技的危險，並且積極地要對其加以限制。你該怎麼辨識一個印章呢？老爸解釋道：「例如，在墨跡中尋找泡泡，那或許會在印章的矩形邊緣處；還有，字母t十字交叉的地方沒有重疊。墨水是有質地的，它會在紙面上隆起來；如果是簽名印章，看起來則會像是褪色的、統一的、平平的。」

有些人物會利用機械來簽名，湯瑪斯．傑佛遜便有一架當時稱為「複寫機」（polygraph machine）[2]的玩意兒，他會在一張紙上書寫，這個裝置會跟隨他的運筆寫在另一張紙上。複寫機是歐洲的發明，它能夠完全複製傑佛遜的書信，所以今日有許多傑佛遜書信的買主，毫不知情自己所買到的是複寫副本。我必須知道真人簽名與裝置簽名的差別在哪裡！傑佛遜簽名裝置有種現代版本，那便是發明於一九四〇年代末期的「自動簽名機」（autopen），最早是由艾森豪（Dwight D. Eisenhower）總統任期內的白宮所使用，它和傑佛遜的裝置差別並不大，但自動簽名機可以使用預先製作好的

2〔譯註〕這個英文詞彙現在的意思是測謊機。

簽名模具並且精準複製簽名。老爸曾經對我說：「試著簽兩次名，兩次簽名不能只是相似，要一模一樣。」我辨不到，而自動簽名機造出的筆跡是一模一樣的。如果有個簽名和另一個簽名精確相符，那便是廉價的自動簽名機產物了。

我也需要學習怎麼樣揪出偽造或祕書的代簽，我們這行將後者稱為「祕書代筆」（secretarial）。父親解釋道：「一九五八至一九六〇年之間，約翰．甘迺迪（John F. Kennedy）的書信幾乎都是祕書簽的，少數則是自動簽名機。」我發現老爸所言屬實。

幾年前我曾跟某人通過電話，他說：「我的客戶有一批歷史文件收藏，等級是美國史上最重大的文件，是你會想買的。」如果是今天的我聽到這些話，一定會翻白眼；但是那個時候，我以為這組收藏很有價值，所以就跟爸爸去見了那位客戶。我們事前做過功課，那位商人花費幾十年，從一、兩位賣家手上購得一大套收藏。我們被告知，他的特別之處是擁有數量與重要性前所未見的美國總統簽名，還有許多其他的藏品。現在，這位商人有意全數出售。

我們抵達了約定鑑看收藏之處，你或許可以猜到我們所見的景象：桃花心木椅，白牆上掛著粗重的畫框，還有個祕書坐在深色木桌旁。女祕書通告我們的到來後，該藏家的仲介出來與我們會面，是位身穿西裝的中年男性。他告知我們，收藏家開了一整天的會議，希望我們能夠為這組收藏開出好價錢。

仲介領著我們走過狹長的白色走廊，到達一扇木門前，他小心翼翼緩緩地（甚至可說是恭恭敬敬地）打開門。我們很快就意識到，這個房間被用作為某種博物館，牆上掛著數百件精心裱框的文件，每個物件都有一塊小型解說牌；其中，有面牆上掛了一幅很大的框，裡頭有著美國每一位總統的「簽名」。

四處瞧了瞧，我最起初的反應是：「哇！這裡有好多東西啊！」那個展示方式就是為了要讓人們折服。我們欣賞著那些精緻裱框的展示品，每幅框的價格一定至少要一千美元。介紹人拿給我們一本描述並讚揚這批收藏的官方簽名書，並告知這套展覽可以透過網路參觀。有許多簽名、照片、文件是被裱在大件

自動簽名機的雷根簽名，筆觸有明顯晃動。

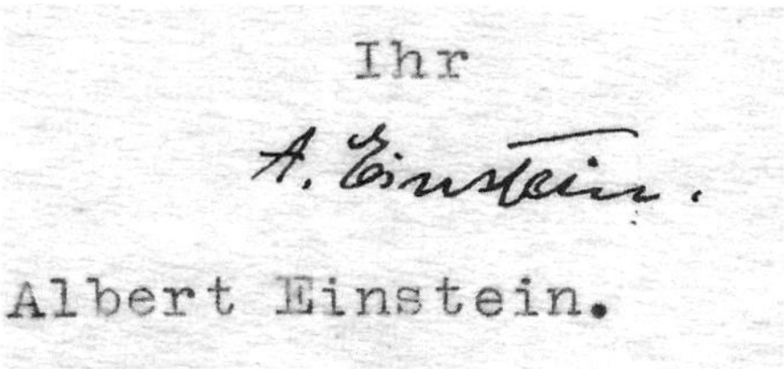

愛因斯坦親筆簽名。

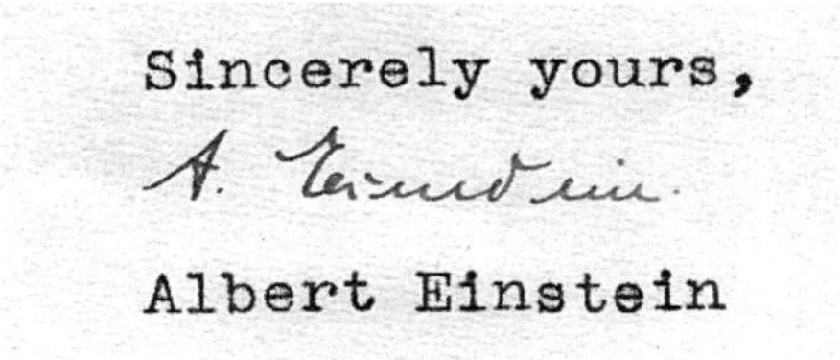

愛因斯坦祕書代簽。

的紀念盤上，紀念盤本身必定也所費不貲。這組龐大的收藏大約有一百五十到二百五十件簽名，甚至更多，這位收藏家擁有美國歷任總統的數種簽名。

父親走進去，等到仲介離開以後說道：「這根本是垃圾。贗品數量遠遠超過簽名真跡，而且就算不是贗品，也都是自動簽名機的產物。」

舉例來講，如果我的記憶沒錯，某條雞尾酒巾上面有約翰・甘迺迪與瑪麗蓮夢露的簽名，老爸開玩笑說：「說不定他還有一條餐巾上是甘迺迪和歐斯華（Lee Harvey Oswald）[3]的簽名呢。」我們兩人都同意這條餐巾顯然是贗品。旁邊還有一件林登・詹森（Lyndon Johnson）[4]的簽名，我們倆也認為這是助理代簽的。這真是令人吃驚——尤其是以這麼奢侈豪華的展示方式。這位先生為這組收藏花了好幾十萬美元，然後為裱框與展覽又再花了幾十萬。

他顯然認為自己的收藏價值數百萬美元，而我們很肯定這不值得。即使是真跡的物件狀況也不佳，或者是剪裁下來的簽名等等。沒有一件令人驚喜或感到特別的。

有個傢伙抓住這位收藏家的心並削了一頓，賣給他這些東西，直到這個收藏者不再購買而決定出售。

我花了不少時間思考了這個人的故事。表面上，這個教訓是有錢未必能買到好貨。這個人比多數人有錢得多，他卻弄出這組收藏，連沒他有錢的人都能做得更好。我曾經幫助領固定薪水的人打造出重要收藏。我父親最早期的客戶之一是位卡車司機，他偶爾會花錢買點東西，而且買到了很棒的東西。

在這個例子上，我相信此收藏家被誆騙了，關於其中諸多物件的起源與真假，還有那些物件的價值，他所聽到的是謊言（竟然有那件雞尾酒巾！）。我與父親對於其中少數真跡提出不高但公平的報價，然後去隔壁商場的餐廳吃午飯，過了三個小時與幾杯啤酒下肚之後，我們打電話給那位仲介。仲介解釋道：「喔！收藏者對於你們的報價感到被冒犯，而且立即回絕。我忘記回電給你了。」

幾個月以後，我們搭飛機去洛杉磯，要去洛杉磯稍北拜訪父親最早期的某位客戶。這位先生跟我父親買東西，是從一九八九年我們的第一期型錄出版時就開始了，當年

3〔譯註〕歐斯華是刺殺甘迺迪的嫌犯。
4〔譯註〕林登．詹森（一九〇八—一九七三），美國第三十六任總統。

我還在念初中吶。他由律師轉而從商，或許不能說富有，但過得算是很舒適，他想要從自己最有興趣的領域蒐藏物品，那便是美國歷史這片領域。

父親說明：「他是深思熟慮的買主。有些人才讀完物品描述與價格的第一行，就忙著打電話收購了。而這個傢伙會花上一、兩個星期瞄準，然後才扣下板機，無論價格是多少。他的品味極佳，金錢是買不到品味或者鑑賞力的。」

現在，這位先生決定要將自己大部分的收藏出售。

我們在洛杉磯國際機場租了輛車前往聖塔莫尼卡（Santa Monica），在一間西班牙塔帕斯（tapas）餐館吃了頓遲到的午餐配紅酒，那裡距離知名海灘只有一個街區；街上正在舉辦小市集，吃完午飯後，老爸又找到一間賣著「世界上最好的開心果」的店家，經過這麼多年，他到現在還是會上網訂購那家的開心果。我們談起那位客戶，老爸說：「看到他擁有些什麼之時，你一定會印象深刻。」

隔天早上，我們走進客戶的家，通過環形車道之後來到一間端莊的房舍，地點接近公路。房子裡頭很黑，有深色的木地板以及相稱的家具。這位先生在走廊上設置了一張小桌子，沒有仲介、沒有中間人，只有他一人，他的太太出門接孩子了。

這位先生與父親快速地談起了一些往事，我對那些事完全無知。接著他離開現場，回來的時候帶著一份硬紙板材質的大文件夾，裡頭裝有用塑膠布包著的文件，他拿了出來一一秀給我們看：

- 華盛頓將軍在福吉谷冬季紮營時寫下的重要信件，當時大陸軍（Continental Army）正與英軍對抗，而且處於最危難的時刻。
- 南卡羅萊納的分離會議（Secession Convention）向其他南方州呼籲脫離聯邦並組成邦聯的文件。
- 拉法葉侯爵發的一份公函，內容在稱讚「父親」華盛頓的英雄事蹟，並且希望自己於革命戰爭期間受的傷可以盡快康復，才能再回來與美洲兄弟並肩作戰。
- 一封邱吉爾在二次大戰期間的信，內容是號召「擊敗希特勒與他所代表的事物」。
- 查爾斯・桑姆納（Charles Sumner）在病榻上寫的信，內容是關於他在參議院被支持奴隸制的南卡羅萊納眾議員普利斯頓・布魯克（Preston Brook）攻擊的事件，時間正好是戰爭爆發前夕。桑姆納在歷史的偉大計劃當中可說是個小人物，但他在參議院被人毆打這件事，象徵著當時北方與南方之間的敵意。要記得，講到文獻與文物時，將歷史人物與他們最偉大的成就或最重要的遺緒相連結，一定能大大增加物件的價值。這個意思是說桑姆納這封信不只值一千美元，而是八千美元。

你應該感覺到那幅景象了吧？一件歷史寶藏接著另一件歷史寶藏。全部都是真品，這裡的每件物品，都是熱中於此且富有相關知識的收藏者深思熟慮的成果。

這位先生沒有把精美裱框的文件放在辦公室，沒有中間人代表出席。看著他和老爸討論協商，就像看著兩個老朋友或兩位收藏家談論著每個物件各自的歷史重要性。老爸的解說是：「華盛頓在福吉谷冬季的信件已經不多了，更別說像這封這樣要緊的信。」

這位藏家有少數文物不打算出售。他擁有一封信，是傑佛遜邀請某位過齋戒月的穆斯林朋友到家裡來；此外，還有一些十九世紀的物件，那是他最感興趣的年代。

不過，剛才提到那幾件文物再加上幾個物件，據我所憶，他打算賣出十二萬美元左右。我們同意了。這幾年他應該靠收藏賺得了一些利潤，我們把這些東西再次轉賣也會賺到一些利潤。

†　†　†

前面提到的這三次互動經驗，時間剛好都很接近，一次是在紐約，另一次是在華盛頓特區的郊區，還有一次在洛杉磯，三次經驗都讓我有所學習，讓我得知何為衡量歷史重要性的能力，去了解這些物件真正意義的所在。洛杉磯的這位文物買家沉潛於歷史，他理解自己那些東西的程度比我還高，他是跟有信譽的賣家買的，購買的時候既沉穩又周到，不會過於衝動，他也是個很好的交易對象。他的獵人之旅是在追尋歷史，要親近這些吸引他的偉大人物與事件；他並沒有精心展示自己所擁有的，而是放在文件夾內，他可以將文物拿出來，自己把玩、享受，或與好友共享同樂。

華盛頓特區那位買家蒐藏的主要理由就是為了展示以及自我肯定；他似乎不太在意物件是否為真品，除了框條的閃亮之外，他沒有從這些物件看出什麼。沒有哪個物件特別重要，它們的價值一直都沒有高於他購買的那刻。再引用歌德的話吧：「像金箔一樣閃閃發亮不過是片刻的事；而那些真實的事物始終完好無缺。」那個人真的像是個蠢蛋。

在我從事這行的初期，我看見迅速而精準的判斷之價值所在，我也體會到麥爾坎·葛拉威爾所謂的「一瞬」。我遇上潛在客戶的兩種極端類型，也知道自己比較喜歡哪一種。還有，我學到另外一個教訓：碰上有好眼力的客戶，他們擁有真品的機率會高出很多很多。金錢買不到品味，但品味會帶來真品！

4 金牌、禮帽、雪克杯
The Gold Medal, the Top Hat, and the Martini Shaker

西奧多．羅斯福開口說道：「諸位朋友，我必須請你們盡可能保持安靜。我不知道你們是否知曉，我剛才遭到了槍擊。」

一九一二年，老羅斯福第三次競選總統時失利，並淪為暗殺行動的對象，他在某場競選演講前一刻遭人開槍。在富蘭克林．羅斯福（Franklin D. Roosevelt）出任四屆美國總統之前，總統連任次數是沒有限制的。

老羅斯福繼續說：「要殺死公麋鹿（bull moose）[1]，本事不能只有這樣。」他所提到的是自己在加拿大的打獵時光。他說道：「幸好我帶著自己的演講手稿，你們可以看得出來，我準備要做一場漫長的演講，有顆子彈（這裡是子彈穿過的地方），然後

1〔譯註〕老羅斯福自稱如公麋鹿般強壯，他於一九一二年另創的「進步黨」（Progressive Party）也被暱稱為「公麋鹿黨」。

這份手稿可能救了我，讓子彈沒能射進我的心臟。子彈現在在我身體裡，所以我沒辦法講太久，不過我會盡力而為。」五十張紙拯救了老羅斯福的性命。將近一百年之後，我正在一家古物店裡東看西看，店主賣的是古董，還有些其他物品，像是錢幣、旗幟、小飾品，以及一些紙張、文件。那是個昏暗又有霉味的空間，安靜而有點髒亂。當時，我們人在紐約郊區查看一堆不相干的文件，這家店位在旅館的那條街上便進去逛逛。我們從前就聽過店主的名號，但不曾跟他買過東西，店裡到處都是他與寵物的合照，或許還混著一些黴，有種滑稽的氣氛。

我說：「這就只是一張有洞的紙而已啊！」

老爸說：「看看它的背面。」

我把紙翻過來，背面是老羅斯福夫人的筆跡，她將這張紙送給一位朋友；老羅斯福療傷期間，夫人就在身邊支持著他。這個彈孔看起來就像是裂口。

賣家要價五千美元。這張紙上面並沒有什麼名人簽名，但是其背景脈絡與來歷都在肯確地說明它確實是真品。我們立刻買下，並在一個星期後以四萬美元售出。

相對於簽名題字或文件，文物與物品對人們具有特殊的吸引力：海明威（Ernest

Hemingway）的打字機、林肯的大禮帽、小羅斯福的手帕（他經常將這些東西送給以羅斯福起名的孩子），或者是來自大人物圖書館的書籍。你可以想像，那位歷史人物曾經擁有那個物件，並把它握在手中；這種東西因此富有親密性、緊密性，它們是遺物，充滿著情感與意義。

關於物品的挑戰在於確認它們是真的。像是那份老羅斯福的演講稿，與其說是簽名題字，它比較像是一份文物，決定這一切的就在於脈絡背景。

如果我拿給你一支鋼筆，跟你說這是老羅斯福的鋼筆，你怎麼知道我說的是不是真的？如果我給你筆的同時還拿出老羅斯福的筆跡呢？你其實還是會碰到一模一樣的問題：你怎麼能確定這支筆不是原筆的複製品，或者是相同製造商在那個年代製作的另一支呢？確認一項物品的來源出處，是非常、非常困難的事。你要怎麼追溯一支鋼筆的來源呢？想想看，有多少人的手曾經握過它、多少人曾經擁有過它。有一種可能的情節是鋼筆擁有者曾經寫信給某人，詳細描述過這支筆的細節。

我們都渴望相信！我們渴望相信那支筆是真品，這種心情貫串了我們的歷史獵人之旅。我們都很珍惜父母、祖父母傳下來的東西，這些與我們關係親密的物品擁有深厚的意涵。而我們的眼光必須超越家族而看見歷史，它的意義才能夠彰顯。在我們的渴望當中有單純的一面，甚至稚氣的一面，讓我們擱置自己的判斷力，接受擺在面前的事物；可是，在我的經驗裡，故事愈漂亮迷人，真實性通常就愈低。例如有個親戚告訴我，他擁有一張法蘭克・辛納屈（Frank Sinatra）本人相贈的簽名照，因為辛納屈的事業起步之時，他曾經在紐澤西提供協助。這個故事顯然是我這位親戚的自我抬舉，好讓他可以親近大人物，這個故事不是真的，法蘭克・辛納屈寄給他的這張照片，簽名是由祕書執筆的。當東西傳到下一代，故事只會變得更多采多姿，而不是萎靡。

不久之前，有位收藏家與我們接洽，他擁有一組軍事通訊文件與威菲爾德・史考特（Winfield Scott）的寫作台。十九世紀時，軍事相關人士常擁有可以放置筆墨紙張的箱子，箱子還可以打開摺疊成為平台，供人在戰場寫信。威菲爾德・史考特是美墨戰爭（Mexican-American War）的偉大將領，這場戰爭擴張了美國的勢力，並造就未來邦聯李將軍（Robert E. Lee）跨越世代的軍旅生涯。史考特在「一八一二年戰爭」、黑鷹戰爭（Black Hawk War）與美墨戰爭中都擔任了軍隊指揮官，美國內戰爆發時他已是最高階的陸軍將領。太棒了！我們想要這些信件，所以買下了整組收藏，包括那張可能是威菲爾德・史考特擁有過的寫作台。

然而，拿到東西之時，我們自問了許多問題。

老爸評論：「好的，顯然它是那個時代的遺物，而且上面寫著威菲爾德・史考特的名字。」威菲爾德・史考特的大名銘刻在箱子頂部的一面銀牌上，是預期中的位置。「可是，它有沒有可能是另一個同名同姓的人所擁有的呢？」

到底要怎樣才能知道呢？

我們決定為了信件而買下這組收藏，但直到現在都還保留著那個箱子，它有可能是真品，不過懷疑讓我們走回了研究之路，目前它只是個放在我們辦公室裡的美麗物品，被列為非賣品。

史考特的寫作台說明了這類物件造成的難題：你必須排除其餘可能性，而且必須知道該問些什麼問題。

從老羅斯福的演講殘稿與史考特的寫作台，我體會到這類物品鑑定的複雜性，但我也學到，在必須謹慎之處保持謹慎，經常能夠種瓜得瓜。

一八一二年戰爭[2]結束三年之後，一八一八年的美國眾議院裡，眾議員與後來四

2〔編註〕一八一二年戰爭，美英戰爭共為期三年，雙方於一八一五年停戰。

度競選總統的亨利・克雷，正在聆聽曾任將領的議員威廉・亨利・哈里森（William Henry Harrison）演講，哈里森從席間起立，接受數天前授予給他的隆重榮譽。如當年四月出版的文稿所示，哈里森希望「能見證西北軍紳士英勇服役，並藉此機會簡短表達自己強烈的榮譽感；近日他從國會獲得的這項榮譽，對他來說，比其餘加諸於身的榮耀更讓他感動。但是，他必須將此榮譽視為自己有幸指揮的那支英勇軍隊所得，而非他個人功勞所獲」。

哈里森將軍在一八一一年「蒂珀卡努戰役」（Battle of Tippecanoe）中擊敗印第安人，而在一八一二年九月被任命為西北軍指揮官，當時正是一八一二年戰爭的轉捩點。美國在一八一二年戰爭中對抗英國及其盟友，後者包括許多印第安部落。隔年的一八一三年，哈里森領軍於安大略（Ontario）贏下「泰晤士河戰役」（Battle of the Thames），那是場大勝利，印第安肖尼族（Shawnee）酋長塔庫姆希（Tecumseh）於該役喪生，此次勝利也為美國鞏固老西北地區。

在克雷遊說的幫助之下，哈里森因為那些功績獲得了「國會金質獎章」。在白宮舉行的授獎儀式是由門羅總統主持的，哈里森獲頒了金牌。

將近兩百年之後，距白宮約一千六百英里之外，我拿起了一個小盒子，盒子在手中沉甸甸的，比想像的要重；盒子大約四立方英寸，重量大約一磅，外層是某種木板製成。我屏住呼吸並慢慢將盒子打開，裡面裝的正是我們趕忙造訪科羅拉多州的原因。盒子裡的頂部與底部都置有紅褐色布座，中間裝著一枚金幣，金幣直徑超過二．五英寸。金幣上有著威廉．亨利．哈里森將軍的半身像，人物身著制服、面向右方，金幣反面是一位身穿束腰外衣的處女，象徵著美國，她的右手放在一面美國盾牌上，盾面刻著「梅格斯堡」（FORT MEIGS）與「泰晤士河戰役」，也就是哈里森獲頒榮譽的主要戰役。上方刻著「國會決議，一八一八年四月四日」，下方刻著「泰晤士河戰役」。這位先生力挫強敵（包括英國人與美國原住民）並在戰場上揚名；另外，他還有個特別事蹟，那便是史上任期最短的美國總統。哈里森在總統就職典禮幾個禮拜後，因肺炎過世，就職僅僅三十一天。理論上，這就是獎賞哈里森軍事功績的那枚金牌。這可不是個小發現：這是美國國家寶藏的現身，而且是個無人在尋覓之物。

我與父親趕忙去查看這套大規模收藏，擁有者是威廉．亨利．哈里森的直系子孫，也就是班傑明．哈里森（Benjamin Harrison，第二十三任總統〔一八八九—一八九三年〕）的後人。打從美國憲法簽署以來，這個家族就是政界與軍界的常客，可說是美國史上重要的政治世家之一，雖然現今該家族的名氣相對已較不顯著。

「第一位」班傑明・哈里森[3]大約在一六三〇年抵達美洲，當時的殖民地只不過是廣闊的森林與身在其中的原住民；後來，班傑明在維吉尼亞建立了柏克萊莊園（Berkeley Plantation）。「第五位」班傑明・哈里森是美國獨立宣言的簽署人，曾任維吉尼亞州州長；他的兒子威廉・亨利遷徙至印第安納領地（Indiana Territory），而後擔任州長，那是在威廉・亨利戰場英雄事蹟與短暫總統任期之前的事。循著約翰・亞當斯及約翰・昆西・亞當斯父子的家族足跡，威廉・亨利與他的孫子成為美國史上第一對皆當選總統的祖孫；這類王朝式的範例，之後是富蘭克林・羅斯福與西奧多・羅斯福，兩人乃堂兄弟；再次出現則是布希（Bush）父子。

對方告訴我們，他擁有威廉・亨利・哈里森於一八一八年獲贈的國會金質獎章，以及諸多其他物品及文件。據我們所知，這類獎章遺留下來的數量很少。現在的國會榮譽獎章頒發得很頻繁，但是早期可說是深藏的珍寶，是實實在在的稀世金牌，沒有人知道哈里森的金質獎章位在何處。其他少數的國會獎章曾在過去一百年間浮出市面，隨即就被某些機關團體取得，其中包括了安德魯・傑克森（Andrew Jackson）[4]的獎章，而這一枚會是真正的哈里森獎章嗎？

我們正在一間不怎麼樣的郊區錯層房屋裡看著這枚獎章，屋內牆上沒掛著什麼歷史文物，也沒有什麼跡象顯示這是哈里森後人的房子。對方板著一張臉，態度很直接，不算是不友善，也稱不上是。

他沒有一口氣拿出全部的文物，而是一波一波地拿出來，文件夾、裝框文件等等皆從地下室搬了出來。第一件是本舊書，曾為威廉・亨利與班傑明總統所擁有，書上有威廉・亨利的簽名，還有宗教界領袖稱讚他的題字。這本曾經屬於兩位美國總統的藏書，書名是《傅萊契作品集，第一冊》（*Fletcher's Works, Volume 1*），類型為宗教類。傅萊契與約翰・衛斯理（John Wesley，循道宗〔Methodism〕創立者）為同時代人，他是十八世紀衛斯理神學極為重要的詮釋者，循道宗初期最傑出的神學家之一。

那位先生拿出了一張滿大的裱框文件，內容是林肯簽名並指派哈里森家的祖先到內布拉斯加領地（Nebraska Territory）出任州長。另外還有一份班傑明・哈里森總統就職演講稿，稿子被裝訂成冊，班傑明在末頁簽名，這不是他後來簽名的副本，而是演講時的原稿（也就是他演講時手中握著的那份）。藏品還包括有班傑明的手杖、獨

3 〔譯註〕作者應是以此表述哈里森家族的先祖。

4 〔譯註〕安德魯・傑克森（一七六七—一八四五），美國第七任總統。

立宣言簽署人（也是叫班傑明）的另一本藏書。另有一組晚餐碟盤，根據家族傳下的說法是來自於林肯的白宮；不過在檢視過盤子背面製造商的名字後，我們認定它為複製品，這組著名的餐盤組是後來為了紀念被暗殺的林肯總統而製作，時間大約在班傑明總統的時代。這並不是什麼罕見的事，家族傳說通常是人們所期望的想法。這裡還有許多哈里森家族與威廉・霍華德・塔夫特（William Howard Taft）[5]、老羅斯福持續通訊的文件。

終於，金牌現身，躺在紅褐色布座上閃閃發亮，它的重量說明了自身的重要性——至少我這麼期望。表面上看起來，這美麗而神祕的物件確實符合人們對那失落珍寶所知的描述。

這個金質獎章為我們造成兩難。一位錢幣商會將重點放在物件的物質狀態，物件是否保持於原初鑄造的狀態呢？錢幣商重視許多技術性層面，但這並不同等適用於我們。他們會檢查小瑕疵，錢幣愈接近原初狀態愈好，即使是針點般的小傷痕都會讓他們皺眉。對我來講，這枚獎章的保存狀態很漂亮，但我們最優先且最看重的是，它是否為威廉・亨利・哈里森所有。那枚獎章的歷史重要性是什麼呢？在美國建國初期，也只有另外兩位未來總統曾獲頒這種獎章，一位是安德魯・傑克森，另一位是札卡里・

泰勒（Zachary Taylor）[6]。我們人就在這兒，盯著那件期望是真品的物件；不過，正如那組「林肯」餐盤所提醒的，以及雷根總統那句出了名的引言，「信任，但要查證」（trust but verify）[7]。

我們在現場進行了尺寸比對，斷定已知獎章原件的大小與這件相符。所有的標誌都是正確的，雕刻家身分無誤，他的簽名位置也沒錯，這件獎牌目前還是家族後人所擁有，全都是好兆頭。

我們必須設想各式各樣的狀況：也許它是復刻品，也許是紀念性的複製品，也許在授獎典禮後每個家族成員都得到了一枚。若是如此，複製品不會是黃金製的。又或者，它是數年之後的紀念幣，但這就沒辦法解釋它的尺寸了，因為複製品的尺寸通常會改變。然而，我們沒辦法澈底鑑定現場的這枚獎章，我們必須知道它的金屬成分，與當時對該獎章的描述進行比對，還要諮詢對錢幣類較為熟稔的同事並參考其經驗。

5〔譯註〕威廉．霍華德．塔夫特（一八五七—一九三〇），美國第二十七任總統。
6〔譯註〕札卡里．泰勒（一七八四—一八五〇），美國第十二任總統，於任內過世。
7〔譯註〕這句話是雷根學來的俄國諺語，他在與蘇聯處理限制核武問題時數度引用。

光是這枚獎章，對方開出的價格就要好幾萬美元，我們覺得挺昂貴的，但這個價格也不算不合理。能借鑑的前例很少，因為獎章本身就很稀有。我們告訴哈里森家族後人，假設能鑑定這是真品，我們將會接受他們的開價，這代表著我們最終要支付十五萬多美元來購入這整套歷史文件與物件等藏品。

對方冷冷地說：「我得想一想。」他的目光移往他處。我們看不太清楚他到底還想不想售出這枚獎章，更別說他是否容許我們進行鑑定。於是，我們雙手空空地離去了。

當面看著大發現卻又被迫轉身離開，真是深深的挫折。我們提出了建議，花費了寶貴的時間，並且寄託了我們的希望。獲得物件通常伴隨著雀躍感——我們發現了並且買下了很酷的玩意兒。然而，那位先生並沒有義務出售什麼給我們，於是我們很有禮貌地離開，要走的時候，對方臉上依然掛著相同的嚴肅表情，但他太太的表現正好相反，她保持微笑還送東西給我們路上吃。這整件事處在一種奇怪的狀態。回到家後，我們企圖在心中放下那套收藏，那枚獎章又再度消失於它被取出的那間地下室裡。

歷史珍寶讓人無法抵抗的性質，就是一旦你看到它就無法忘記它；或者，就像是梭羅在《湖濱散記》中的名句：「你追尋它，就像是夢境一般；而一旦你找到它，你就變成了它的獵物。」

所幸在一個禮拜之內，出乎意料地哈里森家族後人寫信給我們，雙方達成了約定，但是有一項限制，對方理解我們在匯款之前得做功課，而我們必須在一週之內完成作業。我當時人在華盛頓特區，接到對方首肯與期限的訊息時，我正和凱倫一起在國家肖像畫廊（National Portrait Gallery）。我們為了其他業務待在城區，並趁會議空閒享受博物館時光。壯觀的畫廊中庭裡的咖啡館，通常是我們享受餐點喝杯紅酒的寧靜好所在，但現在我們卻在這裡工作了起來，瘋狂地搶訂國鐵回費城，以及末班班機到科羅拉多州。我們趕回家，不到三個小時便已經身在前往費城機場的計程車上。

我重複著同樣的行程，租一輛車，開車到同一家旅館。當我抵達哈里森後人家中，他仍像上週一樣面無表情、沉默寡言；我當時想，這若不是對我反感，就只是一種性格特徵，不算是有敵意，也不能說有溫情。他默默領著我進入他的起居室。

事後，我一直在思考，對方對於這整場交易的態度是什麼，我好奇的是往後他在回顧之下，會不會對於自己出售家族文物的決定而感傷。這些東西是一代傳一代、一代又傳一代，東西傳到他的手上，而他決定出售，沒有下一代的子孫會照料這些東西。也許他只是對於這些物品的離開感到難過，雖然他能意識到自己的決定是恰當的，卻依然在情緒上混雜著苦澀。

收藏家對於出售自己的物件總是感到艱辛，部分原因是他們為此投入情感精力，買下物件、與其生活在一起、從其中獲得靈感。試想一下，假如那些靈感同時也是家族性的，讓你了解自己的血脈淵源何處，而不僅僅是看見此物品偉大的反光而已。我對於這種決定出售的艱辛抉擇感到同情。

我清點過文件，把獎章、書籍等等物品，包括一支班傑明總統的筆，全放進我的包內。

雙方的理解是我會在他設定的期限之內帶獎章去鑑定，如果是真的，我就付錢，如果不是，我就把獎章送回。他說了，「一個禮拜」，一個禮拜過後，他就要看見獎章或是錢；我其實不太確定他說的一個禮拜是不是包括所有的文件、書籍、文物，抑或只是指那塊獎章。我決定把悲觀拋諸腦後，希望一切能有好結果。

我同意了，並且告知打算將獎章帶去史密森尼學會（Smithsonian）[8]。

在帶著裝有物品的包包通過機場安全檢查之時，我拿起了總統的手杖，一邊走一邊敲地板。這是系列事件第一階段的結束，我的心情是輕快的。

凱倫與我在史密森尼的美國國家歷史博物館（National Museum of American

History）與大衛・米勒（David Miller）碰面，大衛是個友善的人，他是博物館的武器專家兼研究員（curator）。還有，他真的長得好像演員傑夫・布里吉（Jeff Bridges）啊！

米勒領著我們走到博物館非開放的研究與儲藏區，那裡長長的走廊讓我回憶起高中校舍，掛著牌子的人們魚貫穿梭於辦公室，他們的工作成果就呈現於展覽空間。我們向左轉穿過一個門口後，經過數千件刀劍、斧頭和古董來福槍、火槍、手槍，還有軍事戰爭史上的各種遺物，那個房間大約是座小型足球場大小，讓我想起《法櫃奇兵》（Raiders of the Lost Ark）電影最後一幕，軍隊祕密收藏約櫃的政府倉庫。

我小心地包裹那枚獎章並放在公事包裡。我們期待史密森尼學會幫忙鑑定哈里森的獎牌，因為他們的收藏裡也有一枚同時代的金牌，叫作「特魯克斯頓獎章」，由海軍英豪湯瑪斯・特魯克斯頓（Thomas Truxtun）於一八〇〇年獲頒，特魯克斯頓是華盛頓總統最初任命的新美國海軍指揮官之一。我們的想法是比較這兩枚獎章，特別是兩者的金屬成分。

我們繞到房間的角落，在一堆古代刀劍後方找到一位三十多歲的女士，她正看著

8〔譯註〕史密森尼學會是美國博物館組織。

一台機器，樣子看起來像影印機的遠親。朵恩．華勒斯（Dawn Wallace）是博物館的「文物保管人」（objects conservator），她解釋道，這部機器是X射線螢光光譜儀（XRF），我們可以透過它精確比較兩枚獎章表面的金屬成分，光譜儀會根據各元素特定狀況將其電子自軌道位置移開，這是種安全且非侵入性的分析方法。

以下是當時所得知的情況：

1 這枚獎章的大小與原件一模一樣。複製品的大小通常與原件有所差別，另有其他標記會暴露複製品的身分。

2 這枚獎章確實有複製品，但不是用相同的金屬製成，複製品是銅製的，我依稀記得有一些還是銀製的。那個時代的黃金比現在更稀罕且昂貴，複製品通常不會用黃金打造。此領域的專家已經確認：一枚尺寸正確的黃金獎牌就會是真品；或者，像是米勒開玩笑的說法：「美國國會是很廉價，但當他們把自己名字印在某些東西上的時候除外。」

3 有關於哈里森獲頒此獎章的紀錄是存在的，而這枚獎章上有兩個洞，顯示上面曾經有鍊子穿過而被人戴著。

4至今還沒有該獎章當年的複製品出現過。

另外有件值得一提的事：研究這枚獎章之際，我在賓州大學的圖書館發現一件佚名的出版物，出版方為「美國革命之女」，總統班傑明・哈里森的妻子凱洛琳・哈里森（Caroline Harrison）便是其會員。這本小冊子介紹了那枚獎章，包含各方面的細節，還收錄了一篇文章感謝凱洛琳願意讓該組織在展覽中展示它。現在，那枚獎章的出售者正是凱洛琳・哈里森的後人。

這些是強而有力且近乎確定的事實，但依然需要正確的金屬成分，以確認它是十九世紀前二十年所製作出的那枚獎牌。

華勒斯戴上實驗室用乳膠手套，把特魯克斯頓獎章放上了光譜儀的樣本台，掃描光線打在刻面最平坦的部分，確保分析結果最為精確。短短幾秒鐘後，分析結果出現在電腦螢幕上，特魯克斯頓獎章幾乎全為黃金，但還不是百分之百純金，金屬調合時的不完美狀態是當時鑄造錢幣的特徵。有一張圖表記錄著那些缺陷。華勒斯解釋：「那個時代的黃金無法像今天一樣純。」這也是光譜儀所顯示數字的意義。

現在，她將哈里森獎章放到機器上，我屏住呼吸，所有人也都屏住了呼吸。這種時刻帶來的期待，與這項發現的潛能成正比，而我們的期待很高很高；即使是不用承擔獎章真偽風險、單純提供研究協助的博物館研究員，也抱著這股期望。我們正在重建一個歷經好幾代的故事。如果這枚獎章是真的，製作出的一系列獎章也應該包括特魯克斯頓的那枚，兩者相距不到二十年，而時間晚上許多的複製品則會擁有不同的化學成分。華勒斯打開開關，機器在電腦螢幕上輸出另一份數字，華勒斯本來是坐著的，我們站在她的後面，只有她才看得見分析結果。她將椅子轉過來面對我們，微笑說道：「是符合的。」兩枚獎章真的相符：它們的成分是相合的。華勒斯將兩份圖表重疊時實在難以分清楚哪個是哪個。我們的獎章是真品！

一個月之後，我登上全國電視節目發表這項發現。

直到現在，我都還保留著那份光譜儀報告。

† † †

除了科學之外，哈里森獎章還有非常好的來歷說明，這對於鑑定「物品」來說尤其重要，與此情況形成對比的則是「文件」。我們購買文件時，它的來歷通常都是「不完整的」，這是常態；我說的不是「不對勁的」來歷，如果來歷不對勁，我們就有理由相信這個物件不好，或者不適合在市場上買賣。所謂「不完整」的意思是，你只知道自己的曾祖父從十九世紀知名的紐約市交易商華特・班傑明（Walter Benjamin）那邊買下這份簽名文件，但你怎麼可能知道華特・班傑明又是從哪裡弄來的？能從你拿到文件一步一步往前追溯到簽名的那刻，是很不尋常的事。然而對於文件鑑定來說，證明來歷的鐵證並不一定是必要的，因為文件本身便能夠自我證明；內行人知道，文件能「自我鑑定」（或自我鑑定失敗）是因為各種技術性元素，如簽名、紙張、紙張摺痕、墨水、歷史性內容，以及其他已知的比對範例等等。出處來歷是支持文件鑑定的良好「第二意見」，而且能夠對該文件的故事、紙張或獸皮的旅程有所闡明，但它並不是必要條件。

然而，在大多數的「物品」案例中，來歷都是必要的。想想電影《國家寶藏》（National Treasure）裡尼可拉斯・凱吉（Nicolas Cage）的偵探行動，他發現自己所說的正是班傑明・富蘭克林的眼鏡。他是怎麼知道的呢？我們都希望相信「專家」所說的話是真的，然後繼續往前進。在這次的案例中，哈里森獎章的來歷吸引我們更貼近觀看；但如果是無名氏「約翰・多烏」（John Doe）[9]把它買下，宣稱多屋家族已經相傳好幾代，那我們就得更小心謹慎了。這枚獎章有直接的哈里森家族關聯，讓我們非常認真看待，我們透過那些儀器檢查它的真偽，甚至考量過複製品的可能性，因為該家族擁有許多複製品，但連這點都被我們排除了。

父親有次向我解釋，缺乏確實的來歷曾危及許多宣稱為真品的物件可信度，例如號稱尤利西斯．格蘭特（Ulysses S. Grant）將軍戴過的帽子，這樣的帽子就有好幾頂；或者，據說林肯用來簽署「奴隸解放宣言」（Emancipation Proclamation）的筆，這支筆「至少有三支」，且宣稱者都表示自己的「那支筆」才是真品。林肯被暗殺的那一夜所穿的染血西裝至少就有三套，那我們要怎麼知道（假設其中真有一套為真品）哪一套才是真的呢？這通常是件不可能的任務。因此，紙張文獻與其簽名擁有一項優勢：是的，這是可以偽造的，但是技術性因素以及鑑賞力可以鑑定真假。一般而言，將軍的帽子、鋼筆或染血西裝就缺乏與前述相等的因素可提供同樣的保證，所以它們就需要很確實的來歷。威廉．亨利．哈里森的金質獎章什麼條件都有了：科學、研究，再加上來歷。

用近來引起激烈爭議的林肯大禮帽當例子，這頂帽子目前位於伊利諾州春田（Springfield）的林肯總統圖書館與博物館（Abraham Lincoln Presidential Library and

Museum），這是一項該單位採購、募資、展覽的重大成果。可是，在二〇一八年出現了一份報告，內容表示博物館從著名林肯文物簽名收藏家路易斯．塔伯（Louise Taper）處買來的這頂帽子，也許不是真品；為了買下這頂帽子，這間博物館可是支出了高達六百萬美元。傳說林肯將那頂帽子送給某個早期的支持者，是位名叫威廉．華勒（William Waller）的農夫，彼時是一八五八年，也就是林肯當選總統之前兩年；華勒把林肯的帽子傳給小孩，經過幾代之後這頂帽子依然為該家族所有，而這個故事也留傳了下來。等到這頂帽子出售之際，塔伯把它買下，此時故事情節已出現變化，傳說那頂帽子是林肯在比較晚之時才送給華勒，時間點是美國內戰期間。這頂帽子的檢驗作法非常特殊，是由美國聯邦調查局進行DNA測試，但結果是「無定論」（inconclusive）；DNA技術幾乎從來沒用於證明這種歷史文物，它在這裡變成一個議題可不是什麼好消息。那頂帽子的生產城市是正確的，也就是伊利諾州的春田，據說大小也符合林肯的頭圍，但它就是缺乏任何可驗證的來歷。

所以，你問問自己，這會不會是林肯的帽子呢？我提供的意見可能讓人很不滿

9〔譯註〕約翰．多烏是英文稱呼無名氏或某甲的方式。

意：「也許是」。帽子的風格形式沒錯，製造商也沒錯，故事已經流傳好幾個世代。但是，這頂帽子來源的故事卻有不同版本，它會不會是這家春田製帽商做出來的另一頂（林肯的帽子並不是特殊形式）帽子呢？

可以確定的是，創造這類故事以及相信這類故事的情感力量是很強烈的，那種想要相信的拉力是很難擺脫的。如果你有興趣而且剛好多出六百萬美元，我聽說這頂林肯大禮帽可能即將公開拍賣。

多年前我住在羅馬時，是住在一塊橫跨台伯河兩端的迷人區域，離萬神殿（Pantheon）不遠，區域的中央廣場是越台伯河聖母大殿廣場（Piazza di Santa Maria in Trastevere）。我在那兒努力學習義大利文，算是學習有成。那裡能讓我勾起家鄉味道的地方是廣場角落的一家戲院，裡頭會放映英語電影；我在前往市中心的路上會經過戲院，在那裡總看見近期在義大利上映的英語電影海報，通常距離紐約首映有六或八個月之久。我在那邊觀賞過的唯一一部電影是《驚爆十三天》（Thirteen Days），凱文・科斯納（Kevin Costner）在戲中飾演甘迺迪總統的助手肯尼斯・歐唐納（Kenny O'Donnell）。肯尼斯・歐唐納是個好男孩，他是甘迺迪在家鄉的朋友，被後者一路帶進白宮；對約翰．甘迺迪及羅伯特．甘迺迪（Robert Kennedy）兄弟來說，歐唐納是個值得信任的政治顧問及密友，是有時被稱為「愛爾蘭黑手黨」（Irish Mafia）的內部圈子成員之一。

觀賞那部凱文．科斯納主演電影的十五年後，歐唐納的家人來電我的辦公室。老歐唐納已於多年前過世，壽命並不算長。

歐唐納的媳婦駕著藍色休旅車，從紐約上州來到我們賓州的辦公室。她先打電話告知要過來，並表示自己擁有一份文件，內容是任命肯尼斯．歐唐納為總統特別助理的簽名文件，日期正是甘迺迪入主白宮的那一天，一九六一年一月二十日。這很有可能是甘迺迪當上總統後簽署的第一份文件，也是我們對此興致勃勃的原因；這份文件象徵著一段新興時代、希望時代的開端。除此之外，她說自己還有些其他的東西。

歐唐納的媳婦態度熱心友善，帶來的文件如今已鋪在我們辦公室的桌上，我首先想親眼看看的就是那份一九六一年的文件，確定那是真品沒問題。它真漂亮，雖然裝在一個受損的框裡，玻璃有點髒污，但是這份文件明顯是真的，簽名很棒，顯然不是出自祕書之手或自動簽名機；它一直都裝在同一個框裡，過去五十年來從沒有人清潔過玻璃或邊框，我猜測，這就是最初歐唐納從總統那邊收到的模樣。

我們轉而去看另一件對方帶來的文件，是歐唐納寫給約翰·甘迺迪的備忘錄，上面也有羅伯特·甘迺迪的簽名，內容有關一九六〇年代的種族關係；這份文件上頭還有強·艾德格·胡佛（J. Edgar Hoover）[10]的簽名，文件後來到達司法部長羅伯特的桌上，羅伯特又將它呈給總統。所以，親自經手這份文件的人包括胡佛、羅伯特，以及約翰·甘迺迪。很令人沮喪的是有一件文物是複製品：林登·詹森簽署的國會法案，文件與用來簽署文件的筆裱在同一個框內；這份法案文件是原件的影本，原件收藏在美國國家檔案館（National Archives），不過簽名的筆倒是真的。詹森弄出這些複製品，將它們分送給協助此法案通過的支持者，那個框與我看過的其他同類文物相符。接著，歐唐納的媳婦說道：「我車裡還有一點東西，也許你們有興趣看看。」

我們走出門到她的車子旁，車子裡亂七八糟。她問我們會不會購買文件類之外的物品。我回答道：「會，我們會買任何具有重要歷史意義的東西。」

她打開後車廂，搬出四幅大型畫作，每幅畫都用毛毯包著。她解釋道，這些是甘迺迪執政時期掛在白宮裡的藝術作品。我說，沒問題，我會出個價錢。

她又打開一份包裝，裡頭是個銀色的馬丁尼雪克杯。她頗為遲疑地問道：「這個你們也會想要嗎？」結果，這個馬丁尼雪克杯居然成為我更深入理解歐唐納的媒介。

我們一同笑著回到辦公室，聽著她回憶一九六〇年代那些人的美好時光：當時的副總統詹森在一個喧鬧的宴會中，就在某家的草坪上小解，而每個跌跌撞撞離開宴會的來賓都經過了詹森身旁。那是華盛頓的「瘋子」（Mad Men）時代！是在甘迺迪被暗殺之前享樂、歡快、無憂無慮的時光。

歐唐納有項特殊經歷，在約翰．甘迺迪及羅伯特．甘迺迪暗殺發生的當下，他是唯一兩個事件都在現場的人。此後他陷落於酗酒，數年之後過世。

然而，我們並不把重點放在壞的回憶，我們重視的是好回憶，他們做過的好事。歐唐納的媳婦說，那個馬丁尼雪克杯是一九五〇年時，「巴比」（Bobby，羅伯特的暱稱）迎娶愛瑟．薛克爾（Ethel Skakel）的婚禮上，送給每個伴郎的；杯子上面刻著RFK TO PKO'D，下一行刻的是日期，一九五〇年六月十七日，這是件特殊的文物，將肯尼斯．歐唐納連結上甘迺迪家族的黃金歲月。

直到今天，我還將這個雪克杯保留在辦公室當成某種紀念，它讓人想起美國政治浪漫時期、政治忠誠的光輝時代以及後續的悲劇，並提醒我們，過去會縈繞著現在。

10〔譯註〕胡佛（一八九五—一九七二），曾任美國聯邦調查局局長長達四十八年。

5
拍賣會遊戲
The Auction Game

老爸對我說：「想像一下，你人在一間拍賣室，正看著某封標價一萬美元的華盛頓信件。你認為，如果我們等待一個月，它在同一拍賣場能賣出相同的價格嗎？」他的問題是種反詰，也就是說事情很可能不會這樣。

我曾見過一封林肯一八六〇年競選期間的書信拍賣，價格估計為一萬五至兩萬美元之間，算是林肯書信的合理價格。但是，它「流標」了，意即拍出價格並未達到賣家設定的底價，一旦低於底價，賣家就不會出售。六個月以後，那份文件再度現身在同一拍賣會場，標價在一萬至一萬五千美元之間，而這回它以三萬五千美元售出。

所謂的拍賣結果即是如此。拍賣結果就是當天某個人在那個房間裡，願意為某個物件付出的價格；其決定因素包含該物件的行銷，有時還涉及買家的行程與心情、經濟景氣，甚至昨日另一拍賣場上售出的東西。

老爸早有提醒：「一份文物高價賣出，並不意謂它就值得那個價錢；若是以低價賣出，也可能其實值更多錢。不要先入為主，要保持眼光的清新。」

他舉了個例子，是一九九六年賈桂琳・甘迺迪財產的拍賣會。據《洛杉磯時報》（*Los Angeles Times*）報導：「賈桂琳・甘迺迪・歐納西斯（Jacqueline Kennedy Onassis）的財產拍賣會熱潮於週五結束，狂熱的卡梅洛（Camelot）[1]紀念品獵人們，讓蘇富比（Sotheby）的收銀機在四天之內入帳三千四百四十五萬七四七〇美元，是原本預期的四百六十萬的七倍有餘。……蘇富比精明的行銷策略訴諸一種濃厚的懷舊風格，為小約翰・甘迺迪（John F. Kennedy Jr.）及卡洛琳・甘迺迪（Caroline Kennedy Schlossberg）賺進了龐大的收益[2]。」

阿諾・史瓦辛格（Arnold Schwarzenegger）付出七十七萬二千五百美元，買下前總統的高爾夫球具組，超過蘇富比預估價八百五十八倍。

拍賣會後的那些年，我們曾收到那次拍賣會的物件報價，其價格反映出當年買家的購買金額，而這與我們預期的收購價實在相差太過遙遠。

老爸問道：「所以，這東西究竟值多少？它符合拍賣會的預估價？還是符合買家的出價？或者符合我們願意出的較低價格？還是符合賣家最後獲得的金額呢？」

我在自己首度參與紐約拍賣會時，見識了上述各種力量的作用，那大約是在我入行一年左右的事。

麥爾康・富比士（Malcolm Forbes）是《富比士》雜誌的發行人，他用一生的時光將自己塑造為奇幻、古怪、奢華的富豪。他把自己的私人飛機命名為「資本主義工具」（Capitalist Tool），遊艇命名為「高地人」（Highlander）；他擁有十多個住所，並舉辦華麗的富豪生日派對。麥爾康同時也是收藏界的狂熱分子，他蒐藏藝術、古物、法貝熱彩蛋（Fabergé egg）、摩托車、熱氣球、玩具、玩具兵、稀有書籍、簽名與文件等等。

麥爾康・富比士蒐羅了一手最高級的二十世紀歷史文件收藏。近乎無窮的財產結合上銳利的眼光，他的戰鬥力相當驚人。麥爾康於一九九〇年過世，繼承人們決定拍賣收藏（這是很常見的狀況）；在往後的多年裡舉辦了好幾次麥爾康重要藏品的拍賣會。佳士得（Christie's）舉辦了眾人垂涎的簽名與歷史文件拍賣，因為物件數量非常多，於是他們將這組收藏分成一系列共六場的拍賣會，於二〇〇二至二〇〇七年間舉行。那些藏品真是不可思議！每個人都想入手幾件。該拍賣會大肆宣傳的作法，承

1〔譯註〕卡梅洛是亞瑟王傳說中的城堡宮廷，因為賈桂琳的言論，卡梅洛一詞在美國也被用來指稱甘迺迪的總統任期。

2〔譯註〕這兩人是約翰・甘迺迪與賈桂琳的子女。

襲自賈桂琳・甘迺迪的那場拍賣，光是首場的交易金額就將近兩千萬美元。林肯總統任內最後一場演講的手稿，以三百萬美元售出；愛因斯坦寫給羅斯福總統的信，警告著核子武器具有摧毀性的潛能，售價約是一百萬美元。佳士得還賣出巴頓・格威內特（Button Gwinnett）簽名的剪裁物件，售價近三十萬，巴頓・格威內特是哪號人物？他曾經簽署美國獨立宣言，不久之後死於一場決鬥。如果你正在蒐集獨立宣言簽署人的簽名，你就會需要，而且他的筆墨是很罕見的。

我與父親一同瀏覽大開本型錄，我將喜歡的東西打圈，並等著老爸動手。我圈起的許多物件有預估價很高的、與大人物相關的、標題顯著的；但是父親找出的卻讓我困惑，我指著一份威廉・麥金萊（William McKinley）總統一八九八年簽署的文件，問道：「你為什麼喜歡這個？」老爸不只是把它圈起來，還在旁邊打上一顆星星。

父親說：「這也許是整本型錄裡最重要的。你看到這是什麼了嗎？這是個蟄伏已久、石破天驚的東西。記得『緬因號』嗎？」

父親指的是一八九八年美國軍艦緬因號於哈瓦那（Havana）港口爆炸沉沒的事件，這起事件正是諺語「記得緬因號」（Remember the Maine）的起源，而那句話是當年美國人鼓吹對古巴殖民母國西班牙宣戰的口號。於是，美西戰爭爆發，重重削弱西班牙勢力，而美國影響力得以擴張。美西戰爭開啟了西奧多・羅斯福的事業，老羅斯福與其指揮的「莽騎兵」成為傳奇。美西戰爭是美國政府正式宣戰的少數戰爭之一。美國國會曾於「一八一二年戰爭」向英國宣戰，於一八四〇年代美墨戰爭向墨西哥宣戰，於一八九八年美西戰爭向西班牙宣戰，於兩次世界大戰向德國宣戰，於一次大戰向奧匈帝國宣戰，於二次大戰向日本、保加利亞、羅馬尼亞、義大利宣戰（二次大戰期間，在日本刺激下，美國國會投票向軸心國宣戰）；就只有這樣而已，剩下的全都是不宣而戰。

吸引我父親注意的這封信，終結了上述美國政府宣戰的第三場戰爭：威廉・麥金萊總統下令締結和平條約以終結美西戰爭。從諸多方面來說，這場戰爭將美國送上國際舞台，並開啟了一段美國行動日益進取的時代，這個時代的代表人物即是西奧多・羅斯福。

父親說：「這幾場拍賣備受廣大關注是因為人們擁有這種興奮的情緒，我預期每件物品的拍價都會高於它在其他時間點的售價。而我，要弄到這個物件。」

曼哈頓中城的「洛克斐勒中心」（Rockefeller Center）是個非常有名的地點，佳士得就位於其中。佳士得的陳列室裡擺著待售或近期拍賣會的物品，再走過長長的走道，有一對樓梯通向夾層樓面，那裡就是拍賣舉辦之處。這個大房間的前方有個升高的平台，前台旁有面大螢幕，顯示著目前拍賣品換算為各種貨幣的價格。貨幣換算這種事在書籍與手稿的世界裡不是那麼重要，因為基本上都是英國或美國的東西；而藝術品的世界則是國際化的。那裡還有另外一個螢幕，顯示當前拍賣物的照片與物件編號。在藝術品拍賣會上，拍賣的藝術品有時會展示出來，但並非一定；至於文件與手稿的拍賣，拍品則鮮少展示出來。

佳士得的拍賣主持人都是西裝筆挺的文雅英國人，或至少整體感受是這一類的，我這樣講無關乎性別或國籍。拍賣主持人低調而幽默，他們是專業人士，所以你可以在不同拍賣場合裡認出他們。他們講話清晰、緩慢而且善於對話。

我站在那個房間裡看著我們預計購買的信件超過了預算十倍以上：華盛頓的書信喊價喊到六位數美元，林肯的文件漲到預估價的十倍。接著，麥金萊總統的那份文件開賣了。

我們出價四千美元，然後又出價六千；有人出價七千，我們又出價八千。又有人出價九千，接著是一陣靜默；我們喊價一萬，接著又是一陣靜默。我們開始等待，十五秒、二十秒、三十秒過去。隨著一秒一秒逝去，你的心臟會漸漸地越跳越快，你覺得自己就要到手了，此時卻有個程咬金殺出來，對方喊價一萬一千元，這招裡頭有種心理因素，他們要讓你覺得，他們願意喊出更高的價碼，目的就是要讓你退出。不過他們這招沒有奏效，我們再次喊出一萬兩千元，他們接著出價一萬三，這場競標繼續進行。

你大可喊出高於自己打算或應該的價碼，因為你身處於激鬥之中。你漸進提高喊價，而這是一場遊戲，一場賭博；這跟有人向你提供一份文件與確定報價的狀況不同，情況也不容許你離開拍賣會後再做決定。這就像是溫水煮青蛙，一隻青蛙被丟進冷水，對水溫逐漸上升毫不警覺，意識到的時候已經太遲了——拍賣終了，徒留收藏家自己想著「我對這件的出價是不是太高了呢？」

我們願意不計一切取得某些物件，好吧，不是字面意義上的「一切」。但是自認願意提出的價碼一定遠高於別人，因為我們在那個物件中看出端倪，或者認為那個物件非常棒而想要得到。

所有案例的關鍵都是知識。拍賣會並不是完美市場（perfect market），很高程度是「買家自己當心」的環境，這些場合不適合狀況外的人參與。

成交的槌子敲下！我們以兩萬美元贏得競標，遠低於這項物件若在非公開場合出售，我們所預期的價格，也遠低於我們認定它所值的數字。最後，我們以六萬美元轉售。

這就是早年我的父親打造事業的過程：他會翻過一頁又一頁的型錄，在常人視線所及之處，看出隱藏其間的事物。

在我的學徒時光當中，最艱難的不是如何鑑定文件與文物的真偽，這部分花上幾年時間就可以學會；最困難的是評估價值，學習在充斥平庸物件的大海之中，鎖定寶石所在，抓住那「一瞬」並化為行動，將金錢投入其中。學習這事需要長久的時間，約莫得要十年的光景。

我們面對富比士型錄所做的事成為了常態的挑戰：如果得從眼前的十份文件中挑出最好的一件，我做得到嗎？父親與我是在找尋可買之物，但這也是我們在玩的一場智力遊戲，有助於我學習從事這門稀有文件的行業。

印章、書籍、簽名的領域是交織在一起的，畢竟，書信寄送會蓋上它們特有的印章。某天，我們正在翻看一本紐約印章拍賣的型錄，裡頭有著許多信件，作者包括了富蘭克林、華特．雷利爵士等人。這本銅版紙膠裝且附插圖的型錄有五十頁厚，約有兩百件物品，其中好幾件還附上了大圖、詳細說明、顯眼的標題。

老爸把型錄交給我，並且出題考我：「你能找出這本型錄裡最棒的物件嗎？」

一頁一頁瀏覽後，我回答：「是華特．雷利的那份嗎？」

他說：「不對。雖然華特．雷利的文件很罕見，這件也不錯，但不是。你要找的東西，在這本型錄裡被當作次要物件，大概只有兩、三英寸的篇幅，但是重要性不可思議。」

我現在很挫折，型錄裡的重要文件都附上了圖片展示，比較不重要的則只是小篇幅引用內容與細節。我從頭再看了型錄一遍，老爸說的到底是什麼？我找不出來！於是他拿出筆、翻著型錄，把那封信件的說明欄圈了起來；正如他所說，篇幅很小、很不起眼。

我讀了內容，卻依然如墮五里霧中說不出話來。

我問道：「爸，這是什麼啊？」信件署名者叫做哈金森。這傢伙到底是何方神聖啊？老爸只說：「讀讀信吧！」

信件日期是一八〇一年九月十三日，寄件者是來自埃及的「總部」。

若是您能抄寫「石頭」上的銘刻，我將滿懷感激。我把早前的副本寄給您，您先前表示那份副本並不精確。請告訴透納（Turner）上校，那不只是塊「石頭」而已，所有我們從法國人那裡得到的東西，都必須存放在安全的地方。我並不在乎法國學者的威脅，不過最好不要相信那些人。您是否曾經聽聞更多關於科普特語（Coptic）或阿拉伯語手稿的消息？

收件者為愛德華．克拉克（Edward Clarke），信件署名約翰．希利—哈金森（John Hely-Hutchinson），我全都不認識。顯然，將信件放在型錄小角落的拍賣方也不認識。

父親說：「跟你保證，如果去查那個日期（一八〇一年九月的埃及）會發現他們在談的是羅塞塔石碑（Rosetta Stone）。如果沒錯，那我保證這封信的內容是在打羅塞塔石碑的主意。」

老爸說對了。

拿破崙於一七九八年征服埃及，隔年，法軍工程師發現了一塊大石頭，上頭以三種語文銘刻著同樣的內容：埃及僧侶文（hieratic）、希臘文、埃及象形文字。因為人們依然能識別古希臘文，這塊石頭代表著一個希望，那就是或可藉由比較的方式破譯埃及象形文字。後來證明此作為取得了相當的成果，藉之得以知曉古埃及文明的智慧與經驗。法軍工程師的這個發現，命名為「羅塞塔石碑」。數年之後，英國人從法國人手中取得埃及，英人抵達時，法國人將羅塞塔石碑藏在亞歷山大城（Alexandria）某處；哈金森將軍占領開羅後，派遣了平民學者愛德華・克拉克取回拿破崙蒐集來的埃及文物。

克拉克找到了石碑，並且向哈金森報告。哈金森則在這封信中命令克拉克從法國人那邊奪取文物。石碑很快就運到了大英博物館，從此成為鎮館之寶。

這封信件垂手可得。我們以兩萬五千美元買下一封富蘭克林從巴黎寄出的信，當時他正在巴黎交涉資助美洲獨立革命的議題；同時，我們也買到了華特・雷利的東西。就在同一天，我們只花幾百美元便購得這封與羅塞塔石碑有關的信件。我已經記不得那封富蘭克林信件的內容，但我仍時常想起這封羅塞塔石碑的書信。

這種「意外發現」的現象值得一論。失落於歷史當中的事物，以及被人發現的事物，兩者的差別其實非常稀薄，差別的關鍵也許僅在於認出某文件是種特別的直覺，或者某家族成員發現家傳寶物真的是件珍寶。在這次的案例中，若我的父親沒看見它，那封羅塞塔石碑的信件可能根本賣不出去，而被送回原主手中，甚至被丟棄。相反地，這封信如今存放在大英圖書館，大英圖書館從我們這兒買走了它。失落於歷史當中的事物，以及被人發現的事物，兩種身世的差別就在於我們舉起手競標那封信之時，完全沒有其他競標者存在。

父親知道這段歷史，他看見寫信者身在非洲，認出了信中提到的「石頭」（他對羅塞塔石碑很著迷，幾年前我們去倫敦時，他便主張全家前去參觀）。我認為整體背景是老爸擁有一種直覺，而他也願意費心閱讀信件，看到哈金森這個名字時不會直覺地說：「沒聽過。沒興趣。」不！他真的花時間讀過，他不將任何事視為理所當然，他不會因為拍賣公司不在乎這個物件，就假設它不重要。

我們為了這些文物、文件搜尋全世界，若是你看見它時卻無法認出，那當歷史獵人又有何用呢？

一位布林莫爾學院（Bryn Mawr College）的古典學教授幾年前退休，她從父親與祖父那邊繼承了一組收藏，有威靈頓公爵、海明威、魯布・郭德堡（Rube Goldberg）、漫畫家瑞莫・凱勒（Reamer Keller），以及安德魯・傑克森與詹姆斯・麥迪遜總統、亨利・克雷、奧維爾・萊特（Orville Wright）、畫家麥克斯菲爾德・帕黎胥（Maxfield Parrish）及諾曼・洛克威爾（Norman Rockwell）等人的書信與文件。

那位女士寄給我們一份很長的清單，附上每份文件的簡短描述。父親看了一眼後說道：「裡面大多數東西都不是我們真正需要的，除了奧維爾．萊特與海明威的信。」我們看見的幾百項物件裡頭，這兩件可說是鶴立雞群。

老爸怎麼能那麼快就鎖定萊特與海明威的信呢？那是因為信件內容與作者的歷史重要性有所連結。奧維爾．萊特的信裡描述他們兄弟「專注觀察鳥類飛翔，希望從鳥身上學到東西」，他寫道：「除了這種方式，我想不到還能怎麼開始。」

從鳥那裡學習飛翔的祕密，很像是從魔術師那裡學習魔術的祕密。一旦了解箇中奧祕，知道要找尋什麼，你便會用自己不曾注意的方式看待事物。

這封引人注目的信件讓我們得以進入萊特的創造性心靈，你幾乎能看見這對年輕的兄弟身在印第安納州的家園，盯著天空觀察鳥兒飛翔的景象。

海明威的信件則是跟捕魚有關。他寫道：「我們總是用魚叉叉刺旗魚的頭，無論它是哪個部位上鉤。」海明威對於要怎麼將這種大魚拉上岸，給予了詳細的指導與意見：

當你拉起魚頭到船邊時，要是這條魚夠大，魚尾可能離你還有十四英尺。如果魚鉤在魚嘴裡，你要怎麼讓魚尾靠近你呢？還有，魚叉最好叉在魚頭，然後你可以緊抓住旗魚魚劍，同時擊打魚眼之間的頭部。魚叉刺在頭部可以殺死魚，但不會破壞魚肉。……我捕過的旗魚約有一百二十隻，大多是將魚叉刺進頭部，只有四、五隻例外，通常是滑掉或意外所致。

海明威是個行動派，他以寫作鬥牛與戰爭來塑造自己高調的硬漢風格。一九三〇年代，海明威曾在佛羅里達州西嶼（Key West）、古巴捕捉旗魚，他在這封一九三五年的信裡提到自己首度學習這項技術。海明威於一九五二年出版的《老人與海》（*The Old Man and the Sea*）是在古巴寫就的，書中再度提到這項主題，一個關於老漁夫聖地牙哥（Santiago）捕捉一尾十八英尺旗魚的奮鬥故事（但這場補魚行動並不成功），海明威正是靠著這本書獲得普立茲獎。捕魚在海明威的遺緒之中是個重要的部分。

過了一年之後：我開車前往馬里蘭州的鄉間，途中經過了紅磚穀倉、玉米與大豆田，車開到了泥巴路上，路的兩邊是溝渠。這是我晉身單槍匹馬的競標者，進入拍賣世界的第一道前菜。父親那年夏天人在緬因州，所以這項任務落到了我的肩上。我的目的地是一棟農舍兼穀倉改建成的拍賣場，很不起眼——至少在我的那個世界是如此。房子裡充滿騷動，有一百多位熱到快受不了的競標者觀看著拍賣。這裡是「克羅克農場」(Crocker Farm)，人還在舊穀倉外頭便可以聽見競投的嘶吼與拍賣槌的敲擊聲。拍賣室前方有座小講台，台上有個人以連珠炮似的低沉聲音在講話，那是牲口拍賣家的日常。

目前正在拍賣的是一條被子。

我完全聽不懂那個人在說什麼，這裡與佳士得、富比士的拍賣，真的非常、非常不同！

我敬畏地看著周遭，場地後方有拍賣「辦公室」——也就是幾個小房間和一些摺疊桌椅。上方的閣樓有更多摺疊桌，桌上擺著食物，有起司塊、餅乾、紅酒與百威，我猜閣樓原本是用來儲藏乾草堆的。許多人正在暢飲，有幾個人顯然已經醉醺醺了。

我正在尋找最早期的感恩節宣言（Thanksgiving proclamation）之一，實際上是指最早擁有「美利堅合眾國總統」頭銜的人發布的感恩節宣言。拍賣公司將此物件描述為「極為重要的約翰・漢森（John Hanson）感恩節宣言。一七八二年三月十九日，由邦聯國會（Congress Assembled）的美利堅合眾國總統『約翰・漢森』，以及國會祕書長『查斯・湯姆森』（Chas Thomson）簽署，兩頁，對開，每頁一二・五×八。文件上的墨水依然渾厚飽滿，漢森的簽名亦然。極為罕見，署名文件，是《邦聯條例》之下美利堅合眾國境內首度頒布的感恩節宣言。」（粗體是我畫上的重點）。

你可能會說，約翰・漢森從來就不是美國總統。好吧，你說錯了。一七八一年三月，美國首部憲法《邦聯條例》（*Articles of Confederation*）通過，該憲法之目的是要讓英國殖民政府過渡到接續的永久憲政政府。一七八一年十一月，國會選出《邦聯條例》實施後的第一位領袖，也就是約翰・漢森。所以漢森就職後的確就是第一位「邦聯國會的美利堅合眾國總統」，他的名字也因此永遠成為一個常見小問題的答案[3]。

漢森對於感恩節的呼籲在我們聽來可能覺得古怪，他要的談不是火雞，不是家族團圓晚餐，也不是底特律雄獅隊或達拉斯牛仔隊的美式足球賽。這份宣言的調子並不喜樂，而是提到英國「統治的貪慾」與「漫無法度的野心」，導致「這場血腥與仇恨的戰爭當中所有的暴行與傷亡」。現在的我們知道到了一七八二年三月，美洲人實際上已經贏得獨立；但回到彼時，美洲人並不「確定」經歷約克鎮（Yorktown）投降後的英國人會不會再度開戰。在大型圍城攻勢以及華盛頓戰場幫手亞歷山大・漢彌爾頓的英雄事蹟之下，康渥利斯侯爵（Lord Cornwallis）在約克鎮向華盛頓將軍投降。不過，當時紐約市（曾是效忠英王派人士的基地）等地區還駐有數萬名英軍；而那時美洲人的財政頗為困窘，發不出士兵薪餉、對歐洲債台高築。終結戰爭的《巴黎條約》（Treaty of Paris），還要再過六個月才開始撰稿，或者說要再過十八個月才會簽定。

就在此刻，漢森為美洲人民宣告這感恩的一日，而這正是我那天在泥巴路終點尋找的東西。

漢森的宣言雖然早在一七八二年，但卻不是最早的。一七七七年，大陸會議（Continental Congress）與其「主席」（president）撒謬爾・亨廷頓（Samuel Huntington）及約翰・漢考克，頒布了感恩節的規定，但是這些人的頭銜並不是現在受人垂涎的「美利堅合眾國總統」，而且這份公告時間很早，是在獨立戰爭正式終結以及美國政府組成之前。

漢森家族幾百年來保留這份宣言，而這一代的漢森後人決定將其出售。其他出售

3〔譯註〕這個常見的小問題就是：「你知道美利堅合眾國的第一位總統是誰嗎？」

物品還包括一瓶漢森的老波特紅酒，「大約還有三分之二滿」，以及獨立戰爭早期的一本日記。（我猜想）漢森後人將物品委託給他們社區的拍賣公司，這算是常見的狀況。

我的任務是要在競標之前親自檢查物件，然後出價直至買下為止。老爸寄了封電子郵件給我，實際上是要教導我一堂小小歷史課，說明這份感恩節宣言的重要性。

我到拍賣間的後方登記並研究那份文件。房間裡又擠又吵，我持續聽著拍賣主持人講話，很艱辛地試圖理解他在說什麼；我害怕的是自己不知怎麼地錯過要買的物件，拍賣主持人講話的速度實在太快了。

拿出文物給我看的那個人與我年紀相當，將近三十歲，是拍賣公司老闆的兒子。在我盯著那份宣言之時，拍賣場的忙碌嘈雜瞬間都消失了。拍賣公司曾經寄照片給我，但是親眼檢視是競標的前提；看照片很難辨別東西是原件還是複製品，因為照片無法呈現查看時能見到的特徵，而且照片是平面的，你無法拿著照片在燈光下看出浮水印，或者檢查文件背面的鐵膽墨水穿透。文件正本放在面前，你可以用手指拂過紙面以判斷其一致性；我正這麼做，沒有父親在旁督導，就像是從乾船塢推出來的船隻下水初航一般。我想過程中自己有點游移不定，但我肯定這份文件是真品無誤。

我一邊看著這幅超現實的景象，一邊等待著物件二七九號。競標過程混亂又熱鬧，上場的物品是更多的被褥與家庭用品，如地毯、瓷器、銀器等等。這看起來像是一場財產出清，趕進度的拍賣人有超過一千五百件物品要賣，拍賣物件的價格大多中等，約在幾百美元之間，遠低於我為競標所準備的數千美元。

拍賣主持人的聲音抑抑揚揚，他濃密的大鬍子與寬廣的身軀，隨著他的雙手左指、右指、前指、後指而一同擺動。

我想也競標看看那本美國獨立戰爭時期的日記，它的登場順序在感恩節宣言之前，來瞧瞧結果如何吧！突然之間我意識到，自己原本以為這場拍賣是件簡單的鄉村活動，但這個印象並不百分之百正確。那本日記的出價快速攀升，超過了兩萬美元，我趕緊收手。獨立戰爭時期的日記很少見，如果日記內容包括對人物或戰役的敘述，一定能賣得很好；那是吾人研究美洲革命的一手史料，那讓人們得以知道發生過什麼事、哪天發生、在哪發生。不過，我想要拿下的是感恩節宣言。

買到日記的贏家人不在這個房間裡，他或她正在電話的另一頭。此時我才注意到有張摺疊餐桌是電話競投的作業區，我意識到自己這次其實並不孤獨。

我站在房間的後方，感恩節宣言的起始標價是四千美元，我舉起了自己的競標「號碼板」(paddle)，多數人想像那種板子就是寫著號碼的槳，確實有這類東西存在。不過，一般來說競標者只會舉手，到最後才拿出他們的號碼板。如果參與拍賣的是今天的我，手法會老練許多，到最後階段才加入競標行列，並且更有技巧地出價；可是那次是我首度單槍匹馬出動，仍在擔心著自己聽不懂拍賣主持人極快又不尋常的說話風格，我不希望自己一時失神而錯過拍賣槌。因此，我早早就舉起手來，好提醒主持人我也是競爭者，讓他記得需要回頭關注我一下。

在那棟穀倉建築裡，現場只有少數幾位競標者參與這回合競標，多數競爭者都在電話線上，不知道到底有幾個人。

拍賣繼續進行，他們的心跳和我一樣愈來愈快，屋內的熱氣讓競投更加升溫。我幾乎聽不懂主持人在說啥，只好專注聽著數字，其他叭啦叭啦的話都被我過濾掉了。

不久後其他競標人紛紛退出，只剩我跟電話線上的某人。我出價一萬四千美元，等待槌子敲下。

我們之間一來一往，而出價與出價之間的停頓越來越長。

然後，忽然一聲「蹦」木槌揮下，終於告一段落，喧鬧聲也消失了。東西是我的了。

我以一萬八千美元的出價取得感恩節宣言，外加百分之十五的買家佣金，總共是兩萬零七百美元（拍賣場從買家處收取「落槌價」的佣金；又從賣家處取得更高比例的佣金，比率約為二成至二成五）。

此外，我還用一千五百多塊買下了那瓶老波特紅酒，拍賣現場有位顯然喝醉的漢子，踉踉蹌蹌地走過來向我表示恭喜。直到今日，那瓶波特酒依然放在我的壁爐架上。

6 贗品的藝術 The Art of the Fake

我覺得那個簽名看起來很棒，上面簽著「A. Lincoln」，一如林肯信件上的簽字；如果你看到信件上簽的是Abraham或Abe，趕緊走人吧！Lincoln的結尾是種雙層簽名，也就是l跟n這兩個字母會變得稍微高一些；確實，林肯的簽名通常是特殊的三層階梯式上揚，如果你見到的簽名是平的，那就很可疑了。我現在看見的這個簽名是那種階梯式上揚，但我心裡卻有點不舒坦。這整封信的筆跡看來有種刻意的用力，某幾個字母貌似是仔細寫下，甚至是描出來的，日期部分蜷縮起來，字行並不直，反而是上上下下起起伏伏。事情不對勁！然而，這可是一封很有名的信件，廣為出版品引用，且出售者是有名望的交易商，傳記作者兼學者卡爾·桑德堡（Carl Sandburg）[1]的偉大著作便曾經引述該信。還沒細細查看掃描檔，父親便建議把它買下。這封重要的

1〔譯註〕卡爾·桑德堡（一八七八—一九六七），三度獲得普立茲獎，其中一次即是林肯的傳記。

書信內容是關於美國內戰期間，林肯總統特赦一位要受處決的士兵，林肯為此行為獲得公正與仁慈的稱許。可是，這封信卻沒有通過「一瞬」的直覺測驗。

在我入行的第一天，父親走到他的參考書書櫃前（那些書如今都極為罕見或已絕版）抽出了一本書。

老爸說：「讀讀這個。」

多年以前，大約在我八歲時，父親便開始蒐藏書籍，後來這變成一套龐大的參考書叢，裡頭有關於鑑定真偽的書、過去大型拍賣的型錄、名人傳記、簽名真跡說明等等，他利用這些書籍來對比自己蒐集來的筆跡與簽名。時間拉到我入行的時候，他那幾面牆已經擺了滿滿的書。

在討論此領域的歷史時他曾解說道：「亞里斯多德（Aristotle）蒐集手稿跟地圖；古羅馬人也這麼做。老普林尼（Pliny the Elder）不只是簽名的蒐集者，他還是史上最早討論簽名稀有度的人；老普林尼曾評論，古羅馬時代的書店裡，西賽羅（Cicero）、維吉爾（Virgil）、奧古斯都（Augustus）的信件尚不算罕見，但凱撒（Julius Caesar）的書信則屬於稀世珍品。」

維蘇威火山（Mt. Vesuvius）爆發而龐貝城（Pompeii）被掩埋之際，老普林尼帶著他收藏的書籍與文件跨越海灣，他的姪子小普林尼（Pliny the Younger）記錄道：

八月二十四日下午，母親要他（我舅舅）注意一團不尋常的巨大雲團。……舅他人正在戶外陽光下，洗完冷水澡後躺著吃午餐，一邊看著他的書。……舅舅的知識敏感力瞬間感覺到這事重大，值得一探究竟，於是下令準備了一艘船。……趕去那個所有人快速逃離的地方，往危險地帶直直前進。他無所畏懼。……船愈接近目的地，落下的塵屑愈來愈熱、愈來愈濃，還有被火焰燒黑爆裂的碎石；突然之間，他們已抵達淺水區，而岸邊已然被山上噴發的碎片所阻塞。

父親對於「古物販賣者的歷史」之興趣，讓他成為這方面的某種專家。歐洲人從十九世紀中期便有古物商店，但美國的專業古物交易則是非常晚近的事。早期古物蒐集者出於對美國歷史重要性的認識，以及維多利亞時代的蒐集熱情，組成了今日人們無法企及的收藏；當時物件的價格低廉，比如一封華盛頓的書信可能不到五美元便可買到。維多利亞時代的人有個惡名昭彰的壞習慣，就是會從文件上將人物簽名剪下來。美國史上第一位有名的收藏家威廉．史布拉格（William Sprague）曾寫信給華盛頓傳記的作者傑瑞德．史帕克斯（Jared Sparks），索求華盛頓的筆墨來為自己的收藏增色；史帕克斯被迫拿刀將華盛頓就職演講稿分解，這真是那時代不幸的象徵。以上這些都是在我入行的第一週裡，老爸告訴我的——也許是第一天就全說了。

老爸從書架上抽出的第一本書，是早期收藏家亞德里恩．橋林（Adrian Joline）回憶錄《漫遊親筆簽名之境》（*Rambles in Autograph Land*）的破爛複印本，橋林與達爾文同時代，稍微活得更久一些。如果橋林想要獲得老羅斯福的書信，卻苦無賣家可尋，他便會親自寫信去白宮；他的興趣是高尚的，而他的追求是具有知識意義的。橋林曾譴責維多利亞時代人們的蒐集心態，並曾經寫作指出為蒐集而蒐集與真正獵人的區別，後者是在追尋歷史與歷史的意義。

不過，我最喜歡的是一本叫做《大偽造家與著名贗品》（*Great Forgers and Famous Fakes*）的書，作者為二十世紀的交易商查爾斯．漢彌爾頓（Charles Hamilton），我父親認識他，他過世時我已出生。漢彌爾頓詳細介紹了些一代惡棍，也就是嫻熟筆跡與偽造的人，他們就像是留給人們深刻印象的演員，但是他們懷抱著糟糕的意圖且涉及法律問題。漢彌爾頓書中所寫的，就是那些喜愛偷竊與偽作的人。

由此我得知喬瑟夫・科西（Joseph Cosey）這個人，漢彌爾頓認為科西是那個時代最厲害的偽造者。科西的偽作曾經（至今依然）出現於重大拍賣而且散布各地，許多圖書館所擁有的是科西的偽作卻對之毫不知情。據說二十世紀初，如果想要弄到一份科西的偽作，只要到科西常去的酒吧坐坐，請他喝杯飲料便能達成目的；甚至可以這麼說，過世的亞伯拉罕・林肯惡化了科西的酗酒問題[2]。

美國第一家大型交易商華特・班傑明公司繼承人瑪莉・班傑明（Mary A. Benjamin）曾經告訴漢彌爾頓：「幾乎每個人都被科西騙過。」科西熱愛林肯，但他也偽造華盛頓、約翰・亞當斯、亞歷山大・漢彌爾頓、富蘭克林等人的書信。科西有管道能取得某個年代的紙張與墨水，而且他練習得非常充分，可以寫出很完整的信件。科西其實不是真名，此人的本名是馬丁・康尼里（Martin Coneely）。

可是（漢彌爾頓寫道）固然科西有此異稟，但他在模仿林肯筆跡時卻有一致命弱點，那就是他從來無法正確模仿林肯的三層階梯狀簽名，他仿造的簽名總是一致地上

2〔譯註〕意指有許多人請科西喝酒，請他幫忙偽造林肯的筆跡。

揚。林肯簽完A字母的帳篷狀頂部之後，會在字母後面點上一點或兩點，然後再以逆時針方向畫圈穿過字母；接下來，在不停筆的狀況下，他會以高於A的位置繼續寫Lincoln的L，維持水平書寫直到字母o，然後再次抬高寫完ln。而科西仿林肯的簽名卻始終在一條水平線上。

即使是科西都不是無懈可擊的，人人都有自己的阿基里斯腳踝（Achilles' heel）。八年之後，我正在盯著那封林肯書信。

我說：「爸，我還不太清楚為什麼，但這封信不太對勁，我們不應該買。」

在比我大幾十歲的資深交易商面前評估他的東西，然後宣告那是贗品，真的不是件小事。從那次經驗以後，我一直在做這樣的事；但是在那次經驗之前，我從來沒做過這樣的事啊！我必須得確定才行！更有甚者，這可不是一封默默無名的信，它曾是鼎鼎大名的奧利佛．巴萊特（Oliver Barrett）藏品之一；巴萊特收集組成了史上最重要的林肯文獻收藏，出售這組收藏讓他賺了好幾百萬美金。巴萊特是卡爾．桑德堡的朋友，桑德堡曾在其著作《亞伯拉罕．林肯：戰爭歲月》（*Abraham Lincoln: The War Years*）裡附上這封信：「林肯文獻庫」（The Papers of Abraham Lincoln）也記錄了這封信，而且附記其出處為巴萊特的藏品。

我看著筆跡，許多字母表面上看起來沒錯，這不是描出來的；書寫者小心翼翼寫出少數特具林肯風格的字母，例如特殊的大寫F。紙張還被正確地摺成信件的樣子。但除此之外，與林肯真跡的相似處便少之又少了。

整封信的書寫由左至右下滑，好像寫信人寫到每行末尾便已興趣缺缺。如果你個別注意某些字母，會發現它們的樣子不對。日期欄擠成一塊，好像紙張空間不夠似的。某幾個字母的筆跡抖動，而且整封信的書寫不平整。在林肯的時代，人們會鑽研書寫，

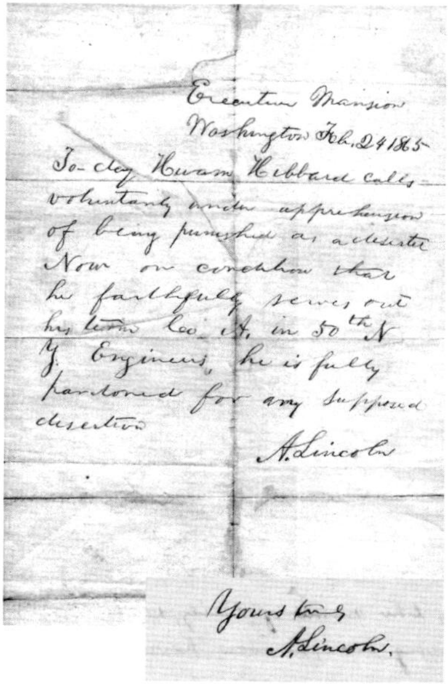
Executive Mansion
Washington Feb. 24 1865
To-day Hiram Hibbard calls voluntarily under apprehension of being punished as a deserter. Now on condition that he faithfully serves out his term Co. A. in 50th N. Y. Engineers, he is fully pardoned for any supposed desertion
A. Lincoln

Yours truly
A. Lincoln

偽造的林肯書信。下為林肯親筆簽名。

書信字行是直的，不會出現不平整。這是我第一次跑出這種直覺。

與老爸熱烈討論一個小時以後，我對於自己的判斷變得信心十足。父親問道：「你認為這是出自科西之手嗎？」

我看著那道簽名。偽造者顯然知道科西的缺失所在：林肯的

簽名是三級階梯狀；可是，科西偽造的信件整體而言遠比這封信更加逼真，科西偽作只在簽名這個層面出錯，筆跡大體上算是模仿成功。這份草率的偽作矯正了科西的問題，但又比不上科西的水準。

我們沒有買下這封信，在我解釋了自己的想法之後，出售物品的交易商也同意我的評估。但事情不只如此，這個贗品與我父親廣大藏書中的案例無一相符，我們發現了一位新的偽造者，一個無名的作贗人。交易商承認自己的錯誤，將此物件自庫存中剔除，事件至此告一段落。

這一切是我打從第一天進辦公室以來所習得的，真多虧有老爸的書櫃。

父親還擁有另外一本查爾斯．漢彌爾頓的著作，書名是《偽造界惡棍》（*Scribblers and Scoundrels*），書中有更多聲名狼藉的人物故事，那些人專門誘騙容易上當……也還有些是不那麼容易上當的買家，那些人既是偽造者又是小偷。

漢彌爾頓本人就曾經被一對「邦妮與克萊德」（Bonnie and Clyde）[3]夫妻檔所騙，這對夫妻從美國國家檔案館偷來歷史文件再將其售出，漢彌爾頓對此很生氣，他還幫助聯邦調查局追捕山姆（Sam）與伊莉莎白．馬茲（Elizabeth Matz）。漢彌爾頓寫道：

「馬茲夫婦到底是如何躲過追捕的，實在令人費解。」馬茲夫婦帶著五個孩子行動，其中一個還是嬰兒；到處都有他們的通緝海報，上頭寫著：「山姆……穿著體面，愛講大話，愛抽雪茄。」漢彌爾頓又描述伊莉莎白「看起來一團亂，好像被揍過、很可憐的樣子」。但是，他們很善於喬裝，「山姆蓄起濃濃的八字鬍，伊莉莎白的疣幾乎都不見了」。漢彌爾頓曾經參與臥底行動，以求逮捕馬茲夫婦。我很喜歡黑衣男子的台詞：「女士，我只要知道事實」[4]，一派一九五〇年代的氣氛。漢彌爾頓述說他那個時代的行業故事，讓我得到一個重要的啟示，有些人為了從歷史中獲取利益會不惜破壞規則。

「我認得出這些東西，但我不太記得是在哪裡看過。」

我和凱倫走在暫時鋪上地毯的走道，身處於公園大道軍械庫（Park Avenue Armory）舉辦的「紐約古書珍籍展」(New York Antiquarian Book Fair)，自從我參與這項展覽以來，它就一直在這個地方舉辦。展覽的某個攤位上陳列了一排信件，多數是

3〔譯註〕邦妮與克萊德為一九三〇年代的美國鴛鴦大盜。
4〔編註〕一九五〇年代警察電視劇《Dragnet》中的經典台詞。

美國總統的書信，我知道，我過去曾經看過它們。我記得很清楚，其中有一封是一八四〇年代美墨戰爭期間，時任將領扎卡里・泰勒於戰場寄出的信，而泰勒在美墨戰爭的功績讓他後來得以當選總統。攤位上還有華盛頓、亞當斯、傑佛遜、林肯等人的信件，都是非常有價值的史料。

我想起來了，我想起來自己是在哪裡看過這些文件的，那是幾個月之前的事了。父親與我帶上支票簿，於紐澤西州開車前往一棟平房查看一組收藏。那些文件的擁有者有兩個人，是對老朋友，一起買下了那組收藏。他們的歲數大約四十出頭，在這個領域毫無經驗，看起來誠實友好。我們辛辛苦苦花費三個小時，對文件逐一加以檢查，然後想清楚要出什麼價；我們要麼就全套買下，要麼就一件不買，逐件出價反而會阻礙交涉。在估價的過程中，我和父親每過一陣子就會走去房子後方的小花園討論物品價值。最後，我記得我們同意向對方出價約八萬美元，這是合理的金額，可以確保我們（以及對方）能獲得足夠利潤。可是，當我們提問「出處與來歷」時（我們一向這麼做且應該這麼做的）卻遇上麻煩了。

這兩個人是從一位海地女性那裡購得這組收藏的，這位女士曾經照顧一位已經過世的老人。這些物品原本是老人的收藏，那位婦女向他們表示，老人將這些東西送給她，這位女性的身分是專業看護。我不禁去設想這位不知名的老人，花了一輩子的時間蒐集這些美麗的文件；我試圖想像那幅景象，老人將自己價值不斐的整組收藏，送給一個自己在暮年時刻認識的人。我們要怎麼解開這個麻煩呢？

我有個點子：請對方聯絡那位前看護人員，看看她願不願意簽名並公證表明這些文件是她收到的禮物，這樣我們就能有法定所有權的證明，也可以知道她的身分。但這兩個人解釋道，不，那位女士不肯，她希望這批禮物能保持低調，不願意具名。

我們不知道原收藏者是誰，而獲得文件的那位女士又拒絕對此交易透露自己的姓名。對我們來說（對每個理智清明的人來說也是）這是怎麼回事已經很清楚了。我們告訴那兩個人，出於良心，我們不能將自己認為未必合法流入市場的物品販售給顧客。我們認為這個看護人員的故事並不符情理，拒絕簽署證明也很明白顯示這件事有犯罪嫌疑。

我們離開了，雖然浪費一整天卻因此變得更聰明。

如今，幾個月之後，我正在看著同一組收藏，那組我們「沒有」買下的歷史文件在這個攤位上展示著。

攤主走向我們，一如往常地自吹自擂，這次他吹噓的是這組珍貴的藏品。我直視他的眼睛，問道：「這是不是來自紐澤西州的兩個男人賣的？」

「是，沒錯。」

「我認得這些東西。」我說，那兩個人也曾經想出售給我們，但是我們擔心其來歷。他天真地微笑著，告訴我那兩個人說的話，那些話我們之前就聽過了，他並沒有把物品從攤位上移走。我注意到，攤主後來沒有在他的網站為這批文件打廣告，我猜想他直接用打折的價格把東西賣給顧客以求趕快脫手。我記得自己當時想著，「那是一條被汙染的河川」，我們長期以來都用這個比喻；我現在會這麼說：「如果你在被汙染的河川抓魚，可是會生病的。」

我初入歷史這一行時所學到的那句漢彌爾頓忠言突然又浮上心頭：有些人願意為了金錢而將人格道德拋到一邊。

7 真正的雷根
The Real Ronald Reagan

有位收藏家老友打電話給父親，表示：「我有一組不可思議的雷根信件收藏，有興趣嗎？」

收藏者是從一位女性仲介商那兒買來的，參議員喬治．墨菲（George Murphy）是那位女性的繼父，墨菲在第一任妻子離世數年後娶了她的母親。墨菲於一九九二年逝世，當事人則等到雷根過世後才出售這些文件。這位收藏家之所以選擇我們，是因為在我入行之前，父親曾經處理過雷根寫給筆友的書信收藏，數量眾多，寄信的日期距今皆已超過五十年；那組收藏至今依然是我們（甚至是任何人）所見過最龐大的雷根文物，最後它們落腳於「雷根農場」（Reagan Ranch）[1]。

獵人之間的網絡也是歷史狩獵的一部分。父親的這位收藏家老友，在他芝加哥住

1〔譯註〕雷根農場本名為「天空農場」（Rancho del Cielo），位於加州。

家附近的珠寶寄售店，看到這些新出現的雷根信件，他希望得知我們對於這些書信的估價，或許也希望我們成為最終出售文物的生意夥伴。

瞧過這些書信之後，我看出機會所在。我希望試驗一種理論：人們關心這些人物，我們能夠透過熟練的公關運作而有效接觸到潛在客戶。人們對雷根很有興趣，而現在這批東西頗為辛辣，我想要賭一把。我曾經當過某國會議員以及某費城市長候選人的新聞祕書，後來還曾經在私部門從事公共關係諮詢工作，現在何不將這方面的經驗應用到我的新事業上？

從許多層面來說，喬治．墨菲為雷根的崛起鋪了路——墨菲在成為參議員之前是個好萊塢明星[2]。墨菲與雷根是老朋友，雷根在白宮的八年時光，他們持續通信。這裡有四十一封信，內容幾乎涵蓋方方面面，從雷根對於政治對手與世界各國領袖的意見，乃至對於政治醜聞的處置以及對媒體偏見的想法。這些信件所描繪出的雷根是自由世界的領袖人物，富有權力又擁有友誼，向一位老朋友坦誠以告。至今，市場上從未出現類似的東西。

一九八五年，雷根對戈巴契夫（Gorbachev）的第一印象是：「人們如果以為花豹會改變牠的斑點，這就太蠢了。他堅信著他們那套體制，他相信那套對我們輸出的宣傳。與此同時，他是個務實的人，而且知道他們的經濟已瀕臨崩潰。」雷根於一九八八年訪問蘇聯，是相隔十四年首度再訪蘇的美國總統。雷根寫道：「這是我第一次相信，也許某天民眾的騷亂會引起官僚的關注。」他說的沒錯，「柏林圍牆」就在隔年倒塌，而蘇聯又於兩年之後解體。

國內政治方面，這些書信包括了雷根對於自己在稅賦議題上被中傷的評估，他在一九八三年曾寫信給墨菲：「無庸置疑，我們在這件事上是很脆弱的。在我們的稅賦政策方面，他們將我貼上『支持有錢人』的標籤，而且還做得滿成功的。」他還形容前任副總統華特．蒙戴爾（Walter Mondale），對於雷根自行刪減社會安全預算一事是「滿口謊言」，又曾指參議員泰德．甘迺迪（Ted Kennedy）是「麻州來的花花公子」。雷根辯護自己在「伊朗門事件」（Iran-Contra affair）上是全然無辜的，而且對於「《紐約時報》與《華盛頓郵報》每日的毒舌」埋怨甚深。

我回頭去看自己從前寫的政治新聞稿，為我們公司選擇了一種模板後撰成一份新

2〔譯註〕墨菲是美國史上第一位好萊塢知名藝人出身的政治人物。雷根在當選加州州長、總統之前，也是好萊塢明星。

聞稿，然後聯絡上費城美聯社的舊識。我告訴對方，我這裡有個令人感興趣的故事：一組透露內情的雷根與密友間的書信。不知道對方是否會想要把它當成寫作題材呢？

這位朋友為這些信件寫了一條小新聞並公布到網路。

接下來發生的事，就像是無預警地遇上一場暴風雨。風輕輕拂來，你在平衡身體的同時享受著聞來清新的空氣，突然間另外一道強風吹來，幾乎讓你摔倒。那時，我正與父母坐在他們的院子裡啜飲紅酒，我上網追了一下這則小新聞，發現它登上了賓州的報紙，接著登上了紐約的報紙，然後又登上加州的報紙，隔天成為了國際性新聞。隔日，我們受到各方的來電轟炸。我接受了好幾次訪談，電視台想要這則故事，我去了CNN跟福斯新聞（Fox），並表示我們估計這組收藏價值二十二萬五千美元。這組收藏立刻就售出了。在倫敦麥格斯公司工作的老朋友（現已過世）來電，她代表一位以色列商人前來聯繫，那位商人在以色列看到了那則新聞，希望買下這組書信。這是我首度從頭到尾負責籌畫的兜售行動，當時的我二十五歲上下，整件事在一天之內處理完畢；我們以約二十五萬美元的價格，將文物出售給仲介人在英國的以色列在地買家。我從這件事找到了一個強而有力的訊息：在這個行業裡公關是有用的。對歷史感興趣的潮流就在那裡，無論是買家還是普羅大眾，我們接觸到了原先不可能接觸的人。

但是，我卻沒有時間對這個想法更進一步探索。電話再度響起，有個人自稱是雷根書信收件人喬治．墨菲的兒子，他說道：「你們惹上麻煩了，那些書信是屬於我的！」他的繼母取走這些書信是犯上了錯誤，至少墨菲的兒子看來是如此。

我們冷靜解釋事情的經過。我們是有誠信的買主，而且無從知曉家族內部對於所有權的爭執，這種事可能發生在家族中有兩系子孫時。然而，墨菲的兒子擁有他父親全部的遺物，包括墨菲在參議院的座椅、墨菲好萊塢時期的電影海報等等。

墨菲之子的說法可以採信，所以我們向他提供一個交易：讓他在這次買賣中成為生意夥伴。他接受了，這組收藏還是成交了，他也賺到了錢；實際上，他後來還請我們出售墨菲的其他遺物。我們成為朋友，往後數年都保持聯繫，直到他過世為止。墨菲的兒子曾經多次與雷根見面，他曾經招待雷根，還去過雷根的農場；他認識那時候加州所有的大人物，他還講過華特．迪士尼（Walt Disney）去他家拜訪的故事給我們開眼界。墨菲是共和黨人，而當時加州是共和黨勢力範圍。

更有甚者，與墨菲兒子的談話將背景與韻味賦予給了那些書信，好像在為它們作註解一般。他拿著那些書信並且補充了很多內容，讓我們對於雷根有更深入的見解。

雖然我從沒親眼見過雷根，卻覺得自己好像跟他很熟一樣。我們曾經持有的雷根書信（我們經手了許多）是有溫度的。我想自己並不獨特，雷根是廣受熱愛的人物，即使很多人是以黨派的有色眼鏡在看他；雷根是位領袖，廣大人民從他身上看見夢想與激勵，他們渴望能活在有雷根的世界。先別急著跳進政黨惡鬥，捫心自問，為什麼會這樣呢？這讓我們學到什麼？

無論我自以為知道些什麼，我對於這些接著到來的書信所呈現令人印象深刻的人格，可說是毫無預備。

某天早上電話鈴響，我接起來，那頭有個聲音：「嗨，我是派蒂．戴維斯（Patti Davis），我的父親寄給我一些信件，我若想要賣掉，請問要跟哪位接洽呢？」

她可以跟我接洽，而她也確實跟我接洽了。但首先，派蒂．戴維斯是何許人？我趕緊上網搜尋，一分鐘過後我在猜想這位是不是「正牌」的前總統女兒。無論電話的那一端究竟是誰，她是真的很友善，而且還對於全版《花花公子》雜誌事件非常坦率（對我來說是個新聞；雖然我也去搜尋了），對於自己與父母的關係也誠實以告。我們講了整整四十五分鐘，好長的談話時間，我請她寄來其中一封信的掃描檔，她馬上就照辦了，那封信讓我驚訝不已。那封信寫於一九九〇年，是在她的父親退休住到加州農場的兩年之後，即使是在雷根總統任內，社會上都知道他及妻子南西（Nancy）與女兒之間的關係複雜而緊張，他們的女兒也在一九九二年出版的回憶錄中確認此事。雷根得知這本備忘錄的出版計畫，並且寫道：

派蒂，你正在傷害我們（你的父母）但你如此更是在傷害自己。我們並非不正常的家庭，……我還擁有著回憶，一個小女孩與我坐在椅子上互相摟著，小女孩要求我娶她。在房間的另一端，女孩的母親向我示意，說「好」。……我們擁有女孩童年的快樂回憶，我們並不想要干涉她的人生，但我們不時想要見見她，知道她過得怎麼樣。畢竟，我們已經來到了暮年。

信件結尾是傷感的口吻：「求求你，派蒂，不要將我們摯愛且想念的女兒記憶奪走。愛你的父親上。」

雷根在向他的女兒懇求和解，我幾乎流淚。不僅如此，派蒂解釋道，這封信有兩件副本，一封寄給派蒂，雷根將另一封收在農場的書桌內，雷根過世才被發現。我們買下並賣出了兩種版本的信，但是深深打動我的當屬雷根自己留著的那封，那封信中的「想法」、對於往事的失落與懊悔，更重要的是雷根一直將那封信保留在身邊。總統表現出非常人性化的片刻，這是在一個人身上鮮能瞥見的一刻，更遑論是這樣的公眾人物。

出售家傳遺物可能是件很糾結的事，有這麼多的情感附著在上頭。有些人抱持的想法是，任何賣出珍貴文件的個人或家族都犯下了極為粗鄙的罪行；這種想法並不公允，多數的案例中，出售物品的動機都是符合邏輯、理性的、合理的。很常見的一種現象是，家族寶物的掌管者發現，整個家族已經沒有人有意繼續照顧這些文物了，他基於身為掌管者的自覺，希望我們能為這些文物找到合適的家。這是「常律」而不是例外，那就是最終有一位財產繼承人或繼承者群體，又或是掌管人，決定將他們的文物出售或捐贈。即使是華盛頓的繼承者，也將華盛頓的文件賣給了美國國會圖書館（Library of Congress）；然後，他們將華盛頓在就職典禮穿過的服裝，以及數千份文件全都公開拍賣出去了。我們也曾經手那次華盛頓文物初始賣出的東西。愛因斯坦的後代將他的通信給賣了。老羅斯福夫人伊蒂絲將丈夫諸多信件當成禮物送出去，而收禮人的子孫又將信件出售。我們也曾經手過其中一些。

當我注意到雷根寄給墨菲的信件，我認為它們具有八卦性質而能吸引目光，是可以加以收購與出售的物件（對於隔著玻璃觀看原先僅限於兩人間通訊的外來者而言，總是有種偷窺慾的成分）。然而，派蒂．戴維斯擁有的這些信件卻帶來了全然不同的感受，我沉浸到一齣家庭劇之中，人物個性躍然紙上，它們觸動了我，並對於一位公眾大人物提供了極為個人的觀點。不知不覺地，這些經驗也改變了我對於自己事業的看法。

這些信件擁有一種普遍性，你可以透過寫信人與收件人來感受那些情感與情緒，你可以從雷根的信紙中看見他的痛苦，從派蒂的抉擇中看見她的掙扎。你可以在自己的身上看見雷根總統的愛，你可以從自己身上看見雷根女兒的叛逆與獨立。我想，曾經有那麼一刻，我忽然從生意人轉變為擁護歷史重要性的疾呼者。

對我而言，派蒂．戴維斯的那些信件讓我領悟到，父親多年來暗暗教導我的：我們並非在兜售投資品或物件，或只是出售紀念品，我們所賣的是與過去歷史之間有意義、有力量、有強烈情感的連結。

第二部　歷史獵人

Part II　The Hunt

8 華盛頓調查的祕密
The Mystery of the Washington Survey

一七七一年，華盛頓時年三十九，正在自己的維吉尼亞維農山種植園勘查。早先兩年，華盛頓買下了大片土地，讓自己的地產擴增好幾百英畝。他發現了一塊未開發的三角地，位置跟他的地很接近，所以他希望能夠得手。那次的探勘是為了確認這塊三角地的位置並丈量大小，調查結果須上呈給費爾法克斯爵士（Lord Fairfax），他是握有維吉尼亞土地及其准許權的英國業主，故其人擁有授予華盛頓土地的權力。

華盛頓是戰爭英雄，在一七五〇年代英法北美戰爭（French and Indian War）率領過千百人，後於一七六〇年代擔任維吉尼亞立法機構成員。彼時他已經結婚十年了，並協助妻子瑪莎（Martha）扶養與前夫丹尼爾・帕克・柯斯提斯（Daniel Parke Custis）生的兩個孩子。柯斯提斯於一七五七年過世，瑪莎與孩子繼承了龐大的遺產，包括一萬八千英畝的土地與八十四個奴隸。華盛頓原本就是富裕人家出身，而這場婚姻讓他變成了超級有錢人。

維農山莊早先主要栽種菸草，直到一七六〇年代中期菸草市場疲弱，華盛頓因而改種小麥。華盛頓建造了一座大型麵粉磨坊，並在地產上營運多座農場，包括「河流農場」（River Farm）、「泥洞農場」（Muddy Hole Farm）、「犬跑溪農場」（Dogue Run）、「團結農場」（Union Farm）。華盛頓以某種規律的方式增加自有土地、獲得鄰近的農場。我們今日認知的維農山莊，也就是參加校外教學所看見的維農山莊，乃是華盛頓的家園及周遭土地的集結成果，這是他數十年積累出來的果實。

華盛頓買下犬跑溪農場隔壁七十五英畝土地的前一年，他偶然發現了這片二〇．五英畝的地。費爾法克斯與華盛頓素來友善，而華盛頓欽羨費爾法克斯擁有的成就：社會成功人士、人脈廣闊、大地主。華盛頓後續達成了其中一些、某些則沒能達成，而英國王室犯下的最大錯誤，或許就是沒授予華盛頓英國皇家軍官職，華盛頓可能因此沒有成為愛英人士，而在後來取得美國獨立戰爭期間的職位。

現在，華盛頓站在費爾法克斯的一塊土地上勘查，此處尚未開發，南面是犬跑溪，西面是向西南流去的品希（Pincy）支流。

美國人對邊疆的馴化以及持續的西進，與調查勘測這項專業有密切關係。對於土地的熱切渴求與美國的成長，其中有些事乃是美國特有的性格。佛雷德里克．傑克遜・特納[1]（Frederick Jackson Turner）寫就論文〈邊疆在美國歷史中的重要性〉（The Significance of the Frontier in American History），表示向西方邊疆擴張塑造了美國的民主；而吾人可以這麼說，早於特納一百多年之前，如華盛頓這樣的人便已經將土地記上地圖了。

特納寫道：「邊疆擴張意謂『美國』穩健地遠離歐洲的影響，也意味著美國國界的獨立性穩健地茁壯。」更有名的段落是透納對邊疆理論的總結：「一塊無主土地的持續縮退，還有美國人定居範圍的西進，共同解釋了美國的發展。」

華盛頓勘測的土地，有些接近他的家園，另一些則在西邊更遠的地方。

就繪製地圖的熱情來說，他並不是美國總統當中的特例；生在邊疆地區的林肯在成為律師之前就是個測量員，林肯親筆寫下的調查結果在市場上很罕見，但我們曾獲得其中一份，這類物件現身市場時必然身價高漲。在美國歷史上，你只要去瞧瞧拉什莫爾山（Mount Rushmore），就能了解西部地區與美國之間的紐帶。華盛頓與林肯都當過測量人員；羅斯福是著名的西部探險家，而且還是推動國家公園的先驅，他在達

1〔編註〕特納（一八六一—一九三二），美國史邊疆學派的宗師學者。

科他地區（Dakota）的畜牧歲月與黃石之旅都是傳奇；傑佛遜是位大地主、大農場主人，深具遠見的傑佛遜力排眾議完成「購買路易斯安那」（Louisiana Purchase）計畫，讓當時美國的面積增加近兩倍之多；後來，他還派遣梅里韋瑟・路易斯（Meriwether Lewis）與威廉・克拉克（William Clark）去探索路易斯安那地區。

華盛頓年少時便開始從事勘測工作，他繼承了父親傳下的測量工具，十六歲時曾經受鄰居喬治・威廉・費爾法克斯（George William Fairfax，費爾法克斯爵士的親戚）之邀，去對方鄰近維農山莊的貝爾沃（Belvoir）參與為期一個月的調查活動，位置就在維吉尼亞的西緣。此次活動讓華盛頓隔年獲得了「威廉與瑪麗學院」（College of William & Mary）的聘請，前往勘測新設置的庫爾佩珀郡（Culpeper County），此時華盛頓年方十七。勘測工具中有種叫作「覘板羅盤儀」（circumferentor）的東西，上面有垂直的瞄準器，架在三腳架上，還有一條很長的金屬測量鍊。多年來，華盛頓總共繪製出約兩百張地圖。

事實上，華盛頓算是英國國王的測量員，他是國王的盡責忠僕，為英王在殖民地的代表們繪製地圖。華盛頓後來脫離了這個職業，加入英軍與法國人作戰，但他從來沒有放棄對這項技藝與土地的投入。隨著維農山莊的拓展，華盛頓記錄著山莊的規模，多年來，他多次勘測土地，標記自己新取得的土地、多處農場與地產。此時的他正在測量另一筆土地。

華盛頓在土地上使用測量工具，並拿出紙筆。他所使用的是劣質紙張，依循慣例，紙張的大小約八乘以十三英寸。華盛頓此時調查的土地，是他想從費爾法克斯爵士那邊取得的，他在紙張頂部畫出地圖，標誌重要地點、特徵並予以編號；在紙張下方則寫上對這塊地的描述以及確切參數：

以上為一塊荒地，由業主辦公室的喬治．華盛頓於該年所進行的調查，該地面積實際為二〇．五英畝，其範圍如下：該土地起自一棵大山核桃樹，位置距離犬跑溪（南北向）轉彎處約四「杆」(pole，又稱「棍」〔rod〕）或說十六．五英尺遠，該土地延伸至華盛頓一七六二年向喬治．艾胥佛德（George Ashford）購買的一塊地，然後沿NO. 86W（已修正）延展，直到與南三十五度東方的哈利森專利地相交。

記錄內容多次提到不同的樹種，如西班牙櫟、水櫟、楓香，還提到諸多併入華盛頓地產的農場，以及鄰居地界線與其相交的情況，像是「上述二〇．五英畝的荒地位在目前土地持有者們的地界之間」。

換句話說，這二〇．五英畝的土地可由費爾法克斯讓渡給華盛頓。

利用自然邊界標記，如樹木、河流、岩石等，是當時改良自英國的標準系統作法；在GPS以及更精密計算方式的時代來臨之前，已經算是最佳的辦法了。假使樹木倒下，或者農夫讓溪流改道，那該怎麼辦呢？這種情況最終造就了「公共土地測量系統」（Public Land Survey System），利用以英里為單位的準確網格進行測量。但是在這個時代，這種自然邊界標記的方式就為實務所用，可以追溯至十七世紀賓夕法尼亞總督威廉．潘恩（William Penn）任內批示的土地授予許可。

調查測量是一份艱辛卻又令人活力充沛的工作，同時也是需要嚴謹細心的工作。華盛頓進行了詳盡的量測，並且對土地特徵有精確的描述。

在他花費數天完成這份調查草稿後，便開始為調查報告完稿做準備，將草稿記上勘誤與刪去處。他自己保留了草稿，並將最後完稿寄出以尋求費爾法克斯爵士的許可，後者遂將這二〇．五英畝的土地所有權讓渡給華盛頓。不過，這些都只是這個調查故事的開頭罷了。

經過兩百四十多年後，我收到一位交易商的電子郵件，他表示自己得到了一份華盛頓量測工作的草稿，或者說是殘件。他寫道：「據信，這是私人所擁有的唯一一份華盛頓手寫維農山莊調查，而且還附有查爾斯・漢彌爾頓鑑定為真跡的證書。」

我因為讀過查爾斯・漢彌爾頓關於簽名文件的書籍而認得這號人物，我從他的書中學到科西等等偽造者的勾當，還有許多這行裡惡行惡狀的傢伙。

交易商也寄來了鑑定證書（COA），上面有所謂專家人士的蓋章認證。

交易商表示，這是唯一一份仍在私人手中的華盛頓調查文件，其實他說錯了，私人收藏界還有其他同類的文件，不過，這份依然很引人入勝。

交易商向我開價三萬五千美元。

好吧，這是高價，但也不算不合理：華證頓的調查文件相當搶手，市場上不多。僅存的文件中，有的有華盛頓簽名，有的沒有；以這一份來說，年代為一七七一年，簽名的部分顯然受到裁剪。圖示部分不見了，那上面原本應該有地圖的，倖存下來的則是該地產的字面敘述部分。

這是個驚人的發現，華盛頓對自有的維農山莊的調查文件非常罕見，歷史價值極高。我迅速查詢了公開紀錄：這項物件最近在一場大型公開拍賣中出售，該拍賣且以鑑定證書提高物件身價。

所以，這項文物曾經由大拍賣公司經手，並且附上專業人士的鑑定證書。可是，對我來講它有些怪怪的。紙張質地是對的，但尺寸是錯的，筆跡有問題，那種有問題的感覺很熟悉。字母邊緣寫得太過奔放，字母有點詭異地擠在一起。字母看起來像是刻意用力寫的，寫得參差不齊，而且字行並不直。十八世紀的人被訓練要能把字行寫直，即使紙張上沒有格線也一樣，但是這份物件上的字行不直。而且我還想到，為什麼紙張上的墨水有滲漏呢？我又再看了一遍。有時候，第一時間的反應就像是吃進什麼怪味道的東西，會迫使你停下來好好想一想：我剛剛到底吃了啥？

你的視線掃過頁面，在你所期望與實際看到的東西之間，搜索著不一致之處。間距是否過大？筆跡是否陌生？字是否擠在一塊？簽名是否不符常態？墨跡是否漬滲？紙張大小是否正確？你打從肚子裡生出一種不對勁的感覺，這種感覺便足以讓人像俗語說的那樣，拿出放大鏡檢查黑暗的角落。

心中疑竇讓我踏上一段找出文物真相的旅程。我立刻聯絡昔日的同事米雪兒・李・希佛曼（Michele Lee Silverman），如今的她任職於「莎士比亞圖書館」（Folger

Shakespeare Library），她曾擔任好幾年的維農山莊管理者，而且對偽造的華盛頓贗品感興趣。我和她長期保持聯絡，討論我們遇上的文件。她對這份文物興致勃勃。

我將一七七一年華盛頓調查報告的照片寄給她，並且詢問她的想法。她寫道：「這東西確實有些不一致之處。和你一樣，我不太相信這是華盛頓的真跡。」於是，我們開始追根究柢。就算這真是偽作也沒有什麼可怕的，有人花費不少時間來製作它，可不是隨隨便便就能辦成的。此外，它顯然不是現代人的偽造，它是件老東西。

我們研究後首先發現，同樣一份一七七一年華盛頓調查報告的另一版本，曾於一九九四年的佳士得拍賣會上出售，並於二〇〇四年再度售出，其價格超過十三萬美元。那份「佳士得版」調查報告與我這兒疑為贗品的殘件，有著非常相似的刪除與訂正處。佳士得版的報告仍有土地示意圖且還有簽名；但我這份，也就是前文所引述的「那一片」，顯然是從中間擷取下的。真可疑！

當然，華盛頓於一七七一年測量土地時，可能有不只一份草稿。也許，他寫好草稿之後又有更正，然後在新紙張上複製新版本的調查結果，後來又做了第二輪的更正，由此製作出最終稿。我在市場上從來沒有看過這樣的前例，但姑且置此不論，這世界上怎麼可能會有兩份草稿上頭居然有著「相同的」更正處呢？有時候，鑑定文件真偽需要邏輯能力的程度一如經驗。你會寫了一份粗略的草稿，然後複製出刪訂處一模一樣的另一份嗎？不可能吧！你會將自己編輯過的地方整合起來，製作出最終版本。

還有別的呢：「佳士得版」華盛頓調查報告顯然很不一樣，它的筆跡不會不直、不會侷促，字行如有尺規一般筆直。這看起來味道很正確。

我的下一個發現是，蘇富比居然經手過另一版本的一七七一年華盛頓維農山莊調查，但「蘇富比版」的物件相當美麗，沒有刪訂處，是吾人期望見到的最終版本。該物件曾於二〇〇七年再度公開拍賣（收藏家會隨著藏品增加而頻繁進行買賣，無論是「佳士得版」草稿或「蘇富比版」的最終稿，都經歷過多次轉手，據我所知，這兩份文件目前依然屬於私人藏品）。

約莫同一時間，我收到米雪兒的通知，她當時正在「辛辛那提學會」（Society of the Cincinnati）工作。米雪兒發現該報告還有另一版本，位於威廉斯堡博物館（Colonial Williamsburg），該博物館擁有美國革命及革命前時代的重要文件與文物收藏。

同一件華盛頓調查的第四個副本？這件事真是愈來愈詭異了。米雪兒傳給我一個連結，可以連到威廉斯堡博物館網站頁面，裡頭有第四個版本的照片。這第四個版本是另一份草稿，而且與我這邊「那一片」以及「佳士得版」擁有幾乎相同的刪去與更正處。所以，我們現在看到同一件草稿文件居然有三份，也就是前面說的那兩件與威廉斯堡博物館的這件（還得記得曾於蘇富比拍賣的那份完稿）。

威廉斯堡副本的筆跡與交易商寄給我的那件筆跡相符，有相同的圓圈、侷促的風格、不直的字行。兩份文件的墨水都有輕微滲漏，這是可能為偽造的徵兆，當新墨水碰上舊紙張（這類東西很多，偽造者不難取得），就可能會有些微滲漬。

我告訴米雪兒：「我認為威廉斯堡博物館那份是贗品。偽造我這邊這份文件的，與偽造威廉斯堡博物館藏品的是同一個人。兩者的筆跡是同一人所寫。」

如今我們碰上了不尋常且有犯罪在其中的數項事實。在我們看來，作偽者不知為何得以接觸原來的草稿，也就是佳士得拍賣的文件，或者他見過拍賣型錄上的圖片，並且製造出至少兩份贗作。於是我和維農山莊聯繫，對方寄來華盛頓調查報告的圖像，那是一九四六年「帕克伯納藝廊」(Parke-Bernet Galleries，該公司如今屬於蘇富比）拍賣型錄上所展示的。那份型錄提到，這份調查草稿於一九三一年首次由「美國藝術協會／安德森藝廊」(American Art Association/Anderson Galleries）出售，該組織可能在他們發行的型錄放上調查草稿。偽造者或許收到了其中一本型錄，手邊鋪好紙，直接憑著眼力進行複製，偽造出的版本並非臨摹照描，而是提筆直接書寫。我們所以知道

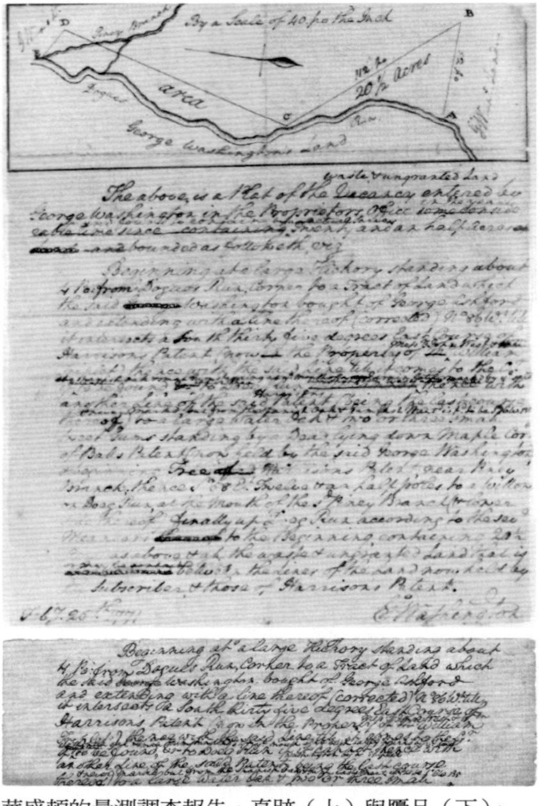

華盛頓的量測調查報告，真跡（上）與贗品（下）。

情況如此，是因偽作字行不直、間距有誤、有缺漏之處、頁碼不同。

我這邊那份以及威廉斯堡版本，兩份的作者是同一位，佳士得版與蘇富比版的作者也是同一位，只不過後面這組是真跡，上頭寫著華盛頓溫暖有力的筆跡；至於前面這組則讓我有種受騙的感覺。

現在要來辨識犯人是誰了。一開始，我認為是羅伯特・史普林（Robert Spring）。

羅伯特．史普林是英國人，移民美國後，一八五〇年代後期在費城開了間小書店。史普林兜售歷史真品，但也會以贗品加以「補充」之。

史普林非常善於偽造，其程度高明到人們至今仍可看見不少他製作的贗品，就像他的後輩喬瑟夫．科西那樣。人們認為那些東西是原始物件，但它們其實是「史普林」出品的。史普林可說是美國第一位偽造簽名大師，人們會對了不起的古人感到親近，而利用人們對古人的情感來獲取利益的，史普林在這方面是第一人。多數狀況是他有管道接觸到原始文件，將其複製後出售。他會將古書或信件中的空白頁面剪下，並核對紙張的年代，這樣子贗品的紙張就不會有問題，而他所使用的墨水則能搭配紙張，足以騙過人們。

雖然史普林偽造過許多人的筆跡，但他可以說是偽造華盛頓筆跡的專家。贗品的形式有兩種。他會偽造華盛頓所寫的「巴爾的摩貼現與存款辦公室」（Office of Discount and Deposit in Baltimore）支票，或者是美國獨立戰爭期間美方陣線的通行證。史普林的精明在於能親近費城當地人，弄出一張與對方祖先姓名相同的通行證。買家可能會說「這個發現真是太巧了！」他們完全不知道那份文件根本就是前一天晚上寫的。查爾斯．漢彌爾頓曾經俏皮地表示，如果這些以拉馬波（Ramapo）為目的地的通行證全都是真的，很可能造就出美國歷史上第一次交通阻塞。

隨著維多利亞時代的時光荏苒，人們對於蒐集的興致愈來愈濃厚。維多利亞時代的人對於莎士比亞興趣高張，關於莎士比亞的奇怪理論不斷冒出來，他們遂出現了一種想法：人們翻遍老教堂、地方檔案庫等地尋找莎士比亞的筆跡，四處搜索莎士比亞留下的寶藏，以求駁斥那些奇怪理論——諸如莎士比亞是好幾個人的合體或他誰都不是。若承認那些理論是真的，這將會摧毀英語史的英雄文人，導致歷史記錄必須痛苦地重寫。人們這番搜索最終雖不成功，卻象徵著一個世代對於蒐集事物興致的增長，無論其對象是科學標本或是簽名文件。

史普林看見這股風潮，而他的不法生意（至少在一時之間）蓬勃發展，就伴隨在合法親筆文件事業旁。美國第一位正經的簽名文件交易商是華特·R.·班傑明（Walter R. Benjamin），他的父親是作家帕克·班傑明（Park Benjamin）。華特成長於書香環境，你可能會發現亨利·華茲華斯·朗費羅（Henry Wadsworth Longfellow）或尤利西斯·格蘭特曾坐在他家的起居室裡。華特非常雀躍於能見到這些大人物，這啟發了他在一八八〇年代開啟的事業，他認識到簽名文件不只是偶爾出現在書籍拍賣場合的東西而已，簽名文件的市場確實是存在的。

史普林在一八六九年於費城接受偽造罪的審判，其中概述了他的作業程序：「他會透過某些方法取得真跡信件，然後在紙上照描，他會使用咖啡渣塗抹紙張賦予滄桑感。假造信會附在通知信內，寄給一些擁有私人珍籍圖書館的紳士。通知信上寫道，寄信人阮囊羞澀、亟需金錢，若收件人有意獲得此簽名文件，可將錢寄到某某地址。他因此收到不少回覆，匯款金額十至十五美元不等，而信件則會寄到本城市周遭數英里範圍內的郵局。」

史普林逃往加拿大，後來又回到巴爾的摩，他在此重拾舊業，以湯瑪斯·「石牆」傑克森（Thomas "Stonewall" Jackson）[2]女兒的名義寫信給收藏家，「石牆」傑克森的女兒因為缺錢而被迫賣出家族信件。這項掩護對史普林來說很周全，於是他製作出幾百份的贗品。最終，史普林被判有罪而鋃鐺入獄。

所以，史普林是不是一七七一年華盛頓調查報告副本的始作俑者呢？

我再度檢視自己最初的感覺以及那些事實。

我認為那是偽造。我相信我自己嗎？是的，當然。

2〔譯註〕「石牆」傑克森（一八二四—一八六三），美國南北戰爭期間著名的南方將領。

這是出自史普林的手筆嗎？一般來說，偽作之間缺乏一致性，因為這是某人模仿另一人所寫，並非模仿者原本的筆跡，所以，偽造者的身分通常並不明顯；但是，偽造者確實有自身的風格，當中會有某些一致性。

於是，我們拉起線索。偽作筆跡渾圓，具有某些相似性，但是其中不相似之處令我煩憂。

我與威廉斯堡博物館特藏館員相約。我還記得兒時曾與父母去過那兒，如今我很高興長大以後還有理由舊地重遊。

我與凱倫和研究員道格・梅爾（Doug Mayo）會面，道格身穿西裝外套與卡其褲，是位含蓄而友好的先生。他領著我們到後方並坐在一張長桌旁，然後拿出了一個文件夾，裡頭裝的是該館所藏的一七七一年華盛頓調查報告。

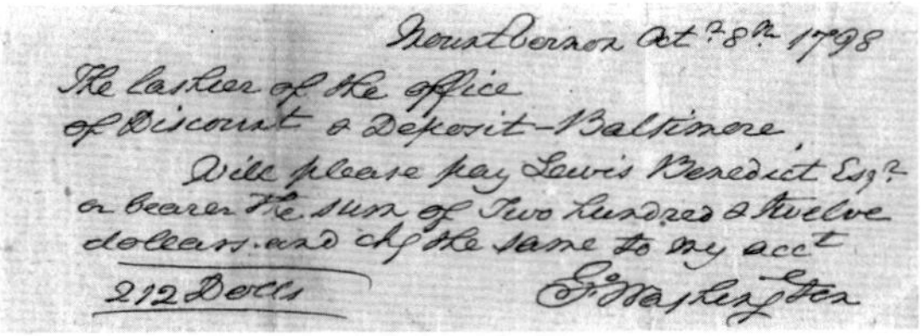
Mount Vernon Oct. 8th 1798
The Cashier of the office
of Discount & Deposit—Baltimore,
Will please pay Lewis Benedict Esqr
or bearer the sum of Two hundred & twelve
dollars and chg the same to my acct
212 Dolls G Washington

羅伯特・史普林偽造的華盛頓文獻。

大家都盯著那份「威廉斯堡版」調查報告看，此時有好幾個警訊出現了。墨水有漬漏現象，反映有不同時代的墨水使用於古早時代的紙張上頭。這份文件的大小（七・

七五×一〇）比較像是常規紙張，而不是文件真跡那個時代的紙張大小（八×一三）；一種看起來是長方形，另一種比較接近正方形。它也有很輕率的錯誤：凱倫向我指出，在吾人認定為真跡的版本上，可以看到華盛頓在地圖標註A點、B點、C點、D點；但是，威廉斯堡版卻缺少A點，這可不是老到量測人員會犯的錯。

威廉斯堡版文件的筆跡起起伏伏，原件當中一條河流支流在此完全不見蹤影。紙張的浮水印可以讓人更了解紙的來歷，威廉斯堡版雖是舊時紙張，卻欠缺浮水印。

我走進博物館之時，「幾乎確定」威廉斯堡版是贗品；當我離去時，覺得它「肯定絕對」是贗品。當初提供調查文件給我的交易商，最終將它捐到維農山莊的收藏行列，維農山莊知悉其為偽作。我認為，這件事已經算是證明自己論點的充足證據了。

所以，誰是罪魁禍首呢？是史普林嗎？

我最後的結論認為可能不是史普林。這份文件與我數年前揭露的林肯偽作（一開始以為那是科西作品）一樣，是出自新發現的偽造者之手。世面上尚未出現過史普林偽造的華盛頓調查報告，史普林的作贗功力也比這件更高，他的筆跡不會有這麼多起伏、歪斜、擁擠與遺漏的部分。這份文件簽名部分與史普林筆觸全然不符，而且它不是通行證、不是支票、不是描摹。筆跡方面算是類似，但並不相同。而且，這份文件的墨水滲漏，應該不是史普林等級之人會犯的低等錯誤。

我在思考這項發現的意涵，此意涵已然超出區區一份文件。對我來說，這是我個人進步的一個指標：經過這麼些年，我幾乎可以在沒有協助的情況下獨立閱讀華盛頓的信件，如今的我已經可以光憑一眼就嗅出愚弄數代世人的贗品氣味。而數年以前的我，可能需要拿出放大鏡，把文件翻過來，還要將信件彼此對照。現在呢，第一時間的直覺就是鑑定物件真偽之道，額外好幾個月的研究，只不過是再度確認我第一時間的「感覺」罷了。

所以，偽造者算是藝術家嗎？厲害的偽造者也是技術高明啊！或者，他們不過是騙子？又或者，他們是藝術家也是騙子呢？我認為，作偽者有其技術，但他們是小偷。為什麼這麼說？他並沒有拿走什麼不屬於自己的東西，他靠著賣出一些東西而賺得金錢。是的，但是他還是偷了，他竊取了我們對於偉大人物的情感，讓這樣的情感寄託在假貨上。

這番經驗是一段很棒的旅程，從我最初入行閱讀漢彌爾頓的書籍，到後來我竟能夠質疑他的鑑定證書。提供該物件的拍賣公司在型錄裡提到漢彌爾頓的鑑定證書，他們仰賴該證書作為證明，而不是公司自身的研究。如果有人買下那件物品，他將獲得一份鑑定證書；反之，佳士得或蘇富比的買家則不會收到這類鑑定證書，卻得手了真品。

幾個月之後，我去觀賞瑪莉莎．麥卡錫（Melissa McCarthy）主演的電影《她的偽造遊戲》（Can You Ever Forgive Me?），這部電影是根據真實故事所改編：麥卡錫演的是李．伊斯瑞爾（Lee Israel），伊斯瑞爾學會偽造書信與簽名，並且騙過許多老練書商，使他們買下贗品，當時是一九九〇年代。在電影結尾，女主角身在一間珍籍書店裡看著自己偽造的簽名文件，店主安撫她，並說道：「這會附上鑑定證書。」剎那間，她轉過來對著店主說道：「那份鑑定證書會再附上鑑定證書嗎？」

9 獨當一面 Taking the Reins

納爾遜在英國皇家海軍擔任指揮官之時，向他已故的叔叔（他的導師）致敬，肯確地表明自己接下了傳承火炬：「我深信自己會堅持下去，以行動證明自己足以承擔服務國家的這個職務，這也是親愛的叔叔留給我的。」

在我意識到自己的學徒生涯已然告終時，並沒有那般的光輝時刻，現在的我已是父母的成熟夥伴。這樣的情況是漸漸形成的，我的父母有愈來愈多時間待在他們緬因州的避暑別墅，留下我打理業務。如同已述的，我推動了公司的更名，並且重新上架了我們的網站。「拉伯收藏」是專營珍品的公司，如今它的命名也反映了這件事，而我是受到了華盛頓特區現代藝術小型博物館「菲利普收藏」（Phillips Collection）的啟發。「菲利普收藏」是收藏的寶庫，管理完善且非常美麗；當然它並非史密森尼學會等級的，它也不需要是，這是我們目前這個階段的模範，一座管理優良的精品事業。我不想要營運的只是個家庭式小店（mom-and-pop business），所以我得做出改變，現在的我們與其說是型錄事業，無疑更像是藝廊或是小型博物館。在一邊進行著我們自己的網路活動時，我也著重於讓公司在新聞上曝光。

有許多家族事業因為兩代之間的權力問題而陷入困境，但我的父母已經決定以平等地位待我，他們相信我不會把事業搞砸！這就是我們現在經營事業的方式：凱倫與我負責日常營運，而我爸媽依然高度參與其中。要做重大決定時，我們便是一個四人委員會。

對我來說，最重要的改變並不是掌管財務、思索品牌策略、學習文物鑑定的漫長過程這類俗務或實務，真正的改變在於更微妙之處：我從歷史中找尋這門行業充滿情感而難以形容的本質，我漸漸悟出是什麼讓人們著迷於吾人歷史與偉大人物的物質線索，了解為什麼這些文物與文件具有那樣的力量。這不是一堂輕鬆的課，而且沒有人能夠教這門課，必須得靠自己去學。

這是一個我經常想起的故事，一段影響深遠的經驗。有位八十多歲的老人聯絡上我，他想要出售自己的歷史文件收藏。這組收藏數量不少，文物約有三十件，根據他的描述，其內容頗為有趣。他有一封很棒的愛蓮娜・羅斯福（Eleanor Roosevelt）[1] 信件，還有一些印象派畫家如雷諾瓦（Renoir）與莫內（Claude Monet）的書信。回顧之下，這組收藏的紀念價值不是這麼高，算是有趣的常見藏品，並非重要文件，我們對於獲取這類東西通常沒有什麼宏大的計畫或者興奮感。

我驅車前往對方紐澤西州郊區的家，這間舒適的錯層屋裡全鋪上了厚地毯，富有一九七〇年代風格，讓人感覺這間屋子三十多年前備受精心設計。令人驚訝的是屋主把自己的所有藏品全陳列了出來，裱框後掛在牆上。一進入屋內，右邊便有一幅富蘭克林．羅斯福的書信迎接你；登上樓梯，一旁有羅斯福與蕭伯納（George Bernard Shaw）的書信，樓梯最高處有莫內的文物，過了轉角後的牆上則掛著雷諾瓦、愛蓮娜．羅斯福、詹姆斯．麥迪遜的書信。

這組收藏對主人來講顯然重要非常。看來，在屋主夫人細心協助之下，這些文件好像已經在牆上掛了幾十年。屋主夫人招待我餅乾，而我對著這組藏品一一端詳。這時的我才剛開始隻身鑑定、購買大規模收藏，這還算在頭幾回。我在這些物件上花費

1〔編註〕愛蓮娜．羅斯福（一八八四—一九六二），老羅斯福總統之妻，二戰後出任首任美國駐聯合國大使，主導起草聯合國《世界人權宣言》。

不少時間，其中有不少好東西，我之前從沒買過莫內或雷諾瓦的文物，我能夠閱讀法文，但文件內容沒有特別可觀之處。即使如此，我仍喜歡這組收藏且認為有利潤可圖而有意買下。

看過所有物件之後，我走去外面打電話給老爸，討論應該出價多少。結論是兩萬五千美元是適當的出價。

我回到屋內並告訴對方，我對這組藏品價值的認定以及願意出的價，並且期待能有些微議價空間且交易順利。但是我完完全全忘不了對方的反應。

他坐了下來，陷入全然沉默，顯然受到衝擊，心力交瘁。他像是癱瘓般坐到樓梯口的小木椅上，就在一份傑佛遜的小型文件下方。他嘆著氣，茫然地看著前方，像是洩了氣的皮球。

我學到只能透過經驗學習的事，與這位先生共同經歷這個令人揪心的時刻：我對他熱愛的東西出了價碼，而且價格不可能提高。

我的出價十分公平而合理。我不認為這個打擊肇因於他為這組收藏所費不菲，而是因為這組可是他花了一輩子進行的收藏。這是重要的區別所在。

雙方同意了價格，之後他便一語不發。他沒有生我的氣，只是很洩氣，他的心碎了。他的太太把我拉到一旁，說道：「別擔心他的反應，他只是深愛著這些東西。」

我將文物一件一件從牆上取下，打包後裝進車裡。在我要離開時，我轉過身來看著那些空蕩蕩的牆，還有幾面沾有點灰塵的窗戶，上頭原本掛著文物，現在只餘下一個人坐在椅子上，他的身後已經沒有什麼掛著了，他依然望著前方。

我常常想到那位老人，我幾乎希望自己不曾買下他的收藏。他是那麼地沮喪，真是令人不忍卒睹。「經歷」是個比較好的用詞，他的心情觸動了我的心情，我們共同經歷了情緒，他回顧自己一生的追求，我也同時透過同樣的鏡頭觀看這一切。

了解這種強烈的心情拉扯，是一個會滲透你內心的教訓，不需要任何行動、不需要閱讀任何書本。這是個強烈的教訓，有時讓人痛苦、有時令人欣喜。沒有任何學校可以讓你學到這些，沒有老師會教這些。要創造出自身與歷史的連結，這是透過經驗而形成的。

在我從業初期，某天有個女士打電話到我們辦公室。她退休了，而孫子即將要念大學，她解釋道自家的錢不夠，但是她從父母那邊繼承了一封華盛頓的書信，現在賣出的時機到了，她可以實現自己的諾言送孫子去上大學。她的丈夫已經過世，如今她能夠對家族有所貢獻，她已經準備好要與這封信告別。

對方想要來訪，從她位於康乃狄克州北部的家開車過來，那得花上六個小時，我想這不是她平常願意開車的里程，旅程時間反映她對出售這東西的重視程度。

我說：「如果你願意，當然可以過來。但是我希望你先寄圖片給我。如果這不是我們要的，我不希望你花上這麼久的時間卻一無所獲。」

她很堅持：「我的父母跟我說這是真品。我會過去一趟。」

我再度勸阻，但她心意已決。

我想，你應該可以猜到後來事情怎麼樣了。對方開車過來，進到我們辦公室的時候，她充滿活力與樂觀。雖然她已白髮蒼蒼卻有著年輕人般的能量，她坐到沙發上，從手提紙袋中拿出一封信。我瞧了物件一眼，心裡已經有數，這是件早期的贗品。我看著她充滿期望的臉龐，唉，事情不會是她所期望的樣子。我沒有出價，反過來，我得向她揭露壞消息，這正是我所擔憂的。

我決定了，講得隱晦也不會有什麼幫助。我看著她的眼睛，說道：「很抱歉，我得說，我認為這是一件偽作。」

我永遠不會忘記她回覆的那句話：「這可不妙。」

她接受真相的狀況比我想像的要好。知道她家的情況，還得把壞消息告訴她，我簡直快垮了，好像我就是她的家族成員般共同經歷這場打擊，我感覺自己像是在阻撓她的孫子上大學。我傾向設想他們最終找到了出路，或者她的說詞有所誇大。她離開我們的辦公室後還要面對漫長的回程，真希望她有先寄來電子郵件就好了。

不久之後，有位新罕布夏州的農夫來電，他的祖先是重要的宗教界人士——卡爾頓．切斯（Carlton Chase），第一位新罕布夏的聖公會主教。切斯曾於一八六二年五月二十二日寫信給林肯總統：

> 我無法抑制自己的感激之情，當我想到，在神意主宰之下，您正在打造這個受苦國家的命運。讚美上帝，這樣的人物竟然為我們而生，讚美上帝，我們的領袖在此關鍵危機時刻，被賦予如斯智慧、道德與知識力量，以信心與希望啟迪我們。
>
> 在此處所有人、所有階級之中，您真的是傑出的一位，如今的您擁有無比的信心。真誠感激您所為之善，為您的健康禱告，並祈禱所有虔誠的基督

徒平安。

一百五十年之後，我正在與卡爾頓．切斯的曾曾孫通電話，他那裡有些文件。

對方說：「我不知道這些東西有沒有什麼價值。」通常，這種說法是販售贗品者的一種掩飾，但如果這番說詞來自一個謙遜而不誇大之所，例如這次的案例，則經常預兆著重大的歷史發現。對方寄來了圖片，果然沒有讓我失望。

對方擁有兩封林肯寄給卡爾頓．切斯的信，寫於美國內戰時期。我從未見過這類書信，之後也沒再見到。書信中提到上帝對聯邦的幫助，實是無比稀有：「在戰爭和政治的辛勞與煩雜之間，得到好人信心的鼓勵以及善人禱告的支持，實在至為激勵人心。這些支持僅僅次於上帝對吾人努力之認可。……A. 林肯上。」

我與對方再次通話。

「我猜它們的價值不高，但是問一問也無妨，對吧？」

我如實以告：「你可以得到這麼多。」我記得自己出價好幾萬美元。我認為我們大概可以八萬美元左右賣出，所以提出的價碼超過上述金額之半數。

一陣沉默。然後是更長的沉默。

「哈囉？」

又是更長的一陣沉默。他是不是掛電話了啊？難道心臟病發作了？我做了什麼嗎？

在這些案例中，我們通常會收到還價，然後取雙方開價的中間值。向對方出價可能是交涉的開端，代表我們有了大概的數字。有時候，賣家告訴我們，他從佳士得或其他拍賣公司那邊收到的估價。事情很少有其他交易商涉入。我們庫藏裡面的物件，全部都是預付賣家現金買來的，我們認為這樣最終可以賺得利潤；我不知道有哪家重要的簽名文件交易商，還像我們這樣子運作的。所以，我們最初遇到的競爭者，是拍賣公司的估價。不過，這次的案例卻沒有還價，對方完完全全沒反應。

結果發現對方是說不出話來。你從對方的沉默聽出興奮，這是種難以解釋的感覺，這是那天的狀況。打破沉默的是他暈眩般的聲音，他接受了開價，他這輩子還沒一口氣看過這麼大筆錢，而且認為自己往後也不會有這種機會。

我要說的最後一個故事顯示出另一種反應。

我接到一通電話，來電者是位出生於匈牙利的傑出歷史學者，曾經在切絲努特山學院（Chestnut Hill College）任職教授，亦曾在不少單位當過訪問學人，目前已退休多時。

他的一生非常精彩。猶太人的他，在二次大戰期間險些喪命，與其他猶太人曾經待過匈牙利勞動營，而在德國占領期間於「布達佩斯包圍戰」（Siege of Budapest）中倖存。從這番經驗以及多年教育，這位歷史學者面對希特勒與墨索里尼（Mussolini）暴行之下的世界，形成了一種世界觀，他痛恨民粹主義（populism）與訴諸大眾文化以作為權力基礎的人，他的著作超過五十冊，其中許多便是以此為主題。他的作品兼具歷史性與科學性，並從自身經歷中得出更廣闊的道德性結論。數十年來，這位歷史學家與（邱吉爾的女兒）演員莎拉．邱吉爾（Sarah Churchill）持續聯絡，兩人是老朋友。此外，他也與許多知名科學家通信，其中包括維爾納．海森堡（Werner Heisenberg），海森堡曾提出二十世紀最重要的科學原理之一。愛因斯坦發表兩種偉大的相對論後不久，海森堡提出了「測不準原理」，該原理的意思是：你無法靠數學確定性同時得知任何粒子的確切位置與動量。這位教授表示，他有兩封海森堡談論測不準原理的書信，信件內容且將該原理相連到相對論。因為這樣子，我前去拜訪他。

這組收藏非比尋常，因為擁有者本身就是通信人。他不是要出售別人的文物，他本人就是書信的收件者，其中許多是他年輕時收到的，他與寫信的人有著私人關係。

他住的地方離我不遠，大約只要二十分鐘路程，這是個罕見的巧合，因為我們這行經常得從世界各地買進東西。對方住在費城「主幹線區」（Main Line）的高級老房產，房產地點與道路相隔，連接兩者的是一條長長的私人車道，駛進去之後車道變為環狀，蜿蜒經過一棟客房後，我將車停在房子入口處。這座老建築非常美麗，雖然有年久失修之虞，一如諸多主幹線區房產的情況。這位先生在門口迎接我，我們一同走進他家，裡頭頗為凌亂，我面前的牆上掛滿老地圖、版畫、照片等等，他家還有寬敞的起居室與漂亮的飯廳。廚房不大，若不是從那邊可以俯瞰一座池塘，人們可能會覺得空間很狹小。主人態度頗為活潑，他開始與我談起自己的妻子，同時將他的信件拿出來給我看，這有他與莎拉·邱吉爾的友誼，還有他與許多理論物理學家的魚雁往返。這不只是一次交易，還是一次談天。主人問起我的家族，問起我們是從哪裡來的？他表示自己曾在奧地利地圖上看過「拉伯」這個姓氏，他還提議要將那張地圖送給我，但我婉拒了。

我們聊了一段時間，接著我單刀直入，說道：「很抱歉，大多數的物件我真的不需要，雖然它們真的很有趣，但是那真的沒有市場。不過，我很確定自己要買下那些海森堡的信件。」

海森堡的信件確實如主人所說，甚至更棒。書信裡提到那個時代的重大科學論辯。當時，愛因斯坦在研究「統一場論」(unified field theory)，這是他最後的研究主題，該理論是對於真實的本質觀點，融合了許多科學理論。愛因斯坦當時無法對其加以證明，但現在的科學家則認為頗有可能證明之。在此處信件內，海森堡於一九六三年評論道，愛因斯坦的研究成果最終會成為主流，他讚揚已過世的愛因斯坦，並且談到兩人的理論實不相衝突：「我根本不認為測不準原理與這樣的數學公式之間有任何衝突之處。……測不準原理永遠都是這種公式的一部分。」

我向對方出價三千五百美元，他希望我能再多出五百元以上，雙方最後折衷，握手成交。

我準備離開時，他說：「噢！不，你還不能走！你有沒有喝過蘋果白蘭地？」

我笑了出來，我願意嚐嚐他的蘋果白蘭地。當時是上午十點半，不過沒有關係。他推出一座小吧台，倒了兩杯蘋果白蘭地，兩人舉杯。

他說：「我從來沒有賣過這類東西，我想這值得舉杯慶祝一番。」

我們成交了。

總體看來，在主幹線區那天只是一筆小交易，但是它延伸出兩個多小時的談話與關係，主人聊到他的亡妻、與他同住的兒子、他的工作與朋友，還有他從前身在飽受戰爭摧殘的歐洲歲月。我們的談話真的令人感覺很好，還有晨間飲料陪襯。我從未忘卻那次的經驗，也從沒忘記那蘋果白蘭地。

與紐澤西的那個人不同，我前去拜訪的那位先生對於與這些生命痕跡告別並不沮喪，然他對於這些東西具有的力量，其認知是毫不遜色的。海森堡寫給他的那些書信是他個人的生命篇章，如今這些書信被傳承下去了，這便是我們之所以舉杯的原因：歷史、換人接手。

10 拿破崙的死亡報告
The Report of the Death of Napoléon

每一天，至少有二十個以上的人來聯絡我們，他們想要出售自己的歷史寶藏。辨別真跡與贗品、區別珍品與俗物，這類的事我們經歷了許多。從粗石堆裡找出鑽石是種技能，這得要花上數十年來磨練，並且在日常中多方試驗。而我，終於學會了這項技能，並且持續接受考驗。我從父親那兒習得了關鍵的教訓，那就是得始終保持專注、審視一切，別將任何事視作理所當然。最閃耀的寶石可能埋藏在岩堆的底層；同理，許多人會受到「愚人金」所迷惑，它閃閃發光有如真金，但其實不是。

換句話說吧，當一顆寶石擺在你面前，你能不能認得出來呢？寶石現身時，旁邊可不會立著一面牌子寫著它很重要。我們必須去狩獵，然後發掘，最終則是了解與識別。如果現在有五件東西，或者只有兩件東西擺在你的面前，你能否揀選出最有價值的那件呢？真正重要的發現時常出現在目光所及之處，然而上頭並不會標示，且看起來是那麼地粗糙。

在擁有諸多拍賣品的大型拍賣會上，有些拍賣品內含許多物件，這個時候不要假設拍賣方一定將最重要的物品放在型錄的顯眼處，也不要假設拍賣品的說明敘述一定是完整精確的。也許，你在某件物品上看出端倪，而拍賣公司卻沒有，匿跡的寶石是很可能得以發現的。

幾年前，佳士得曾出售一組過世不久的收藏大家遺物。根據型錄判斷，這位收藏家主要收集的是美國歷史文件。幾百件拍賣物品中約有半數是珍籍古書，其中有些是很棒的物件，例如華盛頓的國會演講稿，另外一份稀罕而有趣的，是亨利八世（Henry VIII）簽署的文件。某些相對較小的物件被當作個別拍賣品出售。舉例來說，我記得有一份由湯瑪斯·傑佛遜發出的土地授予狀，這種土地授予狀有一定的價值，但數量多達數千份，內容是准許企圖征服邊疆並在西部建立家園的美國人取得土地。獲得土地授予狀的人有很多是美國革命的老兵，他們因此得以免費取得土地。這些授予狀並不算非常罕見，若你想要取得傑佛遜簽名，這是個比較負擔得起的選擇。

由於藏品的數量眾多，佳士得將這些東西分作兩次拍賣。第一次拍賣會，我們買到幾件東西，包含了華盛頓的演講稿。不過後來發現，第一次拍賣會不過是開胃菜罷了，第二次拍賣會才是主菜。除了單獨的拍賣品之外，還有所謂的「拍賣套組」（group lots），即拍賣公司認為某些物件沒有重要到獨立分出來的必要，於是把幾件集結成為一個拍賣項目。這些拍賣套組根據地理位置來分類，例如歐洲相關拍賣套組、美國相關拍賣套組等。在買賣商心裡，型錄上這些拍賣套組的位階是次等的，就像是一束六十朵玫瑰花旁襯的滿天星。不過，它們的價值其實可能遠遠高上許多。

瀏覽拍賣型錄之後，我聯絡佳士得的專員，詢問與拍賣套組相關的事宜。這其中有些什麼東西呢？他知不知道更多相關資訊呢？對方解釋道，這些拍賣品套組可說是大雜燴，所以他不可能完整描述細節，如果我有興趣，應該前往紐約親自看一看（通常拍賣公司在拍賣會舉行之前，會提供所有拍賣物件供人察看）。

我們便這麼做了。

凱倫、父親與我前往紐約，去到市中心著名的佳士得辦公室。

那天正好是拍賣會舉行的前一天，是該次大型系列拍賣會的第二場，也是最後一場，觀賞室裡頭人又多又擠，最受關注的物件極受人們注目。

長長的玻璃箱旁排著木桌，玻璃箱內裝著較有價值的物件，木桌上則放著比較大型的，這是競標者得以近距離觀看那份華盛頓或傑佛遜文件的機會。這裡還有好幾十個箱子，裡頭放的是我們想看的拍賣套組物件。亨利八世簽署的文件被當作獨立拍賣品，吸引了許多目光，一旁擺的就是這些拍賣品套組，套組的說明內容少得可憐。獨立的拍賣品物件醒目地掛在牆上，有充足燈光投射，數十年前便裝好的鑲金邊框因此閃閃發亮。華盛頓、傑佛遜、亨利八世等人的親筆文件陳列展示，而大量的套組物品則位於玻璃箱中沒有分類的藍色檔案盒裡，有些東西很輕易就能看見，有些則需要特別要求才能細看。

我們決定分組行動，老爸與凱倫將注意力放在英語世界的文物，我則去處置歐洲文物。我曾到法國留學，自學過西班牙文與義大利文，大學畢業後曾駐羅馬為美聯社工作一年，所以可以說讀上述三種語言，後來這些語言能力成為我重要的優勢。此外，我還曾經在羅馬研修幾個月的古文字學，也就是對書寫文字的研究，文字書寫組成的風格隨著時代變遷有所演化，而我可以順利閱讀不同時代的文件。

我立刻就發現型錄的敘述缺漏很多，大概只列出了九件東西而已。其中有一份不尋常的早期文件，是可惡的英王喬治三世任命自己的皇家代表，前去擔任殖民時期紐約市的一個要職，此時美洲尚未獨立，英王依然能在美洲商業委員會中大量安插國王的人馬。這份文件很有價值，但還沒到驚天動地的地步。反正只有九件東西嘛，我預期看到一個多層文件夾，只要花幾分鐘就能瀏覽完畢，然後我就能去幫老爸與凱倫檢視美國文物，我們認為那是真正好料的所在處。然而，出現在我面前的是三個大箱子，裡面放著好幾打的文件。我靠近去看說明，上面註明共有四十八件文物。文件夾不只一個，而是好幾個文件夾塞到一個箱子裡，那個箱子簡直快承受不住歷史的體積；文件塞滿了箱子，多到快要滿出來，想必拍賣公司只有列出比較重要的。

我抽出來的第一份文物，把我整個人嚇傻了。這封信是法國國王路易十六在一七九二年四月寫給英國國王的，我看出紙張、文字與簽名都很特殊。全信都是路易十六的親筆：「我感謝你，在這個列強共同對抗法國之時，沒有與他們結盟。……讓我們一起為歐洲帶來和平吧！」

絞索（以歷史事實來說，我想斷頭臺一詞可能更精確）離路易十六的脖子愈來愈近之際，路易寄出了這封信，派了祕密使節親手交給英王喬治三世。他提出一個簡單的建議：我們兩國過去雖是長久的宿敵，但今日應當成為盟友。路易十六希望拉攏英格蘭，設想對方若成為盟友便能保護自己。這項聰明的策略最後胎死腹中。隔年，也就是一七九三年，路易十六步上了斷頭臺。

這封充滿衝擊力的書信，由法國國王寄給英國國王，通篇以法文書寫，寫作時間就位於歷史的轉捩點，革命的風暴正在路易十六身旁嘶吼。現今，這封信就躺在一個箱子的底部，沒有註記說明、沒有收錄於拍賣型錄、沒有翻譯，而這竟是一封西歐史上意義無比重大的文件。

「我的天吶！這個箱子裡還會有些什麼東西啊？」

我繼續看下去，發現了一件又一件的皇家寶藏。這裡有份華麗的手稿，是由路易十六與他的皇后瑪麗・安東尼（Marie Antoinette）一同簽署的，這兩位死於非命的王族筆跡竟出現在同一張紙上。拍賣型錄上說明，拍賣套組中有一份英王喬治三世的文件，內容與紐約市相關；但是，我找到了一件更有價值的文物：一七六一年，喬治三世邀請一位顯貴支持者參加自己加冕典禮的信函。這可是最後一位統治美洲的英國國王的加冕典禮。另外，還有一封英王喬治六世一九四七年寫給坎特伯里大主教的信，信中宣布自己的女兒伊莉莎白（也就是當今英國女王伊莉莎白二世）訂婚之事。喬治六世寫道：「我的父親為我與家族立下了很高的責任標準。我確定我們的女兒將會永遠維繫喬治國王的崇高理想，並且遵循他的模範。」伊莉莎白至今仍是大英國主。新發現繼續出現。這邊還有一份俄國凱薩琳大帝的文件，我不懂俄文所以讀不了，但是我看得出來文件簽名者的身分。

此外還有一份年輕夫婦的結婚證書，簽署者是拿破崙與其妻子約瑟芬（Joséphine），官方頭銜為法蘭西皇帝與皇后。自法王路易十四以降，法國國王會在名人權貴的婚姻書約上簽名，而以偉大君王自居的拿破崙則繼續著這項傳統，所以，如果你是他下屬的官員（例如這份結婚證書的男方），拿破崙與其夫人便會在你的婚姻書約上簽字以為見證。

或許，除卻法王路易寄給英王喬治的文件以外，其中最驚人的當屬拿破崙生命走到終點的文件：拿破崙被流放到聖赫勒拿島（St. Helena）後，負責監視他的人員寫過許多書信，信中報告了拿破崙的病情與死亡，而且敘述得非常詳盡。

十九世紀的人物裡，拿破崙是最受世界矚目的那一位。有些美國人撻伐他，但其他人則視他為崇拜對象。歐洲大陸對拿破崙發動猛攻，而英國人則是在旁觀望了一段時間。拿破崙是人民的皇帝，他是個原創的民粹主義者，但他誕生的地點和巴黎一點都不近[1]，他的法語能力也不甚高明。

拿破崙的屬下為他而死，為他犧牲生命。拿破崙對他們的呼喊是：「死亡不算什麼；失敗而不光榮地活著，簡直像是每天都要死一遍。」

拿破崙對於歷史以及自己在歷史上的定位十分敏銳。拿破崙身在埃及時，曾站在巨

1〔譯註〕拿破崙於一七六九年出生在地中海的科西嘉島（Corsica）。

大古蹟旁告訴自己的軍隊：「四千年的時光從那些金字塔頂部俯視著你們。」拿破崙了解自己的吸引力、自身遺緒的力量，「偉大的名聲是巨大的聲響；聲響愈大，聲音傳得愈遠。法律、制度、紀念建築、國家全都會消逝，但是名聲會延續，並且在後世造成迴響。」

愛默生在其偉大著作《代表人物》（*Representative Men*）裡是這麼形容拿破崙的：「閱讀拿破崙軼事、回憶錄、生平的數百萬讀者皆於書中獲得喜悅，因為他們在其中讀到了自己的歷史。」

一八一四年，拿破崙被流放到厄爾巴島（Elba），後來他再度遁逃，重獲大權。可是在史上著名的滑鐵盧之役，他敗給了威靈頓公爵領導的聯軍，就是所謂「拿破崙戰爭」（Napoleonic Wars）中的最後一役。拿破崙被放逐到聖赫勒拿島，此島距離西非海岸至少有一千英里遠。

即使失敗，拿破崙依然堅持握住勝利的披風：「他們起訴我犯下巨大的罪孽，但是有我此等印記之人是不會犯罪的。我的崛起再簡單不過，有意稱之為陰謀或罪行實為徒勞枉然⋯⋯。我始終都是隨著群眾的意見與事態而前進。」

拿破崙的一生震撼世界，而他於一八二一年逝世時同樣震驚了世界。

第一封信是由駐守在該島的英國將領羅伯特・藍博（Robert Lamber）所寫，他首先向上級報告拿破崙患病了：

很高興告知諸位大人，波拿巴（Buonaparte）將軍染上了一種危險的疾病，醫療人員預期這是致命的。若他死去，我會立刻派船回英國告知消息。

下一封信是在五天之後，信件內容宣布了拿破崙的死訊：

先生，我必須告知您，以使諸位大人知悉，波拿巴將軍已於本月五日星期六，下午接近六點時過世。我在同月二日的第九號信件，託由布里斯托（Bristol）商船傳遞的，告知的是拿破崙身染重病一事。同月二日曾召開一場諮詢，在總督的意願之下，維戈（Vigo）的外科醫師米歇爾（Mitchell）也一同列席。米歇爾醫師一直參與其中，直至拿破崙離世，後來也協助解剖遺體，解剖報告上有所有醫護人員署名，僅此附上。鑑於此事之重要，我判斷應可將傳訊的任務交給亨利船長，他是駐守本島的資深指揮官，與我一起檢視過遺體，可以告知諸位大人更進一步的細節。我派他乘「蒼鷺號」（Heron）前往，這是我們速度最快的船，船隻接著會再去載運補給物資。我相信這些做法應能獲得諸位大人的認可。

解剖報告標題為〈拿破崙．波拿巴遺體解剖情況報告〉，也是這系列文件之一。這份詳盡甚至令人毛骨悚然的報告，描述了拿破崙的器官內臟，報告寫於一八二一年五月六日：

從表面看起來遺體非常肥胖，首先在遺體中央割出切口之後，上述這點獲得了確認，在腹部上層的脂肪有一．五英寸厚。切過肋骨的軟骨並露出喉嚨後，發現左肋膜與胸膜壁層之間有輕微沾黏。左腔內發現大約三盎司的紅色液體，右腔則發現近八盎司。肺部頗為完整。心包狀態自然，含有約一盎司之液體。心臟為正常大小，但是上頭覆有厚厚的脂肪……。

醫生宣布，這位昔日的獨裁者已經死亡，屍體僵硬，死因為胃癌。拿破崙之死此後一直讓歷史學家大感興趣，拿破崙生前的頭髮樣本裡含有高濃度的砷，更增添人們對於他可能遭到下毒的懷疑，這個懷疑持續至今。

我喜歡思考這些文件的來歷與軌跡，思考它們自身作為歷史文物的存在。所以讓我們來看看這些與拿破崙死亡相關的文件吧！拿破崙逝世於聖赫勒拿島，那是一座非洲離岸的孤島，遠離各大文明。這些文件從那座島上旅行數千英里後抵達倫敦，使西方世界得知拿破崙之死。它們再從那裡又旅行數千英里，到達我現在所處的這個房間，在一大疊紙張的底部被我挖了出來。

印刷品的物件描述裡不曾出現這些文件，它只為有意得知更多資訊者提供了一份清單。我希望沒有別人發覺我掘出了什麼。

我招呼父親過來，說道：「就是這個物件。我不知道你是在看什麼，但就是這個了。我們一定要弄到它。」

在這種情況下，我們得保持隱密低調。我們回家去，花費很長的時間討論我看到了些什麼，以及那些東西的價值。我們預期（而且也擔心）那項物件會比拍賣方預估的價格高上許多。

我們的想法沒錯，我不是唯一看出端倪的人。隔天，凱倫與我穿過同樣的門、走過同樣的門廊，坐到拍賣室的中央，看著拍賣人站在台上，上方的大螢幕顯示著當前拍賣物件的描述與價格。

我們想要標下的那項物件，佳士得估計總價約值六千至八千美元之間，低到令人發笑。若能用那種價格買下，簡直有如美夢成真。身在拍賣室裡的還有幾位嚴肅的收藏家、仲介，以及幾位作風含蓄的交易商，他們都是潛在的競爭常客，多數人我都認識。歐洲物件的競標起始價很低，而且一開始的出價都沒拉高，拍賣室當中只有兩、三個人有興趣，還有另外一位電話線上的競標者。

看起來，出價大約會到一萬四千美元，這會是個不可思議的價碼。然而，出價忽然提高了，之後又變得更高。我的心跳加速，伴隨著一種混雜興奮與不悅的情緒，我將注意力放到另外一位還在競標的對象，也就是電話線上的那位。這場拍賣如今變成那位電話競標者與我的兩人對決。

物件價格超過三萬美元，接著又超過四萬，人們開始眼神四散，說道：「我們怎麼會錯過這項物件呢？這兩個人的出價怎麼高到這種地步？」他們讀過物件敘述，而且多多少少誤以為那份敘述是完整的。

凱倫輕輕碰我，暗示我什麼時候要停下來？我們的出價超過五萬時，凱倫說道：「你真的得停了。」而我自忖：我認為這項物件值得這麼多，我們買下這組物件一定可以賺到錢。

電話線上的那位先生「也」了解這些文件的價值。隨著價格愈來愈高，拍賣主持人的敲擊聲也愈來愈快。我們進入了一來一往的情況，每次出價都是多出兩千五百美元，後來更變成五千美元。拍賣主持人似乎也覺得很奇怪，因為競標者一點都沒有放慢腳步的意思。我望向前方，聚精會神地舉起手，我相信這項套組物件的價值，我看過物件的原文，我想要得到。拍賣室的氣氛暖和了起來，後來甚至變熱了。終於，我以六萬八千七百五十美元的出價拿下這些文件，那是當天這場佳士得拍賣會裡的最高價。

我還記得那天晚上搭乘美國國鐵回家，帶著一個重重的盒子，裡面裝著那些文件。這組物件內容豐富，真是一組了不起的東西。那次經驗讓我知道，人們是會錯過好東西的。確實，能講幾種歐洲語言的能力，讓我能夠確認這些文件的價值，但不止於如此，還需要有足夠的勤奮、耐心、專注，對這些素質的培養能收穫最大的報酬。想一想我從業初期碰上的那封富蘭克林書信：有時候，要帶走大獎其實很簡單，簡單到只要把東西翻過來看看另一面上頭有什麼。

在這個案子上，我得以將「自己」的知識付諸實踐。我不確定父親或凱倫是不是能像我一樣看出這份物件的價值，但是他們對於我決心取得它是百分之百支持的，而這確實值回票價。我們那天買下的文件，後來不只讓我們回本，光是拿破崙死訊的文件，出售金額便接近我買下整盒文件的價格，而且還超越了那天拍賣會最受眾人矚目的亨利八世文件。

11 這玩意兒之前藏在哪？
Provenance, or Where's This Stuff Been Hiding?

歷史文件通常無法倖存，被拋棄的、被燒掉的、被撕毀的、被掩埋的、掉進水裡的，或只是消逝於時光之中的，無以計數；而倖存下來的文件所代表的，是那些到處帶著它們的人之功。學習一份文件的歷史重要性顯然是吾等生涯的一部分，而了解名人擁有的那件莎草紙、羊皮紙、犢皮紙是怎樣來到我們手中，也是同樣有趣的事。美國內戰期間，林肯曾親筆頒布一道保護令，容許一個南方家庭返回自家的莊園，同時在該命令中提及這場衝突——這真是件引人入勝的事蹟。不過，據悉這個家庭將這份保護令一代代傳下去，把它從華盛頓帶到阿肯色州，而後又帶到加州、康乃狄克州，最終才落到我們手裡。知曉文物所經歷的旅程，可以給人另一種形式的滿足感。

文物的旅程可能有非常多種形式，知曉這趟旅程可以協助了解誰曾經擁有過這些歷史文物，以及這件事的意義。

亞伯拉罕．林肯曾寫過許多信給他的財政部長薩蒙．切斯（Salmon Chase），擁有這組龐大書信收藏的家族繼承人，放棄了自己的祖宅，這整組收藏就被遺棄在裡頭，而這大約是半個世紀前的事了。有些當地的孩子後來在空屋裡發現這些書信，他們覺得自己走了運，便像賣糖果般挨家挨戶地兜售，只不過他們這回想賣的是林肯的書信。每封僅要價幾美元，即使是在那個年代，這麼做都是廉價出售。既然那棟房子已被遺棄，孩子們便覺得「找到了就算我的」。有位當地的歷史學家發現了這件事，便聯絡了社區律師，律師義務性地接了這個案子，後來搞到要找警察，把那些孩子嚇了個半死。原先遺棄屋子的家庭回來主張自己的所有權，律師則說服那些孩子，只要物歸原主就不會有法律糾紛，孩子們只得照做。那個家族後來將林肯書信賣給布朗大學（Brown University），至今仍館藏於該處。不過，那位協助取回家族寶藏的律師雖未索求佣金，但他確實要求了選擇兩封林肯書信作為報酬，以送給他那位對美國第十六任總統很感興趣的女兒。這番曲折的旅程，終結於這位律師女兒之子將文物賣給我們。這些書信寫於內戰激烈的時代，先由總統交給財政部長，之後成為傳家寶，再而淪落於廢棄房舍，接著落入鄰居小孩手中，然後送給一位小女孩，再傳續給她的兒子，最後到了我的手上。

這裡還有個更震撼人心的案例：在威廉・薛曼（William T. Sherman）[1]的軍隊逼

近之際，邦聯將軍伊凡德．羅（Evander Law）拯救了數百件歷史文件與邦聯文件。沒有人知道這件事的過程，只知道那些文件是南卡羅萊納官方文件的一部分，本來是要被運出州首府進行燒毀的。這些文件於是成為分裂時期這個煽動脫離聯邦的關鍵南方州，歷史記錄的主幹；其中有一八六〇年十二月南卡羅萊納「分離會議」呼籲其他南方州脫離聯邦的官方文件。羅將軍挽救了大量的歷史記錄，將美國的遺產從垃圾桶裡搶救出來，而這項事蹟的代價卻是讓他的家族遭遇法律訴訟。羅將軍的後代企圖將文件賣給圖書館或研究單位未果，他們私下賣出了少量文件，其中包括那份一八六〇年分離會議的文件，而這竟然被我們從一間小書店那裡買來。該家族將剩下的文件送到拍賣公司，但南卡羅萊納州政府阻止了拍賣進行，州政府的立場是羅氏家族沒有文物所有權，他們只是保管人。這起案件送上了地方法院，法庭判決這些文件原本已被拋棄，羅氏家族因拯救文物而免於銷毀；美國最高法院則拒絕聆訊該案上訴。於是，羅氏家族得以保有文物，而且將整組文件送去拍賣，最終以三十三萬美元售出。同時，我們手上的文件，如今在法律上確實為我們所有，當初我們以六萬美元購入，後來賣

1〔譯註〕薛曼（一八二〇—一八九一），北軍聯邦名將。

給了一位加州的房地產開發商，賺得十萬美元有餘。

另一起事件則發生在我從業初期，與文物來歷這項課題直接相關。在二〇〇六年的某日，我們收到一封匿名電子郵件，對方表示他擁有一些海珊（Saddam Hussein）的私人物品，取自海珊在伊拉克提克里特（Tikrit）的一處宮殿。那個人擁有海珊的軍服，軍服翻領上有海珊的勳章，此外還有幾件不錯的海珊家族肖像。

此人還碰巧遇上一處類似檔案庫的文物，裡面有許多檔案櫃與文件。他人身在沙漠當中，碰見了大量的歷史文件庫藏，其中包括杜魯門與艾森豪總統任命駐伊拉克大使的正式外交公文，當時伊拉克還是由國王費薩爾二世（Faisal II）所統治，後來，費薩爾二世在一九五八年遭到推翻。這位士兵取走了一個裝有諸多此類文件的檔案夾，如今想要出售。

從表面上來看，這個故事很吸引我。此人一定親眼見過些什麼：奢華美麗的宮殿，有著白色大理石與砂岩、眾多鍍金的房間，然而如今已全數荒廢。

要確定文物或文件是不是真品及其價值，首先必須仔細審視，但這件事迅速轉變成審視物件的來歷。

我們詢問後續的問題以求了解這些文件的經歷，這是我們一向的作法。與我聯繫的這個人是平民還是軍事人員呢？這些物品是受贈而來還是自己取得的呢？對方的回答是：他是軍事人員，東西是自行取得的，或者說是「救來」的。

所以，讓咱們來追溯這些文件的旅程吧：它們是由美國總統所簽署，在和平時期由外交人員帶著飄洋過海，然後交給伊拉克的統治者，統治者把它們放置到國家檔案庫中，在此度過叛亂與獨裁政權時期，之後沒想到又經歷了一次叛亂與美國主導的入侵，而後被這位軍人發掘。

這位軍人明確告訴我們，他是在什麼地方取得這些文物；但他並沒有透露自己的真實姓名，而且他使用的電子郵件信箱，顯然是為了這次通訊而隨機挑選而來。

我們內部討論了該怎麼做，最後的決定是這些東西來歷不明，這個人對東西的所有權亦不明，所以最好不要接受。我們不能買，而且也無法賣。

後來我得知這是伊拉克戰爭期間的普遍問題：有許多盜竊伊拉克博物館、檔案庫之人（多數是伊拉克人），竊取了藝術品與文物，然後趁著戰爭混亂糊塗之際將東西走私出口。

我們對這類事物的信念是不怕一萬，只怕萬一；只要有疑慮，寧願放過。

我告訴那位軍人，我們不感興趣。我偶爾會看見市場上出現海珊的書信，而對此感到懷疑。我當然沒有能力鑑定海珊書信的真偽，也無能確定它們究竟從何而來。

要確定歷史文件與文物的來歷，首先得要知道誰可以信任。在巴瑞・蘭道（Barry Landau）的案例裡，我的直覺讓我得以識破，哪些人「不是」他們刻意表現出來的那樣子。有些人會流露出自己的真情至性，但有些人則暴露出自己缺乏誠心；或者，正如邱吉爾的妙語：「人們偶爾會被真相絆倒，但是他們多數會站起來匆匆離去，好像什麼事都沒有發生過。」而這次的這個人，看起來好像真相從沒在他人生道路上出現過一般。

我們在紐約市的一場珍籍展上見面，他很熱情地與我握手，他說：「我是巴瑞・蘭道。」然後遞給我名片，名片上表示他是「美國總統歷史學家」，但是我從來沒聽說過這號人物，我身邊的人也沒聽過此人。蘭道大約六十多歲，自吹自擂地講著自己如何與福特、尼克森總統見面，以及他擁有一組龐大的歷史文件收藏。

蘭道的吹噓讓我心生反感，我企圖逃開這次談話。我注意到蘭道身旁有個年輕的助手，他正在研究我攤子上的出售物件並加以記錄；我們的物件鎖在箱子裡，所以他是隔著玻璃端詳的。這真是對奇怪的雙人組！這個年輕人一本正經、衣冠楚楚，頭髮往後梳，筆持於手，看起來像是百老滙大街上身穿白色制服的水手；而老者則是裝腔作勢，有點不修邊幅。他們的行為舉止很怪異，這麼想的人不只我而已。蘭道跟我講到一半，凱倫舉步站到一旁，兩臂交叉，這樣她就可以盯緊這兩個人，像是個衛士一般。凱倫只有五英尺高，所以看不出來她這樣做時在想些什麼，但事情不大對勁，我們倆都感應到了。蘭道向我討名片，我解釋自己現在身上沒有名片，而且我從不隨身帶名片，他居然教訓我：「你做這行的怎麼會連名片都沒有呢？」

我無法即時從這場談話中抽身，蘭道後來詢問我的聯絡資訊，但我不願告訴他。把時間快轉到一年後：我從新聞上得知這個人被逮捕了，因為他從巴爾的摩的馬里蘭歷史學會盜取文件，我看了照片，就是那個傢伙，我認得這個人！

《華爾街日報》報導：

蘭道先生與其助手傑森．謝維多夫（Jason Savedoff）現於巴爾的摩等待聯邦法院審判，他們被控共謀偷竊無價的歷史文件，並出售牟利。美國國家檔案與記錄管理局（National Archives and Records Administration）監察長保羅．布拉克菲德（Paul Brachfeld）表示，從蘭道先生紐約住處搜得的一萬件物品中，至少有兩千五百件竊取自歷史學會、大學圖書館等設置於東岸的機構，市價高達數百萬美元。

檢察官在法庭上表示，他們於蘭道先生公寓中發現的夾克，內裏有深長的口袋，是特別製作來藏匿文件的。

賓州歷史學會圖書與館藏資深經理李阿諾（Lee Arnold）表示，他還記得這雙人組對於文件有極為強烈貪婪的興致，此兩人在十二月與五月之間來訪了二十一次，弄走數百盒的物件，還送了培伯莉餅乾（Pepperidge Farm）給工作人員。兩人遭指控於馬里蘭歷史學會盜走約六十份文件，該處職員表示，兩人曾企圖致送杯子蛋糕博取工作人員好感。

我把凱倫喚到電腦前，問她還記不記得這個人，她說記得，而且對那個人的印象跟我一樣：這人很詭異。我們的謹慎與直覺有了回報，那一天被蘭道遇上的同行，後來都接到他有意出售文件的電話，很多人確實跟他買了東西，而這些其實全部都是贓物：一份一八六一年林肯簽名的文件，是從馬里蘭歷史學會偷來的；一封一七八〇年的富蘭克林書信，是從紐約歷史學會偷的；七份演講的「閱讀用副本」，上頭有總統寫的筆記，則是從富蘭克林．羅斯福總統圖書館暨博物館竊走的。

美國檢察官羅德．羅森史坦（Rod Rosenstein）於巴爾的摩聯邦法院控告此二人，蘭道被判七年，那個年輕人的刑期則較輕一些。

他們取走文件，還下了工夫取走與各文物連結的目錄卡，以便掩蓋犯案痕跡。所以，聯邦當局逮捕兩人後不僅取回原始文件，還取回了數十年前打字的目錄卡。

這些歷史文件是某些重要的美國歷史組織蒐羅得來的，代表著數個世紀建檔工作的價值，而這些文件居然被兩個賊人放進口袋竊走，包裝後藏置於蘭道的公寓。神奇的是，據我們所知，被竊走的文件竟然全部都物歸原主了。

蘭道與科西或史普林不同，他的動機與那兩個人毫無雷同。蘭道的犯罪手法不是要蒙騙收藏家，而是要出售東西給交易商（主要為書籍交易商），這種買家有能力辨識贗品，但也許不會調查物件的來歷。

羅馬詩人奧維德（Ovid）在敘事詩《變形記》（*Metamorphoses*）裡，寫下納西瑟斯（Narcissus）的故事，這位年輕人先後欺騙了自己的同胞與仙女愛珂（Echo），遂受到復仇女神的詛咒；納西瑟斯在樹林中喝水，看見自己在湖中的倒影，愛上了自己的樣子之後日益消瘦，永遠無法擺脫這份自戀。奧維德寫道：「他在喝水之際，在水中看見自己的樣貌而深受吸引，他愛上了並非實質的事物；他認為那是一個人，但那不過是個影……。他在追求的同時也受到追求，於此同時他有如著火般燃燒著。」

蘭道就像是個納西瑟斯，他受人讚美為歷史學家、總統的朋友，他廣受歡迎與讚揚，但這對他來說可能還不夠。他讓自己身處在歷史的陷阱中，愈深陷重圍，他就愈能提升自我形象。他憑藉傑佛遜、華盛頓、羅斯福書信等等構築起一座大廈，但這座大廈其實搖搖欲墜。蘭道不止愛戀上自己的形象，還愛上了自己珍愛的歷史書信的主人翁，以及從這些歷史人物身上轉移而來的尊嚴。蘭道搞的是場註定失敗的冒險，那個源頭是虛榮，就像納西瑟斯那樣。

老牌的歷史學會裡多有供人進行研究的廳堂，廳上裝飾著數百年的古老藝術品。這些學會廳堂有的高兩層樓，設有長木桌與閱讀燈光，深色木板與近乎寂靜的空間更賦予了莊嚴的氣氛。空間裡唯一的聲響是腳步聲，來自將歷史原件攜來給研究者的檔案管理員。

一位賓州歷史學會的檔案管理員向我走來，她拿出一個香草色的小文件夾，裡面裝的是富蘭克林寫的一封信，她微微一笑後離開了。我打開文件夾後，發現裡面原來只有一份照片副本，是從書信原件複製而來。這一刻可說是我向來最為擔憂的時刻之一，而這件事關乎文物來歷。

我的問題是這樣的，在我的袋子裡、我的左手邊，正是那封富蘭克林書信原件，我當時正在考慮以兩萬五千美元買下這封信。賓州歷史學會有豐富的富蘭克林物件收藏，我之所以拜訪，就是為了進行購買文物前的研究。我手邊的這封書信，在這個小文件夾內有一份副本，複製品本身固然無甚可觀處，但是這件副本和我手邊的原件有一模一樣的摺痕，還有同樣位於中右部位的小汙漬。最讓人擔憂的是這樣的：線索在在指出，該歷史學會曾經擁有過書信原件，這對我來講真是壞消息。

我大吸一口氣，擔心著自己目前陷入的狀況。我還是賓州歷史學會理事會的成員呢，這令我可能落到更加尷尬的處境。為什麼他們手上的是副本，而我手上的卻是正本呢？明明沒有任何買賣記錄存在啊！我在那邊坐了整整四十五分鐘，抱頭搔首，思索是不是有人曾經從我手上這個文件夾裡把原始文物「偷去」。

終於，我發現副本背面有個「非常」小的筆記，讓我先前的焦慮轉變為好奇，斜體字跡所寫的是學會的會議記錄。

我向檔案管理員申請該日期的會議記錄，但我沒有提及原因或剛才的發現。半小時之後，同樣的腳步聲再度迴盪於廳堂，並且帶來了我的救命消息。該會議記錄指出，一九七〇年代時，學會理事會同意（但不是要設下慣例）將該文物原件贈送給一位學會的長期贊助者，後來，該贊助者又將文物賣給了另一位收藏家，而這位收藏家把東西賣給了我們。事後，我們將這封信以四萬美元賣給北卡羅萊納州的一位電信業高級主管。

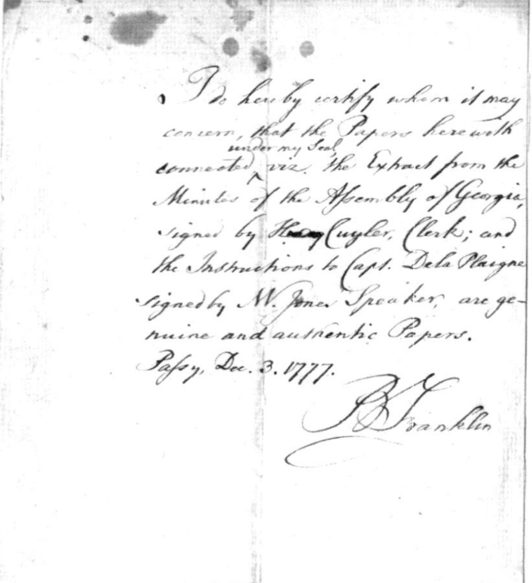
I do hereby certify whom it may concern, that the Papers herewith connected under my Seal viz. the Extract from the Minutes of the Assembly of Georgia, signed by Henry Cuyler, Clerk; and the Instructions to Capt. De la Plaigne signed by N. W. Jones Speaker, are genuine and authentic Papers.
Passy, Dec. 3. 1777.
B. Franklin

我擔心是贓物的富蘭克林書信。

我最喜歡用來呈現文件「旅程」或來歷的故事，是一封知名的「戰俘」信件，此信是由溫斯頓・邱吉爾寫給俘虜他的人，事情發生在一百多年前的南非。那是一八八九年，英國與遙遠土地上的荷蘭移民後裔布耳人（Boer）爆發戰爭，那位未來將會成為首相、躊躇滿志的二十四歲年輕人，當時是倫敦《晨報》（*Morning Post*）的特派記者，於是立即前往南非。在當地，唯一可以抵達前線的方式，就是搭乘每日派出偵察的武裝火車，邱吉爾因此在一八九九年十一月十五日早晨搭上火車。布耳人伏擊使得英方火車受損，邱吉爾沒有武器，火車的裝甲又不夠好，所有車上的乘客就都投降了。俘虜者發現這位自信的年輕人出身高貴，是具有價值的談判籌碼，因而邱吉爾被當成軍官級戰俘對待。亨德里克・斯帕爾渥特（Hendrik Spaarwater）受命護送戰俘，並將戰俘交送給當地警方，警方會再將這些人送到普利托利亞（Pretoria）的戰俘營。斯帕爾渥特對於戰俘相當關心，他將邱吉爾轉交給警方時，邱吉爾從口袋裡拿出了一張便條紙，寫下一份日期為一八八九年十一月十七日的筆記：「護送人斯帕爾渥特閣下，對於受俘於武裝護衛火車的英國軍官與我非常和善。如果某日他為人俘虜，本人對於能夠善待他之人會非常感激。溫斯頓・邱吉爾筆。」邱吉爾曾在著作《從倫敦經普利托利亞到雷地史密斯之旅》（*London to Ladysmith via Pretoria*）當中引述過這張便條。

斯帕爾渥特拿著這張鉛筆字便條回到戰爭前線，但是他從未被俘虜，這張便條也就不曾派上用場。一年之後，斯帕爾渥特因為友軍誤擊而喪生，他的遺體與遺物都被送回了老家，一個偏遠的小村莊。這張便條的所有人便成了斯帕爾渥特的妻子，之後又傳給了他的孩子，他的孩子對於這條便條的意義非常肯確，家族後代珍藏著，後來斯帕爾渥特的曾孫女將文物租借給了鄉村的小博物館，偶有客人來訪時，物件便會與其他布耳戰爭的文物一起陳列展覽。請注意，這間博物館位於老荷蘭布耳人的鄉下地區，與大城市距離遙遠，所以這張便條一直都待在當年邱吉爾寫下它的那個地區。

我們在二〇一六年曾收到一封電子郵件，寄件者是那間小博物館的所有者，信上寫著：「我們在此期間遇到亨德里克．斯帕爾渥特的曾孫女，她擁有這封便條。她拜訪博物館之後將文物捐贈給我們，據她所說，是因為兒子們對之沒有興趣。文物在博物館展覽了兩年後，對方再次聯繫我們，希望能要回。我的丈夫提議出價買下，對方便賣給了我們。我的丈夫於二〇一五年過世，我和我的孩子們繼續經營著博物館。」

寄信方當時無意出售文物，但我們因此對它有了更深入的了解，並且對於它可以倖存至今很是驚奇。後來，對方再次與我們聯絡，有意出售。我們有沒有興趣呢？博物館等等機構一直都在剔除文物，可能的原因有很多，但這種比較像是家族事業的私人博物館，他們的做法就比較不正規。我立即回覆對方，然後幾乎立刻同意買下，當然也同時附上我一向的「驗明正身」條款。

這個物件真的很特別，我像是玩弄了歷史的序列，遇見遠離家園的邱吉爾，那時的他還沒出名，只是想要追求人生的年輕人。

不過我們眼前有個麻煩：要怎麼將那封信從位於非洲底端的農場地帶，寄到費城的主線區呢？唯一的方法就是讓博物館主人往返六百英里去寄東西，最近的聯邦快遞（FedEx）位在約翰尼斯堡。

從邱吉爾的筆下，到斯帕爾渥特先生的口袋，再受到斯帕爾渥特子孫、曾孫女的保護，然後抵達鄉村博物館，接著送到聯邦快遞，又經過八千英里才抵達我手中。最後，這張便條的新主人是美國南部的一位收藏家，他是軍事承包商，也是個老兵（他的兒子正在海外服役），他擔負起了這份保護歷史文物的任務。雖然這封信的書寫時間早於邱吉爾當上英國首相的時代，但這份文件的故事是他人生的重要事件，而且讓人聯想起他的性格，我們開價三萬六千美元時收到了許多有心購買者的聯繫。我喜歡發掘並思考這類文物所有權的變化順序。不！這個案例已經不必要進行更多鑑定了。

這個物件提醒著我們，文物能夠倖存是有原因的，那是靠著一連串的發展與許多人的作為，而這些人彼此可能素未謀面，經常是相隔天涯。有多少歷史的佚失只是因為某人把這條文物所有者的連結線給切斷了，那可能是個粗心大意的人，或者只是一個不了解自己擁有什麼的人。假使我們能重新擁有那些亡佚的事物，這可以寫出多少書，可以改變多少歷史學啊！

12 愛迪生與愛因斯坦 Thomas Edison and Albert Einstein

進入一個房間時，很少有人的直覺不是伸手去按電燈開關的。我們打開家裡的燈，近乎是不用多想的本能，但是人生並非自古即如此。雖然我們知道燈泡的發明與商品化是個了不起的進步，不過很少人會認為這件事值得稱作一場革命。

想像一下電燈尚未問世的世界：一旦日落西山，多數的工作就得歇息，除非用火或煤氣燈照明。蠟燭不是便宜的東西，當時多數人無法取得，而且蠟燭與煤氣都是危險的火源。所以，只要夕陽西下，人們的生活就得暫停。湯瑪斯・愛迪生（Thomas Edison）全然改變了那種動力，點亮了世界。愛迪生不是唯一想要做出人造光線的人，但他發明了燈泡，是他想出辦法為人家布置電線，然後將此推廣到全世界，把夜晚變成白晝。

燈泡的發明是一八七九年的事，但燈泡具備改變全世界的力量，或許是在一年之後才展現的，那是個今日仍罕為人知的事件。愛迪生將向人類證明燈泡不只是在實驗室條件下才能照明，它可以照亮任何地方。愛迪生要把自己的發明帶至每個人的家中。

這絕對不是件容易的事。想想看，你可不能只是拿條電線埋進地下，然後就期望電線可以絕緣於天氣、地殼活動與腐蝕。你必須對電線進行絕緣處理，確保電流能夠通過。

威廉・安德魯斯（W. S. Andrews），愛迪生最早的員工之一，他如此描述他們造出的系統：「一八八〇年，愛迪生在門洛帕克（Menlo Park）的實驗室，設置了一套地下配電系統，提供一千盞燈泡的電力，木造的燈柱就安裝在門洛帕克社區的街道與住家。以前從來沒有電力迴路是裝設在地下的，導體的絕緣與鋪設方法完全沒有前例可循。」

這些設施位在愛迪生紐澤西州門洛帕克的實驗室，是全世界首見的此類研究開發工作。大發明家在這裡雇用了大批員工，其中包括麾下的首席工程師約翰・克魯西（John Kruesi），這個瑞士人原本受的是鎖匠訓練，但他真正的才幹其實是將愛迪生的發明化為實物。他們一同打造出讓人們家園連上電力的系統。

有件事相當關鍵：沒有電力，有電燈又有何用呢？所以，愛迪生的團隊研究起怎麼將電線埋進地下。他們利用實驗室鄰近地區作為試驗對象。愛迪生與許多員工都住在離實驗室不遠的地方。

他們試驗過很多種絕緣材料，最終找出以千里達瀝青混合氧化亞麻仁油與些許石蠟及蜂蠟的作法。接著再將埋入地下的電線延伸至建築物當中。

一八八〇年選舉日當天，門洛帕克社區沿著克莉絲蒂街（Christie Street）設置的電線完工，街燈亦已然就位，街道對面的愛迪生家和克魯西家也連上了電力。當工作人員告知愛迪生一切準備就緒後，愛迪生說：「如果加菲爾德選上，通電點燈。如果他沒選上，就別開燈了。」詹姆士．加菲爾德（James Abram Garfield）是共和黨總統候選人，多數北方州支持的人選。最終加菲爾德當選，當晚，門洛帕克的克莉絲蒂街亮了起來，所有人高興喝采。

此等成就的重要性，再怎麼強調都不為過，而這僅僅是開頭而已，電力後來迅速點亮了世界各地的城市。

† † †

那次實驗後經過一百四十年，我們收到一封具有大事發生預兆的信件：

我是一個家族史家，也是保羅．克魯西（Paul J. Kruesi）的孫子，保羅之父約翰是愛迪生的重要夥伴，是愛迪生的實驗室領班，他打造出了第一台留聲機，還曾將愛迪生的電力裝置從斯克內塔第（Schenectady）搬移到紐約。

我這邊有十多封愛迪生寫給約翰的信，還有一段門洛帕克的電纜。

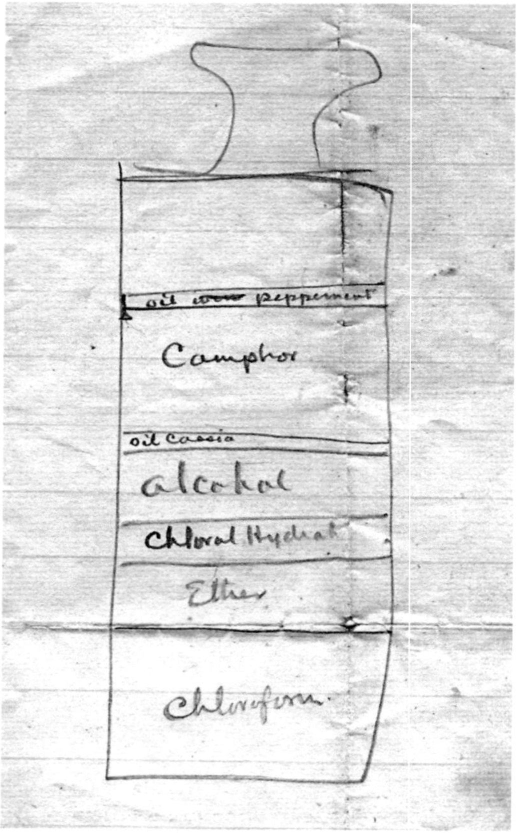

克魯西後代子孫獲得的一件愛迪生文物，是愛迪生某項發明的圖畫。

我的注意力放在信件上，這些信件絕對有足夠的吸引力，但我沒把太多心力放在那段「電纜」上，原因有幾點：我還不知道這段電纜的故事，或許最重要是，我對人們宣稱的事往往存疑，總是假設東西不是真品，除非有證據。不管這段電纜到底是個什麼玩意兒，它的重要性暫時還是個謎。

然而，這封電子郵件讓我開啟了一段發現之旅。物件送達時裝在印有「易碎」字眼的硬紙盒內，盒中有裝著書信的文件夾，電纜則以氣泡布包裹。打開氣泡布還有個加厚信封袋，我拆開後有個像極煤灰的東西掉了出來。我花了一些時間才搞清楚自己現在盯著的東西到底是什麼。

真是奇也怪哉，這段「電纜」並不是真正的纜線，而是包在類岩石物質內的一段金屬，或者說在我看來像是這樣。它實在很不起眼，甚至很髒，還有裂開的岩屑掉落，你得靠得很近去看，才能認出那段電纜。與我聯絡的那位先生還附上其他兩個東西，導致我再次端詳一番。第一，物件附有一個標籤，上頭寫著它取自第一批地下電纜，以及被挖出的日期。標籤和文字看起來是正確的，這是個好跡象。

第二，愛迪生過世之後，有群他的同事與前員工共同組成了一個志工協會，推廣愛迪生的成就並維護人們對他的記憶，該協會的祕書名叫瓦德勞（F. A. Wardlaw）。這個物件附有一封瓦德勞寫給克魯西的信：

此物是供愛迪生家使用的地下導線原件，與你們（克魯西家）和查爾斯·巴徹勒（Charles Batchelor）的完全相同，取自一八八〇年紐澤西州門洛帕克愛迪生電力照明工程的歷史性示範。這是史上第一批該用途的地下電纜，埋在克莉絲蒂街東側，正好在你們舊家對面。經過了五十三年，一九三三年九月二十九日，我本人親自將其由地下取出。

我在網路上發現新的資料並確認，一九三三年克莉絲蒂街要裝設新電纜時，瓦德勞挖出了五十多年前埋下的幾段銅線。愛迪生逝世於一九三一年。要是此事屬實，這段電纜會不會是當初的原件呢？甚至它會不會是唯一的一件呢？要確定物件是真品（弄清淵源來歷）需要不少研究的工夫，我還沒準備好要宣布結果。

我前去賓州大學的一座珍籍圖書館研讀舊時資料，最終找到一段模糊的文章段落，描述從愛迪生實驗室連結到他家的原始電纜長什麼樣子。文章寫著，導線「材料是BWG十號銅線……。這套系統是簡單的雙導線，有多個迴路……。經過幾個禮拜的實驗，我們使用了最佳的絕緣合成物，這種合成物是以精煉千里達瀝青混合氧化亞麻仁油，使其擁有正確的黏稠度，再加上些許石蠟和蜂蠟來讓材料更加平順。」

發現這段文章固然令人振奮，卻讓我懷疑手上的東西是不是真的，因為我不記得這段電線有兩條導線。

於是，凱倫建議我回家後再仔細查看。我把東西從包裝中取出，拿近眼前打量，我驚訝地發覺這確實「是」雙導線電路；再經過一些其他的研究之後，我確定這是十號銅線沒錯，精確符合那篇文章的描述。我找到的那篇文章不但沒有減損物件的可信度，反過來鑑別並確認了物件是真的。此外，我原先無知地認定為石頭或煤灰的物質，其實就是愛迪生使用的瀝青。

謎團的拼圖還有另外一片。瓦德勞只把文物寄給一個人，這樣合理嗎？不，這不合理。賣家雖是愛迪生首席實驗助理的直系子孫，但愛迪生還有許多協助該計畫的親密同事，我希望能夠證明瓦德勞也寄過別的東西給某人，這樣就能夠確定整件事的樣貌。結果，我居然在史密森尼學會網站上找到了，網站上展示著一件相同來歷的文物：那是愛迪生將發明介紹給全世界的時刻，一八七九年十二月三十一日當天，照亮門洛帕克的一盞燈。這件文物陳列在美國國家歷史博物館的「點亮革命」（Lighting a Revolution）展，此文物的標籤和我們的東西一樣，是由同一位贈送者所寫，那便是瓦德勞先生。

所以，為了鑑定這項不可思議的文物，我們已經拼湊起不少證據：物件的所有者是原物收件者的直系後代；物件所有者擁有寄件者寫的信，還有說明物件的標籤；物件符合我們努力研究後得知的文物描述；物件還符合其他廣受肯定的來歷出處。

現在這東西在我們手上，這是世界上第一批地下電纜，曾為愛迪生與克魯西家供電，屬於門洛帕克偉大實驗的一部分。

我頓時覺得自己正趴跪在克莉絲蒂街上，在將近一個世紀之後再次挖掘出這歷史的片段，篩掉塵土後露出了這段電纜與瀝青，我拿出鉗子剪下它，澈底重溫愛迪生的實驗與發明。

若非諸多因素共同促成，這件歷史珍寶恐怕無法倖存：瓦德勞的挖掘與拯救文物作為、克魯西家族世世代代保存文物、我們為了辨識文物進行研究並讓它受到社會大眾注意。這是歷來市場上與電、光相關的文物當中，最重要的物件之一。

我們買下了文物與數封愛迪生寄給克魯西的信，信件內容大多與一八八一年紐約市點燈照明的電線絕緣問題有關。媒體大肆報導發現這段電纜的消息，我們的開價是十萬美元。

這個東西真是太了不起了：這是愛迪生的天才如何落實的鐵證。愛迪生改變了人類的生活方式，這件歷史文物提醒我，有時候，一個念頭、一個人便可以改變全世界。

† † †

愛默生在他寫的書《代表人物》（*Representative Men*）裡，讚揚那些能拓展人們眼界、幫助人們超越當下處境而成就偉業的人物：「確實有那樣的人存在，他們竟能回答那些我根本就無能提出的問題。」

如同改變世界與人類日常生活的愛迪生，愛因斯坦使人類心靈得以突破，進入超越地球的概念與維度，愛因斯坦改變了人們對空間與時間本質的思考——有時卻也讓人陷入五里霧中。

一九四五年四月，一位駐紮菲律賓呂宋島的美國士兵，正在為《科學文摘》（*Science Digest*）上某篇文章絞盡腦汁。這位名喚法蘭克．佛里格（Frank K. Pfleegor）的士兵是工程師出身，一副科學腦袋，他認為自己應該可以讀得懂科普雜誌的文章吧！然而，這篇文章的作者是大名鼎鼎的愛因斯坦，文章內容看起來更像是科幻小說而不是科學，佛里格認為，這位物理學大師文中省略了自己思考過程的一些重要步驟。佛里格與同營帳的室友進行討論，他的室友們也是工程師，讀完之後亦是同等困惑，於是他決定寫封信給愛因斯坦。為什麼不呢？也許大師可以指點迷津，也許大師會回信呢！

這些士兵從一月以來就駐紮在呂宋島，戰鬥在當時已經結束了，他們才有這種閒情雅致可以討論時空連續體與相對論。他們的編制屬於第二十六攝影偵查中隊，中隊名為「螢火蟲」，因為他們派去偵察敵人的飛機就叫這名字。該中隊協助美國在東印度群島的跳島行動得以成功，然後執行飛行任務以輔助一九四四至一九四五年間的菲律賓戰役；不久後，他們又被派去協助進攻沖繩；接下來幾個月之間的太平洋戰事，將整場戰爭給完結了。

此時的愛因斯坦已經花費了數年時間，找尋能貫通自己廣義相對論的方法，廣義相對論所說的是空間、時間與重力的關係，並運用到電磁學理論及量子力學。愛因斯坦的目標是找出一個廣大而貫通的理論，可以解釋上至光年規模、下至次原子層次的現象。愛因斯坦於一九三三年逃離德國，在普林斯頓大學高等研究院工作；他那段時間正在探索一種描述空間曲率的數學新方法，憑藉的是二重向量而不是微分方程式。他在《科學文摘》的那篇文章描述了自己進行的工作，但卻讓那群身在菲律賓的士兵大為不解。二重向量方程式能衡量任何兩點之間的距離，利用四種維度（x、y、z，t則是指時間）來描述任何一點。由於愛因斯坦用這種方式來解釋此頗為抽象的概念，整篇文章似乎在暗示他認為維度（變數）有八種而不是四種，這是很大的一組變數。

佛里格下士透過V-mail（「勝利郵件」的簡稱，美軍專用的郵務系統）寄信到普林斯頓大學，收件人是阿爾伯特・愛因斯坦。

這位士兵信件的內容與他的興趣令我感到震撼。這個士兵在幹麼呢？身在地球另一端的他竟然寫信給愛因斯坦，還認為對方會回信？

而他就是這麼做了。不到一個月，佛里格竟然收到了回音，連他本人也相當驚訝，信箋抬頭是位於數學所的高等研究院，也就是愛因斯坦所在處，信是打字的，日期為一九四五年五月十一日。信中解釋道，愛因斯坦曾經企圖探索更多變數，但他未來的研究仍會以四種變數為基礎。

親愛的先生：從您四月十七日的信中，我發現自己最近發表的文章，採取的表達方式並不恰當。空間應該被視作一個四維連續體，我對此並不質疑。問題只在於描述此一空間物理性質的相關理論性概念，是否是，或是否可以是四種變數的函數。舉例來說，假設一個實體比較像是兩點之中的距離，而這兩點距離彼此並非無限近，那麼這樣的距離就必須是一個兩點座標的函數，這件事意味著一種八個變數的函數。過去幾年之間，我在探究此事的可能性，但是相關成果在我看來並不豐碩。目前我暫時回到（來自廣義相對論的）常微分方程式，相依變數只是四種座標（空間—時間）的函數而已。未來有什麼在等著我們，沒人能夠預測。這是個不成功便成仁的問題。

深思一下這件事，我確實也思索過。士兵們寫給愛因斯坦一封信，有禮貌地提出與相對論及相關科學有關的合理問題，這個科學水準已經超越一般讀者了。愛因斯坦回覆一封高深的信，關乎在四維空間中衡量的兩點，我必須要聯絡有這類專業的朋友協助了解信的內容。但是這封信確實讓士兵受到啟迪，這個消息也被報導在軍方報紙《星條旗》（*Stars and Stripes*）之中：「軍隊中閒談時間通常是大家喧鬧的時刻，但是『螢火蟲』中隊佛里格下士的閒談時間，卻讓他們與愛因斯坦這樣的大人物進行通信。」這件事顯示出愛因斯坦除了自身的天才之外，真是個極具人道精神、可親近之人。

故事到此為止，直到佛里格的孩子發現父親保存著這封信，並認定這封信可能很有價值。他的想法沒錯。對方與我們商量價格時頗為堅持，最後的成交價比我們的期望高出很多，但我們畢竟還是從佛里格家族那邊將信給買下了。

我們的客戶中有許多世界各地的愛因斯坦文物收藏家，所以我們面對的挑戰不是要怎麼賣，而是決定應該先向誰提議。我們在加州、紐約、北卡羅萊納、倫敦、德里都有客戶，我們正在幫助他們打造愛因斯坦相關文件的大規模收藏。在這位偉大物理學家的書信中，價格最高昂者是那些討論科學的，其中探討到相對論的文件尤其珍貴。最終我們以四萬美元將這封信賣給科羅拉多州的一個科技業企業家，他是從有線新聞上知道這封信的；買主很受這封信感動，這位二十世紀最偉大的科學家，這位改變人類時空思維的人物，居然願意花時間寫信給身在地球另一端、處於險境中的人。

人不可以將歷史從脈絡中抽離：愛因斯坦的信與那些士兵的關係，其實跟這封信與他自己的關係一樣重要。

13 「我知道你把女人當成社會寵兒」 "I Know You Think Women Are the Pets of Society"

我們家經常一邊吃晚餐一邊談事業狀況，某天晚餐桌上，老爸轉過頭對凱倫說：「我看得見死人。」我們都笑了。老爸解釋道：「我很認真。每次取得一份文件，我就會想像歷史現場是什麼樣子，那時的人們是什麼模樣。」我記得父親床邊掛著一張標語，是用老舊軟體 Print Shop 跟我們那台點陣式印表機印出來的。標語貼起來的那一年是一九八七年，此後就一直掛在那邊，至今還是同樣的膠帶黏著，上面寫著「永不退縮，永不懈怠，永不放棄。」

父親從邱吉爾這句格言汲取靈感，他對於蒐藏一事的追求也可以用這句話來形容。老爸蒐集的是歷史文件，所蒐集的也是人物性格與品格，這便是歷史獵人的本質。

當我自問：「蘇珊．安東尼（Susan B. Anthony）為什麼如此氣憤？」此時，歷史獵人的本質就會盪漾我的心弦，我想，過去一百年來應該沒有人問過這個問題吧。有個來自美國西岸的人寄給我一盒信件，其中有美國黑人精神領袖戴維恩神父（Father

Divine）、魔術師哈利・胡迪尼（Harry Houdini）的書信，另外還有一些零散從書信上剪下來的簽名（這是維多利亞時代收藏的典型情況）。但是，這些東西其實大多沒什麼價值；可是在盒子內整疊文件的底部，有一封蘇珊・安東尼寫的信，內容頗為嚴厲，信上還標有驚嘆號與底線。

一八二〇年，蘇珊誕生於一個貴格會（Quaker）家庭。平等觀念是貴格會的中心宗教哲學理念，貴格會很早就強烈反對美洲的奴隸制，所以，蘇珊從十七歲之齡便參與其中、派發反奴隸請願書，這件事並不令人訝異。到了三十六歲，蘇珊已經是反奴隸協會紐約分部的主事者了，大約在這個階段，蘇珊・安東尼與好朋友兼婦女投票權運動戰友伊莉莎白・卡迪・史坦頓（Elizabeth Cady Stanton）[1]，創建了女性禁酒協會。蘇珊投入於當時的禁酒運動，卻因為她是女性而不能在集會或群眾前講話。她將自己對平等的奮鬥延伸到婦女的權利上，尤其是婦女投票權。蘇珊持續不懈地募集資金，遊走於美國國會以尋求支持者，她曾經在一八七二年因為投票而遭逮捕，事後又拒絕繳交罰款。蘇珊一年可以發表一百場的演講，我們知道她堅忍的付出，而她的奉獻為我們的母親、姊妹、妻子、女兒的投票權（在蘇珊年邁時成真了）鋪下道路；雖然一九二〇年「第十九條憲法修正案」通過時，她已經告別人世。令人嘆息的是她一輩子從來沒有機會在任何公職選舉中合法投票。

華盛頓特區有位名叫安東・海特穆勒（Anton Heitmuller）的珍籍與簽名文件交易商，他在一九〇五年二月四日寄了一封信，給擔任「全美婦女選舉權協會」（National American Woman Suffrage Association）榮譽主席的蘇珊・安東尼。海特穆勒要向蘇珊兜售一組十九世紀重要歷史人物的照片與簽名文件收藏品。

這組珍藏裡的所有名人全部都是男的，這看起來真是個大錯誤。會發生這樣的事，最有可能的原因是這位自稱「專門販售簽名、手稿、歷史性傳單、古玩」的海特穆勒，太想要推銷又太過於麻木。同樣作為歷史文件交易商，而且依恃某些後見之明的好處，一百年後的我可以清楚看見他犯下的謬誤，不過，其實我很高興他犯下了這個錯。因為海特穆勒這封信激起的回應非常嚴厲，你簡直可以感覺到蘇珊・安東尼的人格躍然紙上。蘇珊於六日之後回信：

親愛的先生：

1〔編註〕伊麗莎白・卡迪・史坦頓（一八一五—一九〇二），美國作家、婦女權利運動的領導者。

我已經收到您二月四日的信了。我相信您手上的簽名文件品質很好，您所提到的傑出人士肖像也非常好。但是我特別感到興趣的，是傑出女性的親筆簽名或肖像。若您能蒐集到上個世紀傑出女性的簽名與肖像收藏，如瑪麗・伍斯通克拉夫特（Mary Wollstonecraft）[2]、法蘭西絲・萊特（Frances Wright）[3]、歐內斯廷・蘿絲（Ernestine L. Rose）[4]、伊麗莎白・卡迪・史坦頓、寶琳娜・萊特・戴維斯（Paulina Wright Davis）[5]、露西・史東（Lucy Stone）[6]等人，我才會考慮贊助您。然而，由於女性被法律排擠，無法在自己生活的政府之下發聲，我只能為了女性的解放而奮鬥。我知道您把女人當成社會的寵兒（pet of society），或許她們是吧，但作為寵兒並非平等之身，而我的希望是讓女人在各方面都可以擁有法律之前的平等。

您誠摯的

蘇珊・B.・安東尼

這封信是在全美婦女選舉權協會的信紙上打字寫就，蘇珊還拿著筆把信讀過，在要強調的字眼上畫底線，例如「作為寵兒並非平等之身」。她按捺住的怒火顯而易見。

蘇珊・安東尼很長壽也寫過很多信，所以她的筆跡並不算罕見，但是這封書信非比尋常。我一讀就立即察覺到它的重要性，這封信展現了蘇珊更偉大的抱負、她的政治初衷與感情真諦。為什麼她最初要爭取女性投票權呢？我們不用多想，她已經在這封信（這封被壓在一疊文件底部的信）裡告訴我們了，這位善於交際的人物絕非以魯莽著稱，但她卻將自己的情緒在這封信中傾洩而出。

數年後回顧起來，我了解到這番通信突顯出了兩個重點。第一，那個年代的人開始蒐集這類物品；第二，當時所蒐集的「歷史」，全都是男性的歷史。對蘇珊・安東尼而言，這是在侮辱她畢生的努力，當時的她已經高齡八十五歲（不久後便去世了），而海特穆勒所宣傳的上世紀傑出人士，竟然連一位女性都沒有。對她來講，女性至今都還沒有投

2〔編註〕瑪麗・伍斯通克拉夫特（一七五九—一七九七），英國作家、哲學家和女權主義者。

3〔編註〕法蘭西絲・萊特（一七九五—一八五二），美國作家、女性主義者、廢奴主義者、社會改革運動家。

4〔編註〕歐內斯廷・蘿絲（一八一〇—一八九二），廢奴主義者，被稱為「第一位猶太女權主義者」。

5〔編註〕寶琳娜・萊特・戴維斯（一八一三—一八七六），廢奴主義者，新英格蘭婦女參政協會創始人之一。

6〔編註〕露西・史東（一八一八—一八九三），廢奴主義與女性參政權的社會運動家。一八四七年，成為第一個在麻薩諸塞州取得大學學位的女性。

票權，其原因很高程度就像是這類的事，女性並未受到尊重，在歷史舞台上女性不被看作是平等的角色。

海特穆勒是個簽名文件交易商，他販售的是與那些歷史人物之間的情感連結；這些歷史文件可以讓你與啟發你的人物相連結，那些人物的人生是你所敬佩的，他們是你想要追隨效法的人。我想，蘇珊的想法一定是經過了那麼久、累積了那麼多的努力（有許多女性的作為讓事情變得不一樣了），人們應該至少可以找出一位女性納入傑出人士的行列吧！而且蘇珊還把她們列了出來！蘇珊回給海特穆勒信中提到的女性，都是傑出的女性選舉權支持者或廢奴運動者，這些人為了自己與別人的權利而奮鬥，在歷史上造成顯著的影響。

海特穆勒犯下的錯誤，在於他並不了解自己販售的文物所擁有的威力。對蘇珊來說，海特穆勒提供來的那些物件，是一種情感上的傷害，乃至於侮辱；她大可以不用回信，她可以忽視對方的信，但她沒有。有些諷刺的是蘇珊那封充滿怒氣的信，到了今天成了一件很有價值的文物。

維多利亞時代，人們開始收集傑出女性的書信，例如海莉耶・碧綺兒・史托（Harriet Beecher Stowe）[7]、茱莉亞・渥爾德・豪爾（Julia Ward Howe）[8]、亞碧蓋爾・亞當斯（Abigail

Adams）[9]、瑪莉・陶德・林肯（Mary Todd Lincoln）[10]。現在，人們很熱切於蒐集女性的簽名文件，美國第一夫人們（從瑪莎・華盛頓〔Martha Washington〕[11]到賈桂琳・甘迺迪）的文件與文物都是很搶手的珍品。愛蓮娜・羅斯福算是公民權利的早期支持者，有些人對於她針對社會發表的訊息很感興趣。有些人注意的是女性冒險家、探索者，例如愛蜜莉亞・艾爾哈特，艾爾哈特稍晚於蘇珊為婦女投票權奮鬥的時代，她參與飛行競賽以對抗性別刻板印象，曾駕駛飛機跨越大西洋，甚至嘗試環繞地球一周。

將蘇珊・安東尼那封書信賣給我的人，是從安東・海特穆勒資產處買來的；這意味著不只是蘇珊本人看重這封回信，海特穆勒自己也很看重，所以他沒有將信賣掉，反而

7〔編註〕海莉耶・碧綺兒・史托（一八一一—一八九六），美國作家，其廢奴主義名作《湯姆叔叔的小屋》（*Uncle Tom's Cabin*）是南北戰爭導火線之一。

8〔編註〕茱莉亞・渥爾德・豪爾（一八一九—一九一〇），美國詩人、廢奴主義者。

9〔編註〕亞碧蓋爾・亞當斯（一七四四—一八一八），美國第二任總統約翰・亞當斯（John Adams）的夫人，她是先生的得力顧問。第六任總統約翰・昆西・亞當斯（John Quincy Adams）的母親。

10〔編註〕瑪莉・陶德・林肯（一八一八—一八八二），林肯總統的夫人，一直堅定支持丈夫，是內戰期間重要的精神領袖。

11〔編註〕瑪莎・華盛頓（一七三一—一八〇二），美國首任總統喬治・華盛頓之妻。

是保留起來。海特穆勒過世後，這封信成為他遺產的一部分。

歷史是不打啞謎的，歷史的表達方式是隱喻。從別人的成就裡，我們看出自己的可能性；但是，如果歷史不是屬於你的，如果你被歷史記載排除在外，那件事就不可能成真。有許多少數族群渴望能在歷史書籍中看見（而且希望子孫也能看見）自己的倒影。

每一次我見到蘇珊的那封信，都會得到不一樣的啟發。那封信就掛在我家樓下，所有人都能看見，是凱倫製作並裱框的複製品。信雖然是裝在框裡，不是像老爸那樣把邱吉爾格言貼起來，但精神是相同的。

蘇珊・安東尼改變這個世界的方式無可限量。她在一九〇六年過世，而她寫信給海特穆勒表示自己對婦女解放的奮鬥永不停歇，只是前一年的事，蘇珊所爭取的女性解放內容包括投票權、全面財產權、服裝改革（意思是女人不應感覺自己被強迫穿束腹和其他拘束性的服裝）。這個世界正在改變，而她是世界改變的推手之一。女性開始在路上騎單車、駕駛車輛，她們越來越能夠在沒有男性的陪同之下自由旅行；再過不久，女性已能駕駛飛機飛上青天。

愛蜜莉亞・艾爾哈特就是在這種氛圍下成長的，她在堪薩斯州與愛荷華州長大，是家中兩姊妹中的老大。父親是個律師，母親則對於女孩子及如何教養女兒有著不落俗套的想法，她讓女兒穿起燈籠褲，允許女兒爬樹與打獵。愛蜜莉亞有時被人叫作「男人婆」，心中總是懷抱著對成功的嚮往。她擁有一本剪貼簿，貼著自己剪下的文章，文章包括了在法律、廣告、電影、工程等領域擔任先鋒的女性。愛蜜莉亞第一次飛上天是在一九二〇年，那次僅僅十分鐘的飛行發生在加州長灘的一座機場，飛行範圍只在機場上空。此後愛蜜莉亞開始存錢上課，更得到了女性飛行員先鋒娜塔・史努克（Neta Snook）的指導。

此時是航空黃金時期的開端：飛行比賽得到大眾關注，創紀錄與破紀錄的事頻頻出現，飛行成為最新、最終極的冒險。查爾斯・林白（Charles Lindbergh）於一九二七年五月獨自駕駛飛機從紐約飛抵巴黎，在他成功降落的那一刻，林白成了全球大名人；林白飛了三十三・五個小時抵達巴黎，迎接飛機的群眾竟有十五萬人。林白駕駛飛機造成的轟動與關注，推動了愛蜜莉亞的生涯；隔年，有人邀請愛蜜莉亞進行跨大西洋的飛行，從紐芬蘭飛到南威爾斯（South Wales），她是機上三人中唯一的女性。那次飛行經驗之後，她立即聲名大噪。愛蜜莉亞寫下一本書，還進行了全國性的巡迴演講；她出現在「鴻運」（Lucky Strike）香菸的廣告上，還促進了「洲際航空運輸公司」

（Transcontinental Air Transport，後來重新命名為「環球航空」TWA）的商業航空旅遊。

同時，愛蜜莉亞參與了許多飛行比賽與較勁。她是第一位獨自飛越大西洋的女性，還是第一位獨自來回飛越大西洋的女性，「拉伯收藏」曾擁有一張她簽名的落地許可證。她參加了一九二九年的「女子空中競賽」（Women's Air Derby），從聖塔莫尼卡（Santa Monica）飛到克里夫蘭，最終奪得殿軍。「女子空中競賽」被暱稱為「粉撲大賽」，屬於美國全國飛行大賽（National Air Races）系列（始於一九二〇年代）的一項賽事。在一九二〇、三〇年代，隨著飛機的速度與安全性提升，這些飛行比賽乃是駕駛員與飛機自我證明的場合，比賽類型有遠距離飛行比賽、著陸比賽、跳傘比賽等。更新穎、更受人關注的競賽在一九三〇年代出現：「湯普森盃」（Thompson Trophy），一項較量精確度的賽事，飛行員必須保持低空飛行高度，在固定航道上繞過五十英尺高的塔門；「班迪克斯盃」（Bendix Trophy）是跨國賽事；「薛爾斯盃」則是競速衝刺比賽。

最厲害的飛行員都會參加比賽，但女性未必會被邀請，除非是限定女性參加的賽事，但是這個現象很快就有所轉變。愛蜜莉亞・艾爾哈特協助創辦了一個女性飛行員的團體，名稱是「九九協會」（Ninety-Nines）。她們想要參與所有的競賽，而不只是女子賽事。一九三二年，女性雖然不是每種賽事都能參加，但已經可以參與不少賽事了。在一九三四年，女性不被允許與男性同場競爭；一九三五年，女性賽事只被容許駕駛商業用飛機，最高時速為一百五十英里。艾爾哈特與許多女飛行員一同反對這些限制，並要求與男性同場較勁。

她們的願望在一九三六年達成了。一九三六年的美國全國飛行大賽同時開放男女參與。

那年賽事在洛杉磯舉行，洛杉磯也是一九三六年所有精確性與競速比賽的舉行地點。其中的主要競賽是班迪克斯盃，選手要從紐約布魯克林的「佛洛伊德·班奈特機場」（Floyd Bennett Field）起飛，終點是洛杉磯的「麥恩斯機場」（Mines Field，現在的「洛杉磯國際機場」ＬＡＸ）。參賽的飛行員都是飛行好手，不乏佼佼者，而且全都駕駛最新型的飛機。愛蜜莉亞·艾爾哈特駕駛的是新型的洛克希德「伊萊克特拉」（Lockheed Electra），這架飛機的規格是特別為她制定的，比她前一架飛機（著名的紅色洛克希德「維佳」（Lockheed Vega））還要更大；這架伊萊克特拉是為長途飛行設計，當時愛蜜莉亞已經在考慮環繞世界一周的飛行了。

喬伊·雅各布森（Joe Jacobson）駕駛的機型是諾斯羅普「伽瑪」（Northrop Gamma）；露易絲·泰登（Louise Thaden）駕駛一架比奇「翼差」雙翼機（Beechcraft

Staggerwing）；蘿拉．英格斯（Laura Ingalls）駕駛的是洛克希德「獵戶座」（Lockheed Orion）；喬治．波莫羅伊（George Pomeroy）則是一架DC—2。前一年度的冠軍班尼．霍華（Benny Howard）與妻子共駕，他的妻子梅欣（Maxine）擔任副駕駛。

比賽過程相當驚險。喬伊．雅各布森的飛機在堪薩斯州史丹福（Stafford）上空爆炸，他只得跳機逃生。班尼與梅欣夫妻檔的飛機墜毀在新墨西哥州，他們受困在飛機引擎下方好幾個小時才獲救。愛蜜莉亞也遇上了麻煩，飛機駕駛艙逃生窗在途中爆裂，她和副駕駛差點當場死亡，他們試著用布擋住破口，直到抵達堪薩斯城加油時，才用金屬線把逃生窗固定好，這起意外消耗了他們不少時間，但艾爾哈特依然以第五名之姿完賽。這些女子確實證明了自己，她們主宰了這場比賽，露易絲．泰登成為第一個捧起班迪克斯盃的女性，蘿拉．英格斯則拿下第二名。所以，在比賽的前五名裡，女子便居了其三。

多年之後，有個名叫羅伯特．約翰斯頓（Robert Johnston）的人與我聯繫。一九六五年時，羅伯特剛買下了一輛皮卡，有個熟人捎來一個工作機會，是去拉斯維加斯附近清掃某個朋友的老舊小屋。他們可以隨意從小屋裡拿走任何想要的東西，然後用羅伯特的新皮卡把剩下的東西載去倒掉。

羅伯特從事航空業，小屋主人也是他的朋友。屋裡沒什麼好東西，只有一把舊的點二二口徑步槍，他們把槍還給了那位朋友。不過，第二趟倒垃圾的行程，在羅伯特要將廢物推出車後門時，他看見了一疊藍色的紙張，並注意到上面的人名有米歇爾・德托亞（Michel Détroyat），他認得這個人，德托亞是一九三〇年代知名的法國飛行員。羅伯特把那張紙扔到地上，卻發現下一頁的另一個名字，他也認得這個人：賈桂琳・科克倫（Jacqueline Cochran，另一位一九三〇年代的偉大飛行員），曾經贏得一九三八年的班迪克斯盃；此時的她還住在加州南部，她是羅伯特的朋友兼長期客戶。

羅伯特拾起這疊藍紙，將紙放到貨車駕駛座，讓它們免於淪為垃圾。他原本打算之後再來看，結果他卻把這疊紙塞到家裡衣櫃架子深處，一放就是五十年。

如今，羅伯特在清理衣櫥時發現了這些不得了的東西：這些藍紙是一九三六年全國飛行大賽的官方報名表，每份報名表共有六頁，其中四頁是印刷好的比賽規則，剩下兩頁是飛行員自己要填寫的部分，包括飛機、引擎、螺旋槳、維修保養、執照資訊等等細節，報名表還有飛行員親筆簽名並經過公證。

這組藏品可說是飛航黃金時代的縮影，在那個時代，心臟強壯的冒險家（男女兼有）屢創紀錄，改變我們對於速度與旅行的認知。跨越國度與海洋所需要的時間不再是幾個禮拜，而是以小時、天數為單位，世界因此而改變。

物件當中最引人注意的就是愛蜜莉亞．艾爾哈特的報名表。她是個代表美國樂觀精神與雄心壯志的偶像明星，很多人受到她的啟發，她是個無所畏懼的人物。隔年，愛蜜莉亞在環遊世界的飛行旅程中死亡，當時所駕駛的就是那架洛克希德「伊萊克特拉」，而那架飛機的細節就寫在那份全國飛行大賽報名表上。

愛蜜莉亞親筆寫道，這是一架洛克希德公司出廠的飛機，它是「陸上型單翼機（雙引擎）」，目前飛行時數只有五十個小時，是一架「新」飛機，引擎是普惠公司（Pratt & Whitney）製造的，沒有出過意外。最高轉速是多少呢？兩千三。愛蜜莉亞又寫道，自己目前待在西摩爾飯店（Seymoor Hotel），還列上了自己的執照號碼與副駕駛資訊。簡短來說，她完整地描述了自己的飛機與自己的飛行生涯，與其他報名者做了一樣的事。與我聯繫的那位先生，居然擁有這樣了不得的文件，是來自那個時代的精華。

愛蜜莉亞．艾爾哈特環繞地球的嘗試其實完成了大半，她飛越了南美洲、大西洋、非洲、印度、東南亞，最後卻在南太平洋上空迷失方向。愛蜜莉亞消失無蹤這件事演變成有史以來最昂貴的搜救行動，連美國海軍與海岸防衛隊都出動了。然而，人們始終沒有發現那架伊萊克特拉，沒找到愛蜜莉亞與副駕駛佛萊德．努南（Fred Noonan）的下落。

羅伯特．約翰斯頓從垃圾堆中拯救了歷史。他無意探尋卻找到了歷史。在他救回報名表後半個世紀，這些文件出現在我的面前、我的桌上，我鉅細靡遺地讀著。

羅伯特此時年歲已高，由仲介負責代表他處理此事，這位仲介是骨董商，最初其實羅伯特是去找他的。這種事並不罕見，雖然骨董商通常不經手歷史文件，但偶爾可能會出現委託，要是他們上網的話便可以找到我們。我們向約翰斯頓先生出價一萬兩千美元；他有一點點失望，以一萬八千元還價。我們原本拒絕，但後來想過之後以一萬六千五回應，他便願意接受了。羅伯特寫了一封關於文物來歷的信給我們，上面寫著：「大約五十年之後，葳瑪（Wilma，他的妻子）離開了人間。清理她的衣櫃時，我在最上層櫃子的深處，發現了那疊藍紙。五十多年前的一堆垃圾，如今成為珍貴的文物。回顧起來，我真的把這些文件照顧得很好、保護得很好。」

後來，我帶著那些文件出國展示給一些老客戶看。其中，有一位客戶的父親曾經是他們國家獨立初期的空軍，這位億萬富翁收藏家現在從事電訊、科技、投資業，他熱愛與科學（他買下好幾封我們經手的愛因斯坦書信）、太空、航空有關的事物，我想，他對航空的喜好應該源自成長時期的記憶。某天早上，那位客戶吃早餐時，一邊挑選符合自己收藏興趣的十幾件文物，他買下了航空文獻，同時買下了一九四五年邱吉爾遞給英王喬治六世的辭職信（當時歐戰已結束，邱吉爾卸任首相職位），還有發明家薩謬爾·摩斯（Samuel Morse）一封與自己最偉大發明「電報」相關的書信。

14 傑佛遜的圖書館 Thomas Jefferson's Library

兩百多年前，啟蒙運動最了不起的美國人物就待在白宮裡。傑佛遜總統舉辦大型晚宴，從他最愛的歐洲供應商那兒進口食物與美酒，邀請參議員、眾議員、才子文士、發明家與會用餐，而這份供應商清單有一部分是傑佛遜擔任駐法大使期間列出來的。那些人物的桌邊談話一定很精彩，我們從當時的記載得知了晚宴的部分內容，其中有異國食物與特殊菜餚、玉液瓊漿，還有總統淵博的學識。傑佛遜的圖書館裡，藏有豐富的英文、德文、拉丁文、法文書籍，傑佛遜似乎有意以活在當下的方式體驗全部的歷史，或者，如佛雷德里克·傑克遜·特納（特納大名可說是美國西進運動的同義詞）所寫：「每個時代都企圖建構自身對於過往的觀念。每個時代都參照著自身時代最重要的形勢條件，重新撰寫過往的歷史。」這件事不只是傑佛遜的任務，也是美國建國者的使命，他們將自己對於美國的前景，建立於古老的偉大共和國之上。約翰·亞當斯似乎將過往重要的共和國與美國面臨的威脅作連結，加以內在化，他寫道：「當外國進行干預，並藉由他們的行為、代理人來刺激、煽動群眾結黨或形成派系，這樣的干預與影響必須被抵制並消滅，否則一個共和政府兼獨立政權將會在美洲終結（就像古希臘那樣），或者它會終結於我們的歐洲時光，它的終結也是我們全然的毀滅。」

傑佛遜的目光盯著西方，望著一個將要從海洋延伸到閃耀海洋的新國家。傑佛遜的身邊來了一個外向好動的年輕軍官，傑佛遜找他來擔任私人祕書，這位現在已經留名史冊的年輕人名叫梅里韋瑟・路易斯。在傑佛遜向路易斯提供助手職務的信件裡，他向對方示意，擔任這個職位可以獲得寶貴的經驗；傑佛遜解釋道，如果你接受了，這個工作「可以讓你認識那些對我國事務具有影響力的人物，也可以讓你被他們認識，並且讓你能夠學習他們的智慧。」傑佛遜與路易斯兩家在維吉尼亞州時相當親密，路易斯曾經（於華盛頓與蒙蒂塞洛莊園〔Monticello〕）在傑佛遜家火爐旁度過無數時光。路易斯的軍旅經驗讓他學到關於西部的知識，這是傑佛遜選上他的主因。事實證明，兩人的這段關係將會創造歷史。

路易斯與傑佛遜這對組合，比從前的人更能夠發揚特納的觀念：「美國民主不是誕生於理論家的夢中；美國民主不是搭乘著「蘇珊・康絲坦號」（Susan Constant）來到維吉尼亞，也不是搭著「五月花號」（Mayflower）到普利茅斯，而是充滿生氣活力而強健地從美國森林出現的，並且在每次抵達新邊疆時就能獲得新力量。」

小亨利・雷姆森（Henry Remsen Jr.）是紐約市金融家、銀行家，他的父親是殖民時代的愛國者，也是向英國國王爭取自由、鼓吹戰爭的商人團體的一員。小亨利・雷姆森繼承了父親的衣缽與事業，且在一七八九年成為美國國務院首席事務官，後來又擔任美國第一銀行紐約分行的首席出納長。極為重要的是，他也是傑佛遜總統的祕書之一。

幾年前，亨利・雷姆森的曾、曾、曾孫跟我們聯繫，他繼承了不少殖民時代的歷史文件，有些是印刷品，有些是手稿，這些物件從一七〇〇年代以來就是雷姆森家的資產。單一家族能持續擁有歷史文件這麼長的時間是很少見的；雷姆森氏一直是成功的商人家族，歷經殖民時代、革命時代與聯邦時期。一路下來，你可能預期有些家族親戚會把東西賣掉、捐出去，或是扔掉。

父親去了雷姆森家族後代在緬因州的房子，離我們這邊並不遠。這是個看看原件的好機會，也是一次愉快的訪問。藏品中多數是印刷海報，就是會釘在建築物或教堂上的那種東西；這些美麗的印刷文物中，有些是呼籲國人拾起武器的愛國海報，其他的則是與美國獨立期間地區議會的候選人有關。

父親在篩選物件時發現了一封有湯瑪斯・傑佛遜簽名的書信，起初老爸跟我說，這封信完完全全是傑佛遜本人的筆跡。那封信是一份長長的書單，書名大部分是法文。

老爸打給我，也提到了那封信，我們同意向對方出價，但是賣家表示他希望價格能更高（比我們的出價高出許多）。這次談判暫時結束，但我們仍然與對方定期聯絡。這是一場小火慢煨而非大火快炒的協商。文物主人最希望賣得高價，他也不急著把東西賣掉，狀況大概維持這個樣子。

最後，父親來找我，表示他認為我們應該付出對方希望的價格。他相信這封信值得那個價錢。

我「不」相信。我說：「爸，與傑佛遜訂購書籍相關的書信很多，傑佛遜有大量的藏書，經常寫信下訂書籍。我們其實也有兩封類似的信，現在正在我們的網站上兜售，每封都不超過兩萬美元。」我不能了解，用這麼高的價錢買下這封信，到底有什麼利潤可言。我又說：「我實在不確定有賺錢的機會。」

不過，要當歷史獵人，有很大一部分就是要相信直覺。如果我們其中有一個人認為東西不好，我們就不買；但如果有個人對某個物件有強烈的感覺，對於這個物件（可能）是什麼產生預感或一瞬的感覺，這就很有份量了。

我早年學到（老爸常掛在嘴邊）的道理經常在腦袋裡迴響：「不要只是假設，靠近一點去看。」這是老爸的說話方式，他的意思是我們必須從表象往下挖，好好坐下來集中注意力。這些教訓常在我心，我會靠近去看，一行一行閱讀。這封書信列出了幾十本書，大多是叢書的一部分，書單依據主題分類，有法律、國際法、海事法、政治學、地理學、狄德羅（Diderot）著作；拉丁文、西班牙文、法文、希臘文經典。書名包括許多辭典與參考書籍：《律師用歷史與書目辭典》（*Dictionnaire historique et bibliographique par l'Avocat*）、《倫理、政治、外交辭典》（*Robinet dictionnaire morals, politique et diplomatique*）、《漢諾法國編年史》（*Abrege chronologique de l'histoire de France par Hénault*）、《麥克爾羅馬編年史》（*Annales Romaines par Macquer*）、《普萊費爾線性數學》（*Arithmétique linéaire de Playfair*，約於一七八七年出版於巴黎）、《西班牙語學術辭典》（*The Spanish dictionary of their academy*）。

這三頁書單的最後面有一處筆記：

> 杜恩（Duane）先生受雇於巴黎購買上述書籍，由威廉・薛特（William

Short）先生負責管理與審批。薛特先生乃根據傑佛遜的意見並使用其撥付之款項支付書款。

湯瑪斯．傑佛遜，一八〇二年七月十九日

訂購的書籍數量可真不少。時任總統的傑佛遜正授權某人花費鉅款在巴黎購買大量珍稀書籍。

我生出了興趣。這封信確實和我所見過與藏書相關的傑佛遜書信不一樣，格式很不同。有些事不太尋常，但我還不能明確指出來。

我們一直在找尋一份文件的特別之處，這種特殊要素可以將文物的歷史帶入現在，得到我們以及客戶的青睞。如果我們透過這封信，被其中進行的事項、使用的文句所感動，我們就忖度別人也有相同的感動。我們所賣的每份文件都是我們真的擁有的，意思是我們是真切地投資在自己所有的文物之上。

我們決定放手一搏，根據老爸的直覺買下這封信，而我自己的感覺則是：這封信「還有下文」。

買來物件以後，我仔細靠近檢查，卻立即發現不大對勁。父親之前告訴我，這封信是傑佛遜親筆所寫，簽名也絕對是本人所為；但我還沒親自檢查書信內文的字跡，好衡量老爸的判斷是否正確；即使如此，這份文件絕對是值得入手的好東西。可是，當我親眼看見原件實體，馬上發現這並非傑佛遜的筆跡，因為我對他的字跡知之甚深，傑佛遜的筆觸含著某種柔軟，字體相對直立而彎曲，不是有稜有角的樣子，他的寫法並不過度張揚。我頓時萬分失望，我告訴老爸：「這封信的簽名固然是傑佛遜本人所為，但是信中內容大多不是出自他親筆，是別人寫的。我百分之百確定。」

老爸說道：「真該死。」

然後他說：「你知道嗎？我們應該去確定一下這是不是梅里韋瑟．路易斯寫的。雖然可能性不高，但不要忘了，路易斯是傑佛遜的祕書。如果時間上是契合的，你看看有沒有辦法確定此事。」

這個假設雖然可能性不高，但仍有機率。路易斯與傑佛遜同住，在傑佛遜底下實習的期間，路易斯在國會與白宮之間往返，傳遞著極為重要的訊息；訊息內容有些是路易斯寫下，並由傑佛遜署名。傑佛遜教導路易斯，教他要讀些什麼，教他要怎麼好好寫東西。通常，我們不會去注意由助理寫下、老闆簽名的東西。但是，路易斯與傑佛遜的關係非同小可，這兩人的互動改變了歷史的進程。

傑佛遜在一八〇三年向拿破崙買來路易斯安那以及西部據點，稱為「購買路易斯安那」，不久之後，傑佛遜打算進行探勘，並在一八〇四年五月派路易斯擔任探險隊指揮官（雖然威廉．克拉克也在其中，但路易斯是負責人）。探險隊路上蒐集了動植物的標本，還與美洲原住民部落接觸；最後，他們抵達了太平洋。路易斯發現，沒有任一水路能通往太平洋。探險隊完成任務並且抵達彼端的海岸，但經驗也證明他們無法靠著河流輕易抵達，他們必須跨越山區，這需要老到的原住民嚮導以及完美的時機配合；如果太遲，他們就會遇上寒冬，如果太早，行進路線上會有阻礙。因為爬升的高度很高，這代表跨越山區必須在初夏啟程，也意味著回程必須等到下一度的暖季。即使如此，探險隊還是成功了，他們開闊了這個新國家的胸懷，擁抱西部的寶藏，並且證明這樣的旅程確實可行。

克拉克事後寫下發現的那一刻：「看見海洋了！噢！真是太高興了……廣大的太平洋，我們殷殷期待那麼久的太平洋，大洋的波浪沖打岩石海岸，發生震耳的吼聲。」

路易斯與克拉克凱旋歸來。路易斯出版了自己的日誌，美洲探索的新時代於焉展開，這個人的名字從此代表著美國的西進活動。路易斯的任務或許沒有開闢一條最短路線，但是他的行動就像是古代特洛伊（Troy）海倫的美色，招來了一千艘船艦（或者說招來數萬輛篷車）[1]。

現在，因為這個偶然的情況，父親要我去確定這份文件是否有兩人的關係（傑佛遜作為路易斯的精神與思想導師）在其中。如果這一大筆書籍訂單，確實是由路易斯寫下、傑佛遜簽名，這將使得這份文件的價值與趣味大大增加，並且將這兩位重要歷史人物牽在一塊兒。

於是我展開調查。這到底是份什麼樣的文件呢？我有兩個大問題：為什麼傑佛遜要訂購這些書？神祕筆跡的作者是誰？

有些團體在蒐集美國總統或歷史人物的重要通信，這些「文獻檔案典藏」通常是在大學進行。華盛頓文獻檔案位在維吉尼亞大學（UVA）；愛因斯坦檔案分散在加州大學洛杉磯分校（UCLA）、普林斯頓大學與耶路撒冷希伯來大學（Hebrew University of Jerusalem）；傑佛遜檔案位在蒙蒂塞洛莊園、普林斯頓大學。當中也有機關團體於美國國會圖書館擁有合作中心，國會圖書館內也藏有許多原始史料檔案。我聯絡了普林斯頓

1〔譯註〕荷馬史詩《伊里亞德》（*Illiad*）的典故，絕世美人海倫（Helen）引起希臘與特洛伊之間的大戰。

大學館藏傑佛遜檔案的編輯芭芭拉·歐柏格（Barbara Oberg），還有國會圖書館檔案管理員茱莉·米勒（Julie Miller），這些外援將引導我找到前述兩大問題的解答。

國會圖書館由亞當斯總統於一八〇〇年創辦，傑佛遜在一八〇一年任職後，他得知了購書用的五千美元經費只花了兩千兩百元。亞當斯任內的國會圖書館還非常簡單，只是一個小房間裡擺著一些書，並未得到太多重視，更遑論得到經費了。現代的美國國會圖書館是在傑佛遜任內成形的，他將圖書館遷移到國會山（Capitol），並任命友人約翰·貝克利（John Beckley）擔任第一任館長。一八〇二年四月，傑佛遜曾經形容自己對館藏的計畫：「我為國會圖書館準備了一份目錄。……我將收錄的清單限制在政治家深思之下所重視的各學科，並略過諸君私人圖書館通常會收藏的經典與現代書籍，此類書籍不適合收錄於僅以參考為目的的書單中。」

傑佛遜為採購的書籍列出兩份清單，一份送去倫敦，另一份送去巴黎，由他的政界友人威廉·杜恩（William Duane）負責買書事宜。傑佛遜曾寫信給杜恩：「如今我附上書籍目錄給你，這些書是要送到國會那兒，希望你負責採購。……這些書最好能盡快送到，或最好在國會開議前送達。」

看見上述內容時，我瞪大了眼睛。我打給父親：「我知道這是什麼了。這份書單是國會圖書館採購的第一批書籍。」

老爸問道：「那麼這是誰寫的呢？」

「我還不知道。」但是，我已經限縮了答案的可能範圍。會不會是路易斯寫的呢？我確實懷疑是。但光靠懷疑可沒辦法賣出文件，而且懷疑也不會改變歷史。

我與國會圖書館以及傑佛遜檔案處合作，搜尋路易斯的筆跡。接著我對路易斯的字跡加以比較，路易斯寫字會微微向右斜，這種傾斜雖然常見，但他的字體仍充滿著個人特質。路易斯開始寫字母時，常常會劃出一條線連接到字母，想像一下寫t的時候，筆畫不是先往下，而是先劃出一道上揚的線然後才往下，路易斯有很多字的開頭都是這麼寫的。路易斯的字跡與傑佛遜有點類似，但是比較不精緻，具有某種粗獷感。

我茅塞頓開，我們那封信確實是路易斯執筆。這是一段漸悟的過程，不是那種「我的天啊」的恍然大悟；這個真相大約經過了兩、三天才愈來愈清晰。

在檔案管理員的協力之下，我檢查了所有已知由傑佛遜送給國會且是路易斯書寫的訊息，這類訊息數量不多；另外，我還檢查了傑佛遜發表的「國情咨文」，這是路易斯抄錄並由傑佛遜簽名的副本。我在搜尋線索，尋找字母前面能透露真相的上揚筆畫，還

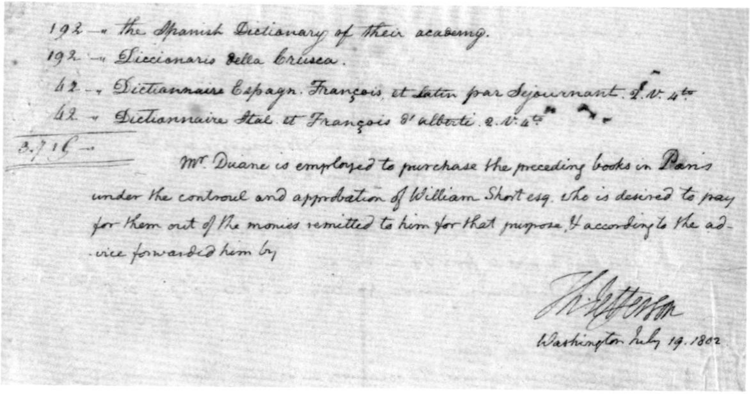
192 — " the Spanish Dictionary of their academy.
192 — " Diccionario della Crusca.
42 — " Dictionnaire Espagn. François et Latin par Sejournant. 2. v. 4to
42 — " Dictionnaire Ital. et François d'alberti. 2. v. 4to
3.716 —

Mr. Duane is employed to purchase the preceding books in Paris under the controul and approbation of William Short esq. who is desired to pay for them out of the monies remitted to him for that purpose, & according to the advice forwarded him by

Th: Jefferson
Washington July 19. 1802

為美國國會圖書館所製作的書籍訂單。上半部是路易斯所寫，下半部是傑佛遜的筆跡與簽名。

有其他古怪或揮灑之處。國會圖書館內藏有相同書單的副本，這件副本內容完全是傑佛遜的筆跡，顯然是我這邊這份清單的親筆草稿。

傑佛遜要求助理做一份官方副本，然後在上面簽名，而我判斷那位助理就是路易斯。此事表示這份文件曾經搭船到歐洲，送到倫敦與巴黎的書商那邊，杜恩從那些地方買了數以百計的珍貴書籍，再運回美國國會圖書館。

我與國會圖書館檔案管理員茱莉・米勒通了電話。我們在各自的電腦螢幕上查看三份文件：傑佛遜親筆寫的書單原稿影像；路易斯執筆的致國會信件；我的那份文件，也就是書單的最終稿。我說道：「這是路易斯寫的，這是同一個人寫的！」

我打給老爸，告訴他這個新聞，這是發現

兩個重要人物之間連結的歡呼時刻。這份文件的重要性有好幾個方面：這是開啟國會圖書館館藏的文物，這是傑佛遜啟蒙理念以及與啟蒙運動連結的象徵，這是路易斯與他心靈導師合作的案例，這份書單的內容本身也是非常重要的。路易斯與傑佛遜兩人閱讀這類書籍，彼此討論，為了西向探險作準備的景象，很容易就生動地浮現在我們腦海。

寶藏並不都是掩藏起來的，寶藏有可能就在視線可及之處，但要發現它，需要大量的直覺、知識與經驗。如果杜恩把信給丟掉，而不是在回程時交還給路易斯，那事情會怎樣呢？如果傑佛遜在路易斯西進冒險時，沒有把信保存起來，那會怎樣呢？如果小雷姆森沒有保存文件，或者後代子孫把東西扔掉，那會怎樣呢？如果父親沒有促使我們買下這個物件，那會怎樣呢？如果我同意老爸的意見，認定這是傑佛遜的筆跡，那會怎樣呢？如果老爸沒有建議我去研究路易斯，那會怎樣？如果我錯看，認為這是傑佛遜底下的小助手所寫，那會怎樣呢？如果我沒有仔細查看，那會怎樣呢？這類文件之所以能夠倖存，需要以上種種因素配合，這些因素雖受到戰火、世代、世紀所分隔，卻看似在朝同一目標前進。這樣的時刻讓我整個人感到全然地解脫寬心，而這種時刻隨著我累積經驗的時光而愈來愈多——歷史沒有拋棄我們，歷史並沒有離我們而去，相反地，歷史成為我們的一部分，歷史在現代繼續活著。

發現這份文件的真相、它的重要性，是眾人共同努力的結果，是技巧與技巧的對決，這件事也反映出我與父親已經可以分庭抗禮地合作。我們用不同的方式依靠自己的直覺，結果證明我們兩個都是對的，這是貨真價實的團隊合作。

承蒙國會圖書館大力襄助，再加上這份文物直接與該機構的創建有關，我們提供對方購買這封信的第一順位。對於這封所費不菲的文件，我們開出六位數美金的價碼，這對於國會圖書館或任何人來說，都是一次重大的購買行動。這件事得花上幾個月討論，但我們辦到了，這封信現在屬於國會圖書館，這也是我所認為的理想歸處。國會圖書館擁有傑佛遜親筆寫的草稿，現在他們也有路易斯所寫的最終版本。

當年從倫敦與巴黎買來的書籍，在十二年後毀於「一八一二年戰爭」，英人在一八一四年將美國國會圖書館燒毀。戰爭結束後，已經卸任數年的傑佛遜提議將私人圖書館捐給國會，以取代之前被燒掉的館藏。傑佛遜位在蒙蒂塞洛莊園的圖書館，是美國當時規模最大的私人藏書，坐擁六千多冊書籍。國會在一八一五年支付傑佛遜二萬三千九百五十美元，其獲得的書籍冊數比先前毀掉的藏書還要多出一倍有餘。

15 甘迺迪的錄音
The JFK Tapes

二〇一一年十一月某天下午，我的手機響了，父親的影像出現在螢幕上。我知道他人在費城市中心的一家小拍賣社，篩選隔天要拍賣的一箱箱、一本本甘迺迪文件。這些文件原本是小切斯特．克里夫頓（Chester Clifton Jr.）將軍所有，克里夫頓曾擔任甘迺迪與詹森的首席軍事助理（其實就是總統的幕僚長，當時還沒有這個職位），直到一九六五年卸任。這些甘迺迪文物先前裝箱儲藏在克里夫頓家中的閣樓，放了整整四十五年。克里夫頓於一九九一年逝世，不過等到了克里夫頓夫人二〇〇九年辭世後，他們的繼承人才決定把東西找出來看看有多少價值，若是有價值是否要拍賣。於是，繼承人把一些物件委託給拍賣社處理。

老爸熱愛甘迺迪總統。我認為，老爸對於歷史的興趣以及蒐集的熱情，他那清晰記憶裡高中時代駭人的甘迺迪暗殺事件，高度地驅使並影響了他。有時候，老爸會想要買下一些自己很感興趣，但對於客戶來講價值不高的文件。

每個交易商都有個人的興趣，時不時會沉溺到自己的蒐集癖好裡。幸好，父親和我會試著保持彼此的可靠。

我當然對於這批文件中的某幾件有興趣：一本總統每日行程的日誌；罕見的白宮導覽書，上頭有總統與第一夫人的簽名；甘迺迪所寫的書信，信中提議以二次大戰英雄麥克阿瑟與尼米茲（Chester Nimitz）之名，來為「北極星」（Polaris）潛水艇命名；其餘是與「自由勳章」（Medal of Freedom）有關的信件，及與暗殺事件有關的通訊。

父親說：「這裡有些很棒的玩意兒。」他的聲音響亮，興奮溢於言表。

我同意他的說法。好吧！或許不能說是「很棒」，但算是值得注意的好東西。「而且我們有些收購甘迺迪文物的好客戶。咱們來談談下標的事吧！」

然而，我們的談話出現了奇怪而意外的轉折。老爸說：「這裡真正的寶貝也許是我們通常不會買的東西。這裡有一盒的卡帶，全部都來自甘迺迪和詹森執政時期，有些看來非常有趣呢！」

我心想：「卡帶？你一定是在跟我說笑吧！」

這些一定是老一代的雙盤式錄音帶跟錄影帶。老爸說，有的上面有貼標籤，例如：甘迺迪就職典禮、麥克阿瑟的演講、大提琴名家卡薩爾斯（Pablo Casals）的白宮演奏等等。這不算什麼破天荒的資料。我可以聽得出，有位年輕的甘迺迪崇拜者充滿朝氣的聲音逐漸浮現[1]，雖然我們仍在講電話，但我還是翻了白眼。卡薩爾斯的演出象徵著甘迺迪時期白宮的古典式調調（賈姬的緣故），但是對我們的生意來說，那算是什麼呢？我們的專業是白紙黑字的歷史文件，買下這些卡帶像是不務正業，而且我不知道應該要怎麼賣？接著，父親又提到兩卷錄音帶，上面的日期都是一九六三年十一月二十二日，一卷的標籤是「空軍一號（Air Force-1）上的旅程」，另外一卷則是「一九六三年十一月二十二日，空軍一號從德州達拉斯飛往安德魯斯空軍基地（Andrews AFB）旅程的無線電錄音」。老爸對於這兩卷錄音帶特別興奮。

「OK。但是，爸，我們買到這些東西以後要幹麼？」我是想要澆他一盆冷水，趁他還沒興奮過度之前澆熄他的想望。老爸常常跟我們說起斯巴達三百壯士的故事，三百位勇士鎮守溫泉關（Thermopylae）對戰薛西斯（Xerxes）與波斯大軍；此時的我就像是三百壯士的一員，只能減緩那無可避免的衝突。

1 〔譯註〕此處年輕的甘迺迪崇拜者是指作者的父親。

†
†
†

父親之所以對這些空軍一號錄音產生興趣，是因為錄音的日期很早，早於克里夫頓離開白宮，這些錄音是遠早於公開版本釋出之前製作的。父親查看過各種物件後回家，那天下午，他研究起甘迺迪被暗殺那天空軍一號錄音的內容。當天在飛機上、白宮、安德魯斯空軍基地的每一句對話，全都被錄了下來，這批錄音是當天為數不多的即時記錄之一，也是當天空軍一號上乘客資訊的主要紀錄，其中包括他們對於要將甘迺迪遺體送到哪邊、遺體解剖、後勤等問題的決定。然而，這裡有個難題：唯一倖存的錄音帶版本如今典藏在奧斯汀（Austin）的詹森圖書館（LBJ Library），這個版本經過了大量編輯，而且遲至一九六八年才浮出世面。那天空軍一號的飛行時間大約是四個小時，可是奧斯汀錄音版本只有一個小時四十分，沒有人知道是誰編輯了如今倖存的錄音版本，以及為什麼要大肆剪輯。官方版本的故事是沒經過編輯的原版檔案不見了，就是不見了。國家檔案館的工作人員，甚至國會人員一直在尋找原件，但找了將近五十年都沒有結果。一九九二年，國會任命的「甘迺迪遇刺案複核小組」（Assassination Records Review Board）受命搜尋、蒐集、重新檢視所有聯邦機構裡與暗殺案有關的紀錄，並要將結果公諸於世，但是他們也沒能找到空軍一號上原本的錄音，而且我可以很確定地說，現在已經沒人在尋找那批錄音了。

父親推測（事後證明他的猜測是正確的），克里夫頓可能身在達拉斯的車隊，之後又搭上了空軍一號；如果他當時在飛機上，然後他在一九六五年退休的話……好吧，那這卷帶子有沒有可能是「無剪輯的完整版錄音帶」呢？如果不是，那它有沒有可能是「另一卷不同的錄音帶」呢？老爸想要得到這盒錄音帶，就是這樣，句點！但我對此心存質疑，這兩卷錄音帶一定只是釋出於公共領域數十年的老錄音帶的副本而已啦！而且，卡帶實在不是我們一般會買的物件。

即使如此，老爸還是很想把帶子買下來，我答應會試試看，只要價錢合理；也許我們可以利用錄音內容來吸引公司網站訪客吧，這是我用來合理化自己溺愛老爸好奇心的方式。我在心中預設的預算並不高，但我沒把數字說出來，而且我打算親自透過電話處理競標。

這次拍賣吸引了廣大的目光，隔天多數物件競標的情況都很熱烈。許多物件喊到了好幾萬美元，不過那些裝著卡帶的盒子卻逃過了眾人的雷達，型錄對它的描述少得可憐，沒人願意費心瞧瞧。這項物件的拍賣前後不超過兩分鐘，我買下了卡帶。老爸很滿意，我也很開心，但我高興的原因只是因為自己滿足了父親的嗜好。

再隔了一天，我開車進城去載那兩個買來的盒子，一個裝的是卡帶，另一個裝著雜七雜八的東西。老爸承認，那些卡帶（現在是「我們」的卡帶了）很可能沒有特殊之處，但論機率也不能說是零。我願意滿足他的好奇，但要辦到這件事，實在是說比做要輕鬆。現在已經是二十一世紀了，要播放雙盤式卡帶並不容易，我必須花錢請專家把帶子數位化，把舊格式轉化為數位檔案才可以放到網路上播放。幾天之後，我將錄音帶送到聯邦快遞去，那間進行數位化的公司位在匹茲堡，我們要等上好一陣子才能拿回帶子。後來我的心思轉移到了其他事務上，很快就把這些帶子的事忘個精光，幾個月就這麼過去了。

手機響起，來電者是匹茲堡那間數位化公司的技師。

對方說道：「你的錄音帶已經完成數位化，我會把它們寄回去。」

我說：「請把東西寄回來。」然後提供了地址。但我立即想了第二遍，又說道：「你可以把有標示『空軍一號』的那兩卷錄音帶的數位檔案傳給我嗎？」也許我也感染上了老爸的激情吧！

對方照做之後，我在電腦上打開檔案。他們已經將檔案上傳，我原本預期看見的檔案長度是一個小時四十分鐘，那是舊的詹森版錄音長度；可是，我的蘋果電腦iTunes播放器卻顯示兩份檔案的時間都超過兩個小時。

我永遠不會忘記這一刻，我的雙手在顫抖。

我盯著電腦螢幕，同時卡帶還遠在數百英里外的匹茲堡，我發現我們碰見了足以改變歷史的東西。如果錄音帶多出來的這段時間不是空白的，這將是爆炸性的重磅訊息，這個課題一直對於狂熱陰謀論分子、學術研究者與歷史學者、民間大眾擁有歷久不衰的吸引力。我回電給那位技師並且進行滿久的對話，討論錄音帶有沒有可能在運送過程中損壞，我想像錄音帶可能受到郵件分揀機械的磁化。

他表示：「這個可能性很低。」

「有多低呢？」

他說：「機率低於百分之一。」他想要讓我安心，但對我來說這個機率還是太高了。

「請你等等，先不要寄出好嗎？」

接下來的兩天，我非常努力地比對這兩卷新發現的錄音帶檔案，我一分一秒地聽、逐字逐句地聽，聽一聽又暫停，一邊進行註記、色彩編碼。這兩個錄音檔內容是一模一樣的，長度都是兩個小時二十二分鐘，要比詹森圖書館的版本多出四十二分鐘。於是我一把抓起電話。

「爸，我已經從頭到尾聽過了空軍一號的錄音帶。」

「然後呢？」

「兩份內容是一樣的。」

幾秒的沉默之後，關鍵的問題來了：「那時間有比較長嗎？」

「沒錯。除了目前已知版本的所有內容外，還有很多其他的。」

至此，我已經不敢將錄音帶交託給運輸業者了。幾日之後，我開車去到那家匹茲堡的數位化公司，他們的辦公室裝著高端的聲音影像設備，裡頭還有一間藏有老機械的博物館，其中有些老機械已將近百歲高齡，且居然全部都還能正常運作。我將錄音帶放上車，然後驅車返家。

我的下一個任務是要比較新發現的兩卷錄音帶與較短、較舊的版本。我將新的數位音檔與國家檔案館及詹森圖書館的音檔（暫停、倒轉、對比）各別製作出精確的抄錄。我必須做得很周全，因為將會有一大堆熱切的研究者關注這項新證據，我所做的，事後一定會受人檢視。我很快就確認了，多出來的四十二分鐘是未公開過的全新內容。

如果不是老爸注意到，這些卡帶現在就是在垃圾場裡等著腐朽，歷史的殘片就是那麼地脆弱、那麼講究機緣。假設那場拍賣裡有人認出空軍一號的錄音帶，並且認真加入競標行列，那我大概會早早放棄。如果我們沒有花時間做功課並且辨識出差異處，那就沒人會知道我們擁有了什麼、或者這東西有多重要了。這個故事顯示出要當歷史獵人所需的廣度，要爭奪物件、要進行研究、要了解物件的意涵。在這段曲折而崎嶇的過程裡，你永遠不知道終點出現在何處。

同時我們也為自己與未來的歷史獵人留下了一項挑戰。這兩卷一模一樣的「克里夫頓錄音帶」（這是它們現在的稱呼）都不是最初的母帶，最初的母帶至今依然行蹤成謎，原本未剪輯的帶子裡還有另外將近兩個多小時的錄音。不過，新發現的版本確實給予歷史學家們許多為之一振的新訊息。數十年來，人們都想知道克帝斯・李梅（Curtis LeMay）將軍在憾事發生的那一天，到底去了哪裡？李梅是個聲名狼藉的空軍參謀長，第二次世界大戰甫終結不到十年，期間他一直在找機會與蘇聯開戰，美蘇兩國在大戰期間還是盟國呢！媒體稱李梅「好戰黷武」，在豬玀灣事件失利與古巴飛彈危機之間，李梅對於自己持重的上司很蔑視，這件事可說是眾所皆知。甘迺迪甚至擔憂過，他下面那些將領可能會圖謀以自己的名義挑起戰爭。像李梅那樣的人物，正是理論家喜歡指控的策劃暗殺事件的陰謀者。出自不明原因，在較短的空軍一號錄音版本中，任何與李梅相關的部分都被刪除了；但是，我們手上那份比較長的版本中，李梅的首席助手曾十萬火急地想要聯絡上他：「我是李梅將軍助理多爾曼上校（Dorman）。李梅將軍位在C140。最後三個數字是497，SAM C140。他的代碼名稱是『孫子』（Grandson）。我希望與他通話。……如果你現在聯繫不上他，那就太遲了，因為他在半個小時之內就會著陸。」

「那就太遲了」是什麼意思呢？在脈絡中，這句話實在不太合理，但談話內容確實顯示，甘迺迪遇刺稍後，李梅將軍人正在空中的飛機上，而他的助手正著急地想要找到他的位置並與之談話，甚至（令人驚訝地）闖入總統座機空軍一號的無線電通訊去找人。

這卷錄音帶還有大量新訊息，關於機上乘客對於飛機目的地、遺體解剖、總統遺體的討論。舊的錄音版本刪掉的部分，包括了飛機原先的目的地是「華特．里得醫療中心」（Walter Reed Hospital），後來才改成「貝塞斯達海軍醫院」（Bethesda Naval Hospital）。新版本有很多額外的內容，可供研究者搞清楚甘迺迪遺體解剖前後發生了什麼事。新發現錄音的談話，包括了要用什麼運輸工具載送總統遺體，以及賈姬要不要一同前往等等（她最後有去），此外還出現與飛行旅程、降落、運輸等事宜相關的新人名、代碼名稱、更多談話內容。在一九六八年公布的官方版本把上述這些內容都給刪除了。

兩個月以來，我們對於自己的新發現守口如瓶，甚至沒有向政府透露。我將錄音帶藏在家裡的一個小櫃子中，放在一處我隨時可以查看的所在。我想像會有政府幹員突襲我們的辦公室，這股念頭固然瘋狂，卻可以說明我當時的心境。這最先是父親的獵物，是父親的戰利品，現在它變成我的了，我戰戰兢兢地守護著，防止其他獵食者來窺探。

† † †

這次的發現迫使「拉伯收藏」頓時要擔當起歷史新發現的守護者角色，也迫使我們將自己商人與歷史保管人的角色分開，或者說是迫使我們去調和這兩種角色。我們是否有告知社會大眾的義務呢？如果想要錄音帶的買家要求「不可」釋出錄音內容呢？帶子雖然是我們買下的，但是政府是否對此擁有什麼權利呢？如果最後的買主是美國政府，而政府買它的目的就是要將其銷毀呢？律師能不能幫助我們度過這片地雷區呢？

設定售價也是一件同樣複雜的事。一份上有簽名的甘迺迪總統就職演講稿，曾以七十五萬美元的價格售出，而這份錄音帶的重要性肯定遠遠高於前者，但是那份歷史文件跟這些錄音帶是可以相比擬的嗎？未必。那我們可以拿曾經研究過的其他物件來類比嗎？也未必。某方面來說這些新發現的錄音帶是無價之寶。既然從來沒人賣過這樣的東西，你要怎麼替這種東西訂價呢？我們把一切都研究過了，之間也有些爭論，這是討論價錢時很常見的情況。老爸想把價格訂得比較高，而我則希望價格比較低，最後達成的共識是五十萬美元是合理價格。

接下來的一個月，我們架了一個獨立網站，上面有圖片、有音訊，包括新出的錄音短輯，準備要發表我們的發現。保密是決定我們能獲得多少曝光率的關鍵。我當起公關，邀請美聯社記者喬安．拉維格麗歐，她過去曾寫過老羅斯福從黃石公園寫信給「昆弟弟」的故事，後來也持續刊登我們發現的歷史文物故事[2]。我邀請喬安到費城里頓豪斯廣場旁的咖啡店見面，我們先確認本次談話內容全屬於不公開性質，接著我說：「我要提供給你一些東西，很驚人的東西。」我將整件事娓娓道來，然後把錄音帶原件放到桌上。

她說：「這看來是個大新聞，為什麼政府沒有取得這些東西呢？」

「我們也自問了相同的問題。喬安，我想要讓你獨家取得這個故事，但你不可以讓美聯社以外的人得知消息。我完全沒讓別人知道，只有跟你一個人說。在我們還沒上線發布訊息之前，你不可以先刊出，但你可以跟我們同步發表。媒體傳播界不會有其他人獲得通知。」

喬安同意了，但她需要讓她的主編也參與此事，這個要求合乎情理。幾週之後，記者喬安、她的編輯與我在我們的辦公室祕密會面，此刻距離我們買下卡帶已有將近四個月時光。眾人圍著小咖啡桌坐下，我解釋了我們的發現，喬安的主編比喬安還要興奮：這一定會是個大新聞！大家達成共識，當我們將公開訊息寄給收件名單上的眾人，並且解禁專門網站之際，喬安可以率先讓故事報導上線，內容會收錄我們這邊的發言。兩週之後，所有人各就各位，我們發布官方通告，同時喬安寫的故事登上美聯社新聞頭條：「失落已久的甘迺迪遇刺事件錄音帶現正銷售中」。

2〔譯註〕見本書第一章。

我雖然預期外界會立即有所反應，但我當時卻因別的行程而必須離開辦公室參加會議，我心想，要是有需要，我可以趁午餐休息時回覆一些來電。事後證明，我的這個想法實在太天真了。過去以來我們也曾獲得全美或國際性的曝光、關注，但這次狀況很不一樣。我人坐在一間安靜的大會議室裡，幾分鐘之內就收到了十幾則語音信箱留言，CNN、福斯新聞、《紐約時報》、BBC等等單位來電，希望我能立即回覆。這個時間、這個地方實在不適合同時進行多項任務，所以我告罪離開會議室，在路邊招了計程車回到辦公室，回覆先前的來電、應付新進的來電，一待就待到晚上。

「嗨，我可以跟負責出售甘迺迪事件錄音帶的人講話嗎？」

「你可以和我談。」然後我向對方自我介紹。

「我叫蓋瑞．史騰（Gary Stern）。我是美國國家檔案館的總法律顧問。那些錄音帶是屬於我們的。」

他用很清楚（而且很有效）的方式跟我解釋，我（和我們公司）遇上了大麻煩，我們讓一些重要人物丟臉了。我們後來得知有些國會人士打電話給蓋瑞，要求知道天殺的到底發生了什麼事，為什麼一九九〇年代的研究小組沒有發現這些錄音帶，為什麼現在卻被一個費城的交易商拿到了？然後竟然要價五十萬美元？蓋瑞說話很有禮貌但也很堅定，他傳達的訊息令人害怕，甚至帶有威脅性：錄音帶的所有權歸屬政府，沒有任何模糊地帶。他警告我們：「你可以選擇嘗試賣掉錄音帶，如果你想要這樣做。不過你應該要知道，我們堅信這是我們的東西，而我們從來沒輸過。」

我不知道該如何回應。我們準備了那麼多，卻沒準備該如何回應「這個」要求。我只知道，我們無意舉白旗投降，輕易交出花費了大量時間、心血、金錢才獲得的事物；但我也知道只是說「不」絕對無法了結此事，更覺得弄到跟政府鬥爭實在很不值得。

我深呼吸一口氣，俯身前傾說：「我聽見你說的了，我們會再回電給你。」

我們後來確實回電了，但又經過了熱騰騰的幾天。研究者與文獻學者要求得知細節，還有國會人士與我們聯絡；我參加了十五場左右的訪談；我們為錄音帶專門設置的網站流量暴增，其中大量訪客是來自一個身分顯示為「美國總統行政辦公室」的伺服器。

法律方面，蓋瑞．史騰來電的那晚，我們隨即尋找起適任的律師，而且在一個小時之內便找到了合適人選。這位律師馬上開始工作，隔天就打電話來講了一些好消息。我們那兩份錄音帶的日期，早於「總統檔案法」(Presidential Records Act）以及一九九二年的「甘迺迪檔案法」(JFK Records Act)，其中，總統檔案法規定行政單位的檔案記錄歸屬於社會大眾；最後，因為那時候的美國總統擁有任意處置事物的權利，如果包含這些錄音帶的物件是在行政主管命令下，由白宮通訊局（White House Communications Agency）送給克里夫頓將軍，那麼這些東西的所有權便是屬於克里夫頓以及他的子嗣，他們也有權出售。律師的結論是：「對方無法證明這些東西不屬於克里夫頓，所以他們若要伸張自己擁有這些物品，恐怕得費一番工夫。」然而，我從律師的口氣中聽出來，事情還沒了結，「但這並不表示他們沒辦法讓你日子變得難過，或者延後銷售活動。」我點出，這整個事件對於美國政府來講是個公關災難，我們找到了隱身於視線範圍內的寶物，但政府幾十年來卻都沒找著。為什麼那些研究小組沒有設定克里夫頓可能有錄音帶的線索，並試圖聯絡對方呢？還是說他們確實去找過了，但是在克里夫頓家的閣樓沒發現東西呢？他們究竟錯過了什麼？

這些不是對我們有利嗎？這些不是我們的施力點嗎？律師說：「也許是的。」但政府還是可以讓我們的銷售行動延宕幾個月，甚至幾年，並讓我們因為法律費用而損失慘重。

我們轉而訴諸另一項重要因素，這有可能成為我們的祕密王牌：包含美國政府在內的所有人（除了匹茲堡那間公司的數位化技師）都不知道，我們從克里夫頓家那邊獲得「兩卷」一模一樣的錄音帶原件。

我說道：「你知道嗎，其實我們有兩卷錄音帶。」

「政府不在乎這件事，他們要的是原件。」

「不是，你沒聽懂。我有兩卷原件，它們是同時間製作的，內容是相同的。」

電話彼端一陣沉默。

最後，律師回應了，他同意這項因素也許能消解這次的衝突。後續幾天，我們共同仔細協商出作法。

在我們與美國政府交涉期間，我也經歷了畢生第一次現場直播的節目訪談，訪問者是CNN的皮爾斯．摩根（Piers Morgan），陪同的還有歷史學家道格拉斯．布林克利（Douglas Brinkley），布林克利後來和我成為朋友。在節目中，摩根說道：「這一段歷史是美國現代史上最聲名狼藉的時刻，你所拿到的東西有著從來沒人聽過的內容。」布林克利補充道：「缺少這份錄音帶的內容，人們就寫不出甘迺迪暗殺事件的樣貌。這是一份非常嚴肅的發現。」很高興聽到他們這樣說。但十五分鐘之後，身在後台的我忍不住翻了白眼，因為我聽到摩根和同在現場的豪伊・曼德爾（Howie Mandel）對話，摩根問曼德爾相不相信我，曼德爾只回答一個字：「不」。曼德爾解釋道，他對於所謂「在某個盒子裡找到某物」的故事一向持疑。我很肯定別人也會有類似的懷疑傾向，但這就是歷史狩獵，寶藏「確實」會被埋在盒子的底部。可是，當時的我還沒有條件去揭露整件事的樣貌。與國家檔案館的交涉談判，讓我冒出一種走鋼索的感覺。

國家檔案館法律總顧問最初那通來電過後幾天，我們的律師回覆對方，相告有兩份相同的複製錄音帶存在，並且提議：我們這方將一卷錄音帶捐贈給國家檔案館，同時保有另一卷卡帶的全部所有權（包括出售的權利）。

這樣不是很接近雙贏局面嗎？我們是這樣想的。幾天後，我們開車到位於華盛頓的律師辦公室。我們坐在會議桌的一邊，當時我的年紀是三十出頭，會議桌的另一端則坐著國家檔案館的總法律顧問與四位代表，這些代表都是影音資料與歷史方面的專家。我方也找來我們這領域的團隊，並在會議室內架好所需的古董音訊設備，所有人花了四個多小時專注地將兩卷錄音帶從頭聽到尾，並仔細比對我們先前辛苦謄錄出來的文字內容。起初，整體氣氛就是友善的，畢竟我們提議捐贈一份錄音帶，而這「確實」解決了對方的問題；後來的過程中氣氛變得更好了，這些檔案專家在心情放開之下甚至告訴我們，我們找到了政府找不著的東西，搞出了什麼樣的麻煩。到了下午三點左右，已經可以確定兩卷錄音帶都是真的且內容相同，拉伯收藏與美國國家檔案館達成協議，會議室中雙方人馬衷心握手，也許我尤其誠懇。我們總算放下了心中的一塊巨石。

出售事宜原本陷入疑雲，但現在終於撥雲見日。另外一卷錄音帶如今屬於國家檔案館「甘迺迪遇刺檔案」(Kennedy Assassination Records）分部，藏於波士頓的甘迺迪圖書館（John F. Kennedy Library），成功達成國會委任它收集重大歷史資料的工作。往後那卷錄音帶很可能會鎖在溫控庫房中，永遠不見天日；但是，你可以連上國家檔案館的網站，聽取完整的音訊內容，且能讀到一份摘要，上頭表揚了我們「發現這卷具有重要歷史價值的錄音帶，並將其捐贈給國家檔案館的重大貢獻。」

歷史動人心弦的力量，是這卷錄音帶在五十年前可能只值五十美分，但現在卻值五十萬美元的唯一理由；歷史動人心弦的力量，也是另一卷內容相同的錄音帶受到政府永久收藏與守護的唯一理由。我們很高興能看到，與甘迺迪遇刺事件有關的新書籍、論文、網站、研究裡，提到了那卷錄音帶。而且，誰知道呢？或許未來某天有人會發現最原始、毫無刪減的空軍一號四個小時錄音。這件終極的甘迺迪研究大祕寶，搞不好就在某間閣樓的某個盒子裡等待著，這並非不可能之事。

之所以我讓這件事的始末引起眾人注意，並不止於前面提到的原因，諸如好奇心得到好報，或者表面上不起眼的東西可能是無價之寶等等，還有這件事在我個人生命旅程中所占的意義，這是我們過去所有發現中最受到關注的。我在三十出頭歲槓上了美國政府，當時的我已經比較聰明了，雖然年紀也稍大了一些。即使只有短短幾天，但我感覺整個美國，甚至全世界，好像全都參與了我的歷史狩獵，美國政府的巨大勢力則跟在我們後面緊緊追趕著。

第三部　歷史的意涵

Part III　The Meaning of History

16 馬丁．路德．金恩的遺緒

The Legacy of MLK

「我近期得知拉伯收藏賣出了金恩（MLK）與可口可樂之間的信件。我們有意得悉售價，並且看看我們能不能與買家聯絡上，試圖獲得這份文件。」以上是可口可樂公司檔案員的來信內容。是的，可口可樂公司有一處檔案庫，他們也在當自己的歷史獵人，為公司歷史蒐集文物。這個跨越幾個世代的故事裡，隱藏著罕為人知的事蹟：可口可樂在美國黑人民權運動中曾扮演過重要的角色。

收到這封信的時候，我回想著信中提到的銷售物件是什麼。然後我想起來了。

在所有我們曾經買賣過的重要歷史人物書信與文物之中，馬丁．路德．金恩（Martin Luther King Jr.）是我最尊敬的對象。想像身在他的位置與處境，並教導那些傳達希望的訊息，真是不可思議的艱難。承擔起一套排斥自己的體制，且表示：「我是其中的一部分，我們全都身在其中。」能那麼說實在了不起，這必須要擁有英雄般的自我克制與樂觀精神才做得到。

很多人不知道，金恩崛起而享有國際名聲時還只是個年輕人。有些年輕人青春似火，金恩也不例外。金恩在三十五歲時獲頒一九六四年度的諾貝爾和平獎，成為歷屆得獎主中最年輕的一位。諷刺的是，曾經蓄奴的湯瑪斯．傑佛遜，也是在三十五歲的年紀寫出《獨立宣言》這份保障普世人權的文獻。

所以，你可能會問，為什麼會有人想要金恩寫給可口可樂公司的信呢？金恩怎麼會寫這麼一封信呢？

對金恩來說，獲得諾貝爾和平獎是他奮力面對諸多考驗的結果，這個獎項證明了他對於美國以和平方式團結的道德理想，也證明著他對甘地非暴力行動的肯定，以及自己對更美好未來的夢想。金恩得知自己獲獎時，人還在床榻上呢！他搭飛機到挪威領獎，跟妻子一同抵達喜氣洋溢的奧斯陸音樂廳；金恩領到獎章，坐到桌邊，沉浸於這一刻的象徵性，想著被他留在後方的人們所受的痛苦。金恩表示：「在我接受諾貝爾和平獎的時候，美國為數兩千兩百萬的黑人正在投入能夠創造未來的奮戰，以終結種族不正義的漫漫長夜。民權運動正帶著決心以及對危險的蔑視，努力建立一個自由的國度、正義的政府，我謹代表民權運動接受這個獎。」金恩可能同時在思考著，自己年紀如此輕，肩上竟要承受此般難以想像的重擔。

金恩讓我學到威廉・卡倫・布萊恩（William Cullen Bryant）[1]的話語：「被擊潰於地的真理，將會再度站起；上帝永恆的年歲屬於真理；負傷的謬誤則會痛苦地扭動，死亡於崇拜謬誤的信徒之中。」

金恩讓我學到如何實踐《聖經》的詩句：「你應當收穫自己種的作物。」

還有湯瑪斯・卡萊爾（Thomas Carlyle）的名言：「謊言絕非永生不死。」

以及詹姆斯・羅素・洛維爾（James Russell Lowell）[2]的句子：「真理常在絞台，謬誤長居王座。／但這座絞台卻在隱晦的未知當中，影響著未來。／上帝位在影中，俯瞰著萬物。」

金恩使用了美國白人、英語民族的遺產，呈現種族主義其實違背了我們的價值觀，且呈現民權運動將會留下的真正遺緒。

金恩的解釋非常生動，他曾使用華盛頓・厄文（Washington Irving）《李伯大夢》（*Rip Van Winkle*）之中，李伯睡過整段革命時期的故事。金恩說道：「有太多太多人

1〔譯註〕威廉・卡倫・布萊恩（一七九四—一八七八），美國浪漫派詩人、文人。

2〔譯註〕詹姆斯・羅素・洛維爾（一八一九—一八九一），美國浪漫派詩人、文人。

發現自己活在重大社會變遷的時代，但卻沒有發展出新情勢相應要求的新態度、新精神來回應。他們最終睡過了整段革命時期。」

金恩領完諾貝爾和平獎後光采歸國，但並非所有人都感到歡欣鼓舞。

亞特蘭大市長小伊凡・艾倫（Ivan Allen Jr.）期望能榮耀這座城市出身的英雄，籌辦了晚宴宴請金恩。艾倫過去曾是支持種族隔離者，但後來他改變想法，終結了「吉姆・克勞」（Jim Crow）政策[3]，並且支持一九六四年的《民權法案》（Civil Rights Act），他是美國南方唯一支持這項法案的民選官員。

亞特蘭大市長想為金恩辦晚宴這件事很快就遇上了麻煩。榮耀金恩與黑人民權運動的舉動在白人社群引起爭議，艾倫於是尋求亞特蘭大最顯赫的商人羅伯特・伍德羅夫（Robert Woodruff）協助。伍德羅夫從一九二三年起擔任可口可樂總裁，直到一九五四年才卸任，但他是大股東仍續為董事會成員。伍德羅夫是亞特蘭大民間菁英的代表人物，深知如果白人社群杯葛本次晚宴，整座城市將因此受辱而蒙羞。伍德羅夫自覺有道德義務支持這次活動，他請當時的可口可樂總裁保羅・奧斯丁（Paul Austin）召集地方商業領袖會面並敦請他們支持，奧斯丁的用詞再強烈不過：「一座城市倘若拒絕它的諾貝爾獎得主，可口可樂將對自己位於這樣的城市感到羞恥。我們是國際企業，可口可樂並不需要亞特蘭大，而你們所有人都要決定究竟亞特蘭大需不需要可口可樂公司。」

這次活動的組織工作，交給了可口可樂副總裁愛德格・佛瑞歐（Edgar Forio）。商業界人士於是蜂擁而至，晚宴本身是一次大成功。不僅如此，這次晚宴成為亞特蘭大種族關係的轉捩點，象徵這座城市新興的世界主義（cosmopolitanism）精神。晚宴於一九六五年一月二十七日在丁克勒廣場飯店（Dinkler Plaza Hotel）舉辦，活動本身是個引人注目的消弭種族隔離範例，民間領袖同聚一堂，公開表揚一位黑人。在一千五百位參與者之中，有市長艾倫、前市長威廉・哈茲菲爾德（William Hartsfield），有宗教界領袖如天主教大主教保羅・哈里南（Paul Hallinan）、猶太拉比雅各・羅斯柴爾德（Jacob Rothschild），還有《亞特蘭大憲法報》（*Atlanta Constitution*）編輯拉爾夫・麥吉爾（Ralph McGill），學術界領袖如莫爾豪斯學院（Morehouse College）院長班傑明・梅茲（Benjamin Mays），以及一群亞特蘭大商業界菁英。

3〔譯註〕吉姆・克勞是一個杜撰的黑人角色，代表當時白人對於黑人的刻板印象，不正經、懶散、愚蠢、不道德等等。「吉姆・克勞」政策或法律其實指的就是種族隔離制度。

晚宴上有演講活動，有莫爾豪斯學院合唱團表演，到了夜間會末時分，整個宴會廳進行了大合唱，所唱的曲子是〈我們必將勝利〉（We Shall Overcome）。金恩作了一場動人心弦的演講，他說道：「一個人所要面對的終極考驗，並不是出現於他養尊處優的時刻，而是面臨挑戰與論戰之時。」

對金恩來說，這是一次勝利，但是爭取民權的戰役還遠遠沒有獲勝。

短短五天之後，金恩等兩百多人因為在阿拉巴馬州塞爾瑪（Selma）發動投票權遊行，而在二月一日入獄。下一個月，爆發了從塞爾瑪到蒙哥馬利（Montgomery）的大遊行。三月七日，訴求投票權的遊行者在愛德蒙．佩特斯橋（Edmund Pettus Bridge）遭到毆打，時任的國會議員約翰．路易斯（John Lewis）遭到逮捕，這起事件遂受全國廣泛報導。幾天之後，民權運動者詹姆斯．里伯因為被白人種族主義者毆打而死去。接著在三月二十五日，隨著金恩於蒙哥馬利發表演說，大遊行運動終於告一段落。但沒過幾個小時，薇歐拉．柳佐（Viola Liuzzo）在載送遊行人士回到塞爾瑪的途中，遭到三K黨人殺害。

愛德蒙．佩特斯橋衝突事件過後僅僅一週，三月十五日，金恩寫就了一封信給可口可樂副總裁佛瑞歐。金恩沒有忘記佛瑞歐團結自己家鄉社群的努力，並在信中感謝他對那次晚宴的贊助。金恩繼續寫道：

> 老實說，這次的活動讓我心中感受到的溫暖，少有其他事可與之比擬。這不只是對我個人的證明，也是在證明亞特蘭大城、我國南方、美國的偉大，並證明美國有能力超越過去世代的衝突，美國能夠真正造就消融一切差異、以民主與我們猶太——基督教傳統的偉大精神來和諧眾人之心的可愛社群。

這封信洋溢著巨大的溫暖與胸懷，即使寫信當時的金恩仍在與種族主義暴力及殺人者奮戰。

多年之後，愛德格・佛瑞歐的孫子與我聯繫，提議要賣出這封信，還有那次晚宴的正式邀請函及程序表。我馬上就把文物買了下來，後來又賣給了一位擁有廣大收藏的先生，他專門蒐集讓自己感動且具有宗教性感受的文物。那位先生最終停止蒐集東西，我也把那封信的事給忘掉了。

後來，可口可樂公司寫信給我，那整件事又再度浮現在我腦海中，諾貝爾獎、晚宴、流血衝突、金恩的氣度。可口可樂檔案庫人員非常想要這件文物，預期它將「成為我們收藏中意義非凡的文物。」這件文物象徵著亞特蘭大擔起自身作為黑人民權運動領導地位的那一夜，而且呈現出可口可樂位在民權運動的第一線。

勸誘收藏家放棄自己珍藏的物件並非我們會做的事。這些熱中蒐集的人，對於物件發展出了情感上的依戀，而我知道此時那封信的擁有者就是這樣的人，他對於自己蒐集的文物擁有宗教性情懷，而且經常說他收藏的文物「會跟自己說話」。這位先生經常要自我克制「我一定要擁有那件東西」的心情。不過，現在他已經停止蒐集東西，並且考慮起出售事宜。

我和這位先生聯繫上，他表現得很執著。我解釋了這件文物的歷史，還有可口可樂對於收藏此信的渴望；我還提醒他，之前他曾經表示過，等他年紀更老時可能會想出售自己的收藏，所以這不能說得好像是我第一次向他提起這個課題。他希望賣出這件文物能夠有利潤（他是以兩萬美元買來的），而對方出的價格正好是這個數，所以我決定放棄自己在這次買賣的佣金，最後他同意賣了。

金恩送給佛瑞歐的那封信現在要回家了。畢竟，可口可樂是造就那場諾貝爾獎慶祝晚宴的關鍵角色，無論在政治或經濟層面上皆是，而他們認為這是可口可樂資產中重要的一部分。這封信成了某場金恩家族相關重要會議的主角，現今它則醒目地出現可口可樂的網站上，網站上並寫著金恩與該公司的「故事尾聲，是來自金恩博士非常重要的認可。」

現在，這封信位在亞特蘭大可口可樂公司總部，應該不會再賣給別人了。可口可樂檔案員的狩獵得到回報，也讓我再次與這封信有所接觸，這對我意義重大，它提醒著我，正如柯立芝（Samuel Taylor Coleridge）[4]在幾代以前的教導：「去找尋一位不會欺騙的導師——那便是永恆話語的聲音。」

近來，那座諾貝爾獎成為了爭議。金恩的遺產這幾年屢屢登上頭條，他的孩子因為遺產的處置而非常張揚地彼此鬥爭，以下這類問題因此浮現：為了金錢的鬥爭，「把金恩的諾貝爾和平獎、金恩個人的《聖經》，賣給出價最高的人合適嗎？」（那本《聖經》曾經用於歐巴馬第二次總統就職典禮）。對金恩文物的爭論鬧上了法庭，最後，想要把文物賣掉的孩子們贏得了出售權利。許多金恩的文件在二〇〇六年經由蘇富比

4〔譯註〕柯立芝（一七七二—一八三四），英國浪漫運動的重要詩人、文人。

拍賣，一群捐助者集資將文件買了下來，然後捐贈給在亞特蘭大的金恩母校莫爾豪斯學院。這些爭吵讓金恩文物與文件的精神道德份量有所折損，事情重點反而變成所有權以及單純金錢意義上的價值。

金恩的文件正好坐落在我們歷史性與倫理歷史的十字路口，這類高額的拍賣將更可能發生在金恩之外的人物身上。金恩是我們對一個最受崇敬之人的化身，金恩的遺緒則受到普世肯定與保護。

所以，如果我發現一份書信或文件，具有可能貶損這位受人敬愛的歷史人物之嫌，我應該怎麼辦呢？如果那位歷史人物恰好是馬丁．路德．金恩呢？這已經不只是個抽象的問題，我確確實實而戲劇性地碰上了這樣的事，這次經歷讓我對於拉伯收藏公司作為歷史守護者角色的思考成為重點，這是我面對過的事情裡最具道德衝突的一次。

某天，我接到一位名叫德瑞克（Derek）的人來電，德瑞克表示他的母親寶玲（Pauline）曾於一九六二年收到一封金恩的來信，並詢問我是否有購買的興趣？德瑞克簡短解釋，那封信是金恩的親筆信，非常稀有，而且此信是從監獄寄出，信紙還收在喬治亞州奧爾巴尼（Albany）的監獄回郵信封裡。德瑞克向我保證這封信絕對是真的，但我心想「本山人自有判斷」。

德瑞克人不賴，那次談話簡短而坦誠。我邀請德瑞克到辦公室一趟，他與妻子住得不遠，也在費城地區。德瑞克夫婦在週末前來，他們一定是從教堂那邊過來的，兩人是中年的美國黑人夫婦，先生穿著不錯的西裝，夫人則戴帽子、著洋裝，這樣的場合，相較起來老爸和我實在是服儀不整了。

德瑞克帶了個老皮革公事包，文件裝在裡頭，至少我看起來像是如此。他緩緩地打開公事包，向我展示他母親的彩色照片，照片裡德瑞克的母親打扮頗有異國風采，頭髮上梳，身穿一件絲質長袍，到處都有褶邊；這麼說並無冒犯之意，但我並沒有類似那樣的母親照片。

德瑞克告訴我們，當時他的母親與金恩已相識五年，他們是在金恩的旅程中認識的。德瑞克拿出一張金恩與德瑞克家族的合照，他還帶了一本金恩簽字送給自己祖母的書。讓我驚訝的是，德瑞克前來拜訪的主要目的好像「不是」要賣信；他大約先講了三十分鐘才將信拿出來讓我們確定內容與真偽——據說這才是他來訪的意圖。德瑞克與他的家族對於自己與金恩有所連結深感驕傲，如今，德瑞克來到這裡講述他們的家族故事。

一九六一年十一月，美國州際商務委員會（Interstate Commerce Commission）禁止所有洲際巴士站的種族隔離。喬治亞州奧爾巴尼的黑人民權運動領袖準備測試此事，看看民權運動表面上的勝利是不是真的落實了。學生最早回應這股呼聲，有九位學生前去冒險。

結果，無人遭到逮捕。但這股呼聲愈傳愈廣，奧爾巴尼很快成為抗議種族問題的重鎮。抗議活動首度將廣大運動的本事法門全都用上，如大型抗議、入獄、靜坐示威、杯葛行動、法律訴訟等。接著，金恩博士來了，而全美的目光也隨他而來；金恩遭到逮捕、入獄，然後又被釋放，接著在法庭上因未經許可的集會遊行而受審，七月中再度入監。後來，金恩又因為更多的抗議事件，反覆被逮捕與釋放。金恩希望待在監獄裡，以作為民權運動精神、韌性的象徵。他之後寫道：「我絕對不會忘記那些經驗，擠入監獄的有高齡七十歲以上的婆婆、青少年、中年人士——有醫學、法律、教育的專業人士，有些只是家管與工人。」

事後金恩描述奧爾巴尼監獄囚房的情狀：「牢房內滿是汙穢，床墊硬得像石頭一樣，而且噁心到不可思議，成群的蟑螂與螞蟻是很常見的現象。有些牢房甚至根本就沒有床墊，囚徒被迫睡在光禿禿的鋼板上。」

金恩在日記上寫著：「八月二日星期四：我得知甘迺迪總統表示，奧爾巴尼的委員們應當與黑人領袖談談。我覺得這是非常直率的表達，並隨即口述一道聲明要傳達給總統以讚揚他的作為。」隔天，金恩寫道：「八月三日星期五：他們將法庭聆訊延到星期四。我還是覺得這樣太久、太拖了，我認為無論如何人們應該繼續抗議。」

那天早晨前來我們辦公室的德瑞克夫婦，終於將他那堆紀念物品（混雜著家族照片與書籍）全都拿出來了，他帶來的東西大多數都不是要賣的，只是帶來讓我們知曉家族歷史用的。德瑞克坐在我的對面，他的手越過咖啡桌將一枚信封遞給我，接著又遞了一封信給我。

我看見信紙上沒有標誌日期，但是信封上郵戳日期是一九六二年八月三日，寄件地址是：「奧爾巴尼市監獄，喬治亞州奧爾巴尼。」如果不是因為信封，還有當時抗議活動留下的歷史紀錄，就無法辨識這封信的年份了。現在我心中有著這些重要的線索，我將信紙拿了起來。信上的筆跡很特別，顯然是金恩所寫，我留意到筆跡的角度朝右，以及每個詞第一個字母的圈圈狀，還有金恩通信時常使用的典型藍筆。

簽名有一點潦草。金恩沒有簽全名，而是姓名縮寫MLK。以下為信件部分內容：

在奧爾巴尼監獄骯髒汙穢的牢房裡，我的心靈直覺而自然地，浮現我的寶玲美麗而陽光的容顏。我多麼希望現在能收到你寫給我的信。我已經在心裡寫過一百萬遍，我是多麼遺憾自己現在才動筆。

金恩信中繼續談到自己可不可能即時被釋放，以完成他們預計好的約會。他在結尾寫道：「只為了那個人保持甜美，你知道我說的是誰。」

我將信放下，盯著德瑞克的眼睛。這不僅僅是一封獄中書信而已，這是一封獄中「情書」。這個人正在犧牲自己，承受恥辱的牢獄之災，卻同時寫出這般富有詩意的文字。金恩博士有婚外情這件事不是祕密，而我現在發現的是其中一樁。坐在桌子對面的那個人微笑著，事實上，德瑞克不只是微笑，而是驕傲地眉開眼笑。偉大的金恩博士從獄中寄出一封情書給德瑞克的媽媽，兩人之間確實有一段關係，而德瑞克的家族絲毫不覺得這段關係是醜聞，或對此尷尬。正好相反，德瑞克家族認為這封信將他們與金恩的遺緒連結起來，他們因此沾光而與有榮焉。這件事實在令人驚訝而觸動。

書信具有予人力量、振奮心靈與啟發人生的潛能，引用梭羅的話，書信能讓我們「站在兩種永恆（過去和未來）的相會處。」我對這個道理的體會日益深刻，而德瑞克家族正是這番道理活生生的具體呈現。

父親和我一起與德瑞克夫婦坐著聊上一個小時，內容大多是和德瑞克母親的一生有關，以及金恩與她相識、去看她、寫信給她的情況。德瑞克曾試著將信件送去一場拍賣會，但最終沒有售出。有時候，物件可能被淹沒在拍賣型錄中；有時候，別人並沒看見你在一件文物裡瞧出的東西。以這次來說，前述兩者皆是。有時候，第三方人士的言詞可能將原信菁華給掩蓋了。

我看出這封信的真實本質：我心目中的英雄在他人生的黑暗時刻，寫了一封具有極高私密性的信息。男女倫理問題姑且不論，這封信掀開某種程度會掩蓋住我心目中英雄的簾幕。

我快速地上網查詢一下這封信的內容，還有搜尋提及金恩與寶玲關係的資訊，但是什麼都沒查到。我頓悟到另一件事：這不是一封他人已知的信件，這不是一段公眾已知的關係。

當時我心想，出自我個人對於金恩的連結感，我從這封信或許可以比別人看出更多端倪。我願意冒這個險，於是付給德瑞克兩萬五千美元，這個價碼比他訴諸拍賣會得到的還要高。金恩博士的書信並沒有到達天價的地步，我們曾賣出的金恩書信大約落在七千至一萬五千美元之間，但是這封信（從很多方面來說）可不一樣。

能買下這封信很令人雀躍振奮，但這不過是開端罷了。

我知道自己很快就得面對該怎麼處置這封信敏感內容的問題。此外還有著作權，好訟的金恩家族會不會為了這封信來告我呢？根據法律，如果你寄了一封信給我，那麼我就擁有這封信，而且可以任意處置它，但是信中的文字依然屬於你，因為那是你寫的；否則，倘若羅伯特・佛洛斯特（Robert Frost）為你寫就一首詩，你便可以出版它並得到所有的版稅了。自作者逝世以後，著作權還可以維持幾十年，之後作品資料就會進入公共領域，因此，這封金恩書信依然受到著作權的保護。我當然可以描述這封信，引用信的內容，將掃描檔部分內容進行模糊處理，但是出於慎重，我想最好不要把全信內容公布在我們的網站上。

著作權是個耐人尋味的法律問題，但它主要還是一個技術問題，所以我自信能夠克服。真正的問題其實是道德性的，如果一個交易商（甚至說是一個愛著金恩博士遺緒的交易商）爆料，金恩即使入獄期間依然進行著不倫戀，這件事會有什麼意涵呢？我不想要表現得像是以毀謗金恩名譽來牟利。

我們雇用了外面的公關公司，因為我們已經不自己做公關了。與公關公司討論後，公關人員直言不諱地表示：這會讓你博得媒體版面，你得發表這件事，你可以用一種有品味的方式辦這件事。至於是要辦些什麼事呢？要發布新聞稿，積極地與我們有關係的媒體網絡接觸，還要盡可能地上電視。

公關公司說這會是一次成功的公關活動，我相信他們所說的，這麼一來，我們公司的名字就會登上版面。但我比較沒信心，搞不好我們會惹上麻煩或者引起反效果。與德瑞克家會面的時候，我很清楚意識到他們對此絕對不會介意，他們討論過要為自己母親的經歷及這段關係寫書，甚至授權拍攝電影。可是，我所顧慮的是那些依然從金恩身上得到啟示的人們，「他們」會有什麼感受呢？

我們為了這個課題辯論了一個禮拜，有時我的傾向是做下去，我知道凱倫與父親的態度比較猶豫不決；公關團隊則是大力贊成，持續向我施壓。但我一直回頭去想：「這樣做會不會是錯的？」凱倫問我：「小奈，對於媒體來電詢問這封信，『你』的感覺會如何？」我回答道：「不太好。」她再次看著我，她的頭有些微傾，似乎暗示著我們已經有了答案了。

公關團隊表示：「聽著！我們覺得你想太多了。」

我向他們表示：「我不要這麼幹。要負責回應記者提問的是我，名字會印在報章上，會在電視上露面。這件事會影響公司的名聲，我不會這麼做，我不想要被人指控在詆毀金恩的遺緒。我對這個人的尊敬無以復加，而且這麼做不會造就什麼好事。這真的不值得。」

我們從來沒有將那封信的內容公開。我曾和一些我認為會欣賞信件背後這段歷史的人談話，並且把信賣給了其中一位。我們買下這封信，是因為我們認為它很重要、有連結性，而且喜愛這個家族的故事。這封信讓我了解金恩對於當時美國黑人社群具有的情感影響力，他們居然可以帶著自豪去看那段韻事，這封信成為那段韻事的象徵，他們珍惜這封信——這件事強烈地反映出，這個人物對於讓他付出生命的那群人而言，具有何等意義。在一個我們被教導的多數歷史人物是白人、男人的背景下，這封信讓他們得以啜飲歷史之杯。在此，他們打開歷史之書，看見的卻是自己面容的倒影。

這次經驗是我首度近距離面對自己具有改變公眾對於某個人物觀感的能力，我看見了自己居然擁有影響某個人物遺緒的能力。雖然金恩與其他女性的私人關係已經廣為人知，但我們所選擇的是在金恩的言行直接影響所有人的領域內，推崇他的遺緒。

所以，為什麼我現在要將這件事落筆付梓呢？一方面是我已經不再擁有這封信了，我討論這件事的動機不是為了金錢，而是道理。除此之外，我認為這個故事富有教育意義。我們不能挑揀選擇降臨在自己身上的事，但是我們可以將偉大人物的了不起行為帶進自己的人生；德里克家族就是這麼做的，他們將這件事轉化為深刻而日常的意義。金恩寫下這封信的背景提醒著我，歷史絕對沒有那麼簡單。要活在歷史之中，在未來與過去之間劃下分野，是一段複雜的旅程，而在那樣的旅程中（如卡萊爾所言），「一個不好奇的人，一個不持續好奇的人，只不過是一副眼鏡，但眼鏡後面卻沒有眼睛。」

17 安德魯・傑克森與「眼淚之路」
Andrew Jackson and the Trail of Tears

一八二九年秋天，密西西比軍事人員兼郵務承辦人大衛・海利（David Haley）少校，旅行穿過密西西比與阿肯色，來到印第安部落喬克托族（Choctaw）、奇克索族（Chickasaw）所在地。海利來此與部落領袖、部落議會相見，向聚集的數百位美洲原住民傳達他那表面上具有善意卻不容質疑的訊息。海利帶來了一項提議——來自美國總統安德魯・傑克森。

這是一項嚴苛的提議：如果他們離開祖先傳下且世代居住的廣大土地，遷移到密西西比河以西，他們將可以領得喪失土地的補償，並且在阿肯色領地獲得新土地；如果他們「不」離開，那麼將會失去自己的主權，改受美國與其所在地各州法律所管轄。海利言下暗示的威脅是，如果他們繼續留下來，他不會保障他們的安全。

海利的訊息是以傳達給部落議會為目標，他直接告知了喬克托族族長大衛・福梭姆（David Folsom）。海利向福梭姆解釋，這道訊息來自傑克森總統親手交給海利的信，而這個訊息現在必須大聲朗讀讓眾族人聽到。傑克森總統的信上寫道：「告訴他們這些朋友與兄弟，聆聽他們爸爸兼朋友的話語。」傑克森自稱為美洲原住民的「爸爸」，這是自湯瑪斯・傑佛遜以降美國總統普遍的用詞。信中繼續寫道：

他們現在所在的地方，與我的白人孩子們太靠近了，雙方無法和諧而和平地生活。獵場已經遭到破壞，而他們許多族人不願意工作或耕田。在大河密西西比的另一端，他們的爸爸已經為他們所有人準備好足夠的土地，他們之中有一部分人已經先過去了，而他們的爸爸建議他們往那邊去。在那裡，白人……不會騷擾他們，他們不會取得土地所有權，但只要青草常在、綠水常流，他們與其子孫就可以繼續和平而豐饒地居住下去，那裡將永遠屬於他們。關於他們在現在生活區域的建設，還有無法帶走的財貨，他們的爸爸將會與他們締結條約，以公平的價格補償他們。

告訴我喬克托族與奇克索族的紅孩兒們，要他們聽著，我在密西西比的白人孩子已經將白人的法律推廣到他們的地方，如果他們要繼續待在原處……就得服從那些法律。如果他們遷走，渡過密西西比河，就能不受那些法律管轄，他們就是自己的主人，並受到總統爸爸的愛護。告訴他們，在他們現在所在的地方，他們的總統爸爸是無法阻止密西西比州法律運作的，他們處在州界之內。請你向他們解釋，美利堅合眾國沒有權力質疑任何一州在州界範圍內管理自身的事務，他們必須為州政府所管轄。告訴那些酋長與戰士，我是他們的朋友，我希望當他們的朋友，但他們必須遷離密西西比州與阿拉巴馬州的範圍，定居在我提供給他們的土地上，讓我能在權限之內繼續當他們的朋友。

酋長與戰士必須全盤了解這次談話，請你去他們那邊加以解釋，告訴他們這是我親口告訴你的……而我從來不會說話不算話。

只要他們準備好將自己的土地……用來交換密西西比河以西的土地，我將推動與他們締結條約，並且向他們保證，這份條約一定會保障他們的相關事宜能得到公正與自由。他們的投資建設與留下的財物可以獲得補償，任何有意留下來成為公民之人，能夠獲得涵蓋他們建設區域的保留區，他們一定能夠獲得爸爸對他的紅孩兒們的公正處置。我再次請你要他們聽好，這項提議的規劃，是唯一讓他們可以繼續以一個部族的型態生存下去的辦法……這是他們可以期待保存自身律法的唯一辦法，也是他們受到美國照顧與人道關懷的唯一辦法。我是您誠摯的朋友，以及我喬克托族與奇克索族弟兄的朋友。

安德魯・傑克森

傑克森的政策當中，最明確而且最具爭議性的，莫過於他與美洲原住民部落的關係。一八二〇年代，傑克森正在塑造自己全國性人物與潛在總統人選的形象，此時上述議題正處於如火如荼的狀態。傑克森採取的立場是，美洲原住民與其他人一樣，只是司法管轄區下的居民，並沒有既有的土地所有權。這件事充分詮釋了「老胡桃樹」（Old Hickory）傑克森走的群眾主義路線，也就是將權力與主權交給一州或領地內的地方人民，如果這些州的人民希望某些特定的鄰居「走人」，那就叫那些人走。藉由這樣的路線，傑克森順利地於一八二八年大選中獲勝。

福梭姆將傑克森的信件內容傳達給喬克托與奇克索印第安部族之時，政治情勢是很緊張的。密西西比在一八一七年加入聯邦，阿拉巴馬在一八一九年跟進；隨著美國的擴張，這兩州的移民人數愈來愈多，數年來移民與美國東南方原住民部落的衝突也愈演愈烈。這些州並不認可自治的印度安部族疆界，那些印第安部落分別是喬克托族、奇克索族、切羅基族（Cherokee）、克里克族（Creek）、撒末諾族（Seminole），也就是所謂的「文明五部族」(Five Civilized Tribes)。美洲原住民雖然拒絕了過往的遷徙計畫，但他們也已經在從前的條約下放棄了大片土地。

不過，傑克森是有理由期望喬克托族聽話的，因為他們曾經在一八一二年戰爭中並肩作戰，福梭姆本人曾經居於傑克森以及知名的喬克托酋長普什馬塔（Pushmataha）的麾下。福梭姆的父親是白人、母親是原住民，而且他還是個基督徒，福梭姆在一八二〇年代便允許傳教士開辦學校教導喬克托族的孩童。

可是，福梭姆對於要遷徙部族離開（現今密西西比州地區）家園一事，採取堅決反對的立場；更甚者，他還從一位友好的傳教士那邊聽說，那片答允要給予喬克托族的阿肯色之地，早已被白人移民占據了。

部落因此召開了會議來討論傑克森的提案。老一輩的部落領袖對於衝突極為疲憊厭倦，已經準備要接受合情合理的解決方案。但領導年輕一輩的福梭姆則在會議期間勃然大怒，力主大家應該留下奮鬥，這裡可是他們的土地。

福梭姆因此拒絕傑克森的「提議」，他表示：「紅人們認為，再過沒幾年，美國人也會想要擁有密西西比以西的土地。如果我們遷走了，很快又會再被白人強迫遷走。我們沒有意願賣掉自己的故土。……這裡是我們的家園，是我們居住的地方，我們的田野在這裡，我們的學校在這裡，我們的朋友全都在這裡；而在我們腳下的，是塵土，以及先祖的遺骸。」

其實這並非「提議」，而是一道「命令」。傑克森並未因此退縮，他在幾天之後的國情咨文演說裡宣稱，問題的唯一解決之道就是將印地安部族遷徙到密西西比河以西。傑克森確立了自己政府的印地安政策，內容就是幾天前他交給使者大衛．海利的指示。

隔年春天，傑克森讓國會通過《印地安人遷徙法案》(Indian Removal Act)，他簽署了法案，授權可將聯邦東南領土區域的美洲原住民強制遷徙至密西西比河以西，就在今天的奧克拉荷馬州。接下來的幾年，印第安眾部落展開長期的向西跋涉，有時候是在槍口的威逼之下，這段旅程後來被稱作「眼淚之路」(Trail of Tears)。

至於傑克森傳達給喬克托與奇克索部落的原信，顯然已經失落於歷史之中。

每年夏天，我跟凱倫都會帶著女兒去緬因州巴爾港（Bar Harbor）的家族小屋避暑，盡情享受海邊涼爽的天氣。某年，除了躲避熱浪之外，還有另一個要趕快前往的理由，在那裡等著我們的是一個幾天前由聯邦快遞送達的四十磅大箱子。寄件者是一位南北戰爭名將的後人，對方先前在閣樓裡翻查家族遺物，並在他擁有多年的箱子裡翻找某些歷史「玩意兒」，他找到了一些文件，還有一面旗幟。在我們離開費城的前一個禮拜，父親收到了對方打來的第一通電話，對方解釋，自己擁有一些家族世代留傳下來的東西。文物擁有者的直系祖先是湯瑪斯・尤英（Thomas Ewing），尤英曾經擔任威廉・亨利・哈里森總統任內的財政部長，後來又在扎卡里・泰勒總統任內擔任內政部長。尤英的三個兒子都是南北戰爭時期的聯邦將領，其中一位還成為威廉・薛曼將軍麾下最受信任的將領，脾氣暴躁的北方將軍薛曼曾於慘澹的一八六四年在喬治亞州「向大海進軍」（March to the Sea），將戰火的恐怖帶到南方[1]。薛曼在一八五〇年娶了老尤英的女兒，所以他是老尤英的女婿。由此，尤英家族可說是十九世紀的顯赫大族。

這位尤英家的後嗣告訴父親：「我曾經把東西交給拍賣公司。」但他表示，拍賣公司的興趣似乎不怎麼高。有一封安德魯・傑克森的親筆信，信已經裂成碎片，狀況不佳，拍賣公司的估價是五千美元，這個價碼與傑克森較不重要信件的市價相符。父親向對方索取了影像檔案，但從對方寄來的圖片，看不太清楚這到底是封什麼樣的傑克森書信。不過，其他的物件確實很有趣，其中包括一面戰旗，那面旗幟曾經在攻占維斯堡

1〔譯註〕「向大海進軍」是薛曼向南方發動的焦土破壞戰略。

（Vicksburg）的戰役之後，飛揚於聯邦軍指揮總部。所以，把一切考慮在內之後，我們認為可以付錢，出價是五位數美元，遠高於拍賣公司的價碼，當然這必須是在確認物品真偽以後才會支付。對方於是寄出所有物件，從他在亞利桑那州的家園橫越美國，抵達我們緬因州的小屋。

從費城開車到巴爾港是一日的長途旅程，我的心思放在即將來臨的假期（獨木舟正在小屋下面等著我）。我們還在路上時，老爸打了電話來，他人已經上來緬因了，而且他已經先把尤英家的箱子打開了，這是他素來想要快點知道自己發現什麼的熱切表現。你永遠不會知道箱子底部有些什麼，每次物件寄到，保證都會出現一些出乎意料的東西。箱子裡頭有戰旗、一張指揮總部的圖畫、一張維斯堡戰役的地圖，還有一八六三年七月休．尤英（Hugh Ewing）寫給妻子的一封信，告知維斯堡戰役南方軍的投降，這是南北戰爭的轉捩點之一。對於這些東西，老爸的雀躍程度不低，但也不算太高。

在箱子的底部，父親發現散置的九堆紙片，其中最大張的，大小像是不規則形狀的索引卡。其中有張紙片上有安德魯．傑克森瀟灑的簽名與標記，想必這就是拍賣公司估價五千美元的那封信吧！這些紙片到底是什麼？有什麼意涵呢？自從南北戰爭以後，應該就沒有尤英家族之外的人看過這些文物了，甚至沒有這個家族以外的人知曉這些東西的存在。

父親說明：「這裡有一大堆紙片，我甚至不能確定這些紙片能否契合在一塊兒。等你到了之後，咱們再一起瞧瞧。不過從這些紙片看起來，感覺挺有希望的。」

我們抵達小木屋時，箱子已經在那邊等著了。我發現那封神祕信件的殘片分裝在幾個夾鏈保鮮袋裡，並沒有放在一起，這表示尤英家族也沒意識到它們屬於同一份文件。

我把東西拿進書房，是那棟十九世紀後期房舍前方的房間。在一百多年以前，格羅佛・克里夫蘭（Grover Cleveland）[2]總統曾在這間房裡主持內閣會議，而那個時代的名人就坐在這個房間裡飲酒，像是約翰・皮爾龐特・摩根（J. P. Morgan）[3]、阿斯特四世（John Jacob Astor）[4]、詹姆斯・羅斯福（James Roosevelt，富蘭克林・羅斯福之父）、喬治・多爾（George Dorr）[5]、奧利佛・霍姆斯（Oliver Wendell Holmes）[6]等人，以及

2〔譯註〕格羅佛・克里夫蘭（一八三七—一九〇八），美國第廿二任與第廿四任總統。
3〔譯註〕摩根（一八三七—一九一三），美國金融大亨，摩根大通集團（J.P.Morgan）創辦人。
4〔譯註〕阿斯特四世（一八六四—一九一二），美國富豪，死於鐵達尼號沉沒事件，是當時船上最富有的乘客。
5〔譯註〕喬治・多爾（一八五三—一九四四），自然主義者，被譽為阿卡迪亞國家公園之父。
6〔譯註〕奧利佛・霍姆斯（一八四一—一九三五），知名法學家、最高法院大法官。

曾在內戰期間擔任傑佛遜・戴維斯（Jefferson Davis）[7]私人助理的伯頓・哈里森（Burton Harrison）。我們這間房子在當年並非住家，而是名為「沙漠山閱讀間」（Mount Desert Reading Room）的私人俱樂部，是巴爾港黃金年代的思想界中心。栗褐色的窗簾讓房間保持著沉靜的氛圍，我的父母還布置了符合維多利亞時代晚期的傢俱；此外，木地板為深色核桃木與淺色橡木交錯，這是屋內最原初的裝設之一。整個房間讓人覺得有些神似「鍍金時代」（Gilded Age）[8]的男性俱樂部。

我將這一八二九年的九堆紙片鋪在面前，如同拼圖一般；我們想知道自己找到了什麼，就得先把這幅拼圖給湊起來才行。這確實是個挑戰，但當我把它們全部放在面前時，我注意到紙片上的筆跡與墨跡是一致的，紙張上的筆觸與風格是相同的，所有的紙片都是相同的深褐色，沒有褪色情況不一，它們應原屬於同一份文件。這個簽名是傑克森的沒錯，他的簽名粗獷而獨特，大膽而有自信，他的簽名通常比紙張上其他的文字還要大，很符合這個人的性格與歷史形象。我把老爸找來，我們隨即坐在桌旁試著將拼圖拼起來，簽名要放在底部，一八二九年十月十五日這個日期則放在頂部。好！這是個好的開始。至於其他的部分，我們並不像迷失於汪洋般毫無頭緒，因為文字書寫方向可以讓我們辨別東方與西方，而紙片會有幾條邊緣是直的。所以這片要放這邊，那片要放那

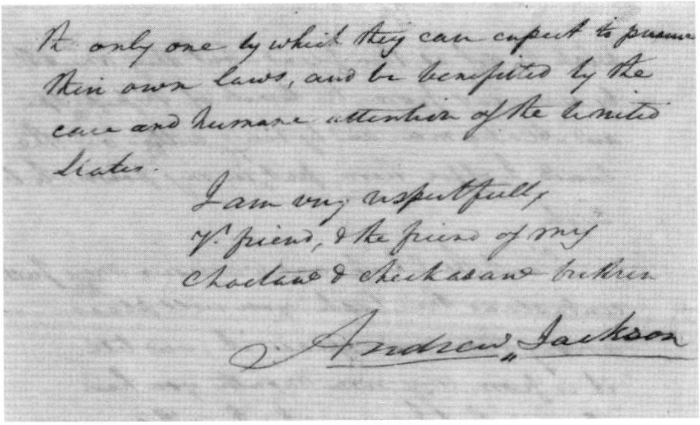
the only one by which they can expect to preserve their own laws, and be benefitted by the care and humane attention of the United States.

I am very respectfully
yr friend, & the friend of my
Choctaw & Chickasaw brethren

Andrew Jackson

我們在箱子裡找到的第一張安德魯・傑克森書信碎片。

邊……我們大概花了四十五分鐘才讓紙片各就各位，並了解這份文件哪裡有缺漏。看起來，我們大約擁有整份文件的四分之三，它的尺寸和筆記本差不多大小。這確實是一封安德魯・傑克森簽過名的書信，內容則是由他的姪子／祕書執筆。

「老胡桃樹」是幾個世代以來佇立不搖的政治界巨人，在他的那個時代，有人愛他、有人恨他，這種毀譽參半的情況一直持續到今日。

傑克森是個軍職出身的民粹主義者，掌權的時間大約是在拿破崙逝世後八年，他激發了自己下屬的士

7〔譯註〕傑佛遜・戴維斯（一八〇八—一八八九），南北戰爭期間擔任南方「美利堅邦聯」（Confederate States of America）唯一一任總統。

8〔譯註〕「鍍金時代」是指十九世紀後期的美國（內戰結束後），當時是一工業進展、經濟發展、地區開發極為快速的時代。

兵以及許多人的反菁英立場，此事讓他同時成為英雄與壞蛋、暴君與人民之星。就像先前的拿破崙那樣，傑克森大力施展自己的權力與影響力，像是在揮舞著棍棒，他知道一個人的理念以及他所代表的事物，可以激起別人的崇拜與奉獻。拿破崙與傑克森當然是很不一樣的人，但是他們都證明了同一個道理：如果你無法從世界偉人身上看見他們所代表的理念，那你就無法理解偉人。

今日，許多收藏家擁有「傑克森架」(Jackson shelf)，例如川普（Donald Trump）總統便是其中之一，他在二〇一七年時把「老胡桃樹」傑克森的肖像帶進橢圓辦公室。只要是傑克森簽過名的東西自有其份量，他的書信如果含有重要內容，可以賣到十萬美元以上的高價。整體來說，傑克森文物裡面價值最高的，就是能夠反映他在行政方面的指揮能力、呈現他作為一八一二年戰爭「紐奧良戰役」的英雄寫照之物。人們想要從傑克森身上看見力量、力道，如果傑克森寫的是道歉信，那正經買家恐怕生不出興趣；但是，如果那封信是要責怪另一方，激怒對方再來挑戰自己，那就真是一封值得擁有的傑克森書信了。稍微離題補充一下，對於華盛頓書信，我的感覺正好相反，我喜愛的是華盛頓在面對他人狂妄囂張之時，表現出的溫馴或哲人風範。

當這幅新拼圖一片又一片地拼全了，我們漸漸悟出這可不是一封普通的信呀！雖然信件有所損傷，但它確實非比尋常，而且能激發出使人回到歷史時空現場的情感；尤其在經歷這段耗時的拼湊過程之後，前面說的這種感受變得更加強烈深刻。

信中某些文句的意思再清楚不過，傑克森要美洲原住民部落自願放棄在美國東南各州的土地，並遷徙到密西西比河以西：「他們現在所在的地方，與我的白人孩子們太靠近了，雙方無法和諧而和平地生活。」這話聽起來簡直是開打的保證。這是我第一次得知大衛・海利與大衛・福梭姆的故事，還有一八二九年召開的部落議會，歷史就這樣迎面向我們衝將過來。這封信顯然就是傑克森總統給予海利的指示原件，信件後來送到了喬克托族那邊，如今則破碎地散落在一整個世代都沒人開過的箱子底部。從傑克森的時代迄於今日，人們知曉這封信的內容是因為傑克森將草稿保留了下來，但是所有研究過相關事件與傑克森時代的歷史學者與收藏家，一概認定最終版本的信件已經亡佚。現在，它居然就在這裡，雖然破舊卻依然在向當代的我們傾訴著，告知我們那些經手過它的人們，那些近兩百年前曾聽過它內容的人們。

所以，當一份文件以碎片的方式出現，你要怎麼辦嗎？這又不是「蛋頭先生」（humpty-dumpty）[9]，你就是把它組回去呀！

我與知名的「莎士比亞圖書館」修復員法蘭克・茅里（Frank Mowery）聯繫，他幫我們修復文物算來已有好幾年了。許多文件到我們手上時，都是從摺疊處裂開的狀態，這種現象很常見，紙張文件會被摺起來，從那一刻起維持文件完整的粗紙與木漿就受到了損傷。這些東西很容易再次拼起來，但沒受過訓練的人卻很難看出訣竅。這封信顯然是被亂丟在箱子裡，有些部分已經不見了，它就這麼被遺棄在那邊腐朽，最後居然能倖存下來真是個奇蹟，有那麼多的文物可是在歷史洪流中損壞或湮滅。修復人員的手藝驚人，他將紙片放在一張底紙上，底紙與原來的紙張幾乎一模一樣，然後將每個部件拼湊起來，並去除具侵蝕性的酸性物質，使其穩定下來，窮一切人事盡量挽救。

眼前這個需要急救的案例有救嗎？我說：「法蘭克，這東西非比尋常，但它的狀況很糟糕，真令人頭大。」我細細描述了我們找到了什麼、拼出了什麼，法蘭克告訴我有種新近的技術或許有用，這項技巧稱為隱補（leaf-casting）修復法，也就是使用一種特殊的紙漿把裂縫填起來。我將紙片的影像傳給法蘭克，感覺他還是很樂觀，所以我將每片紙裝進不同的聚酯薄膜套，小心裝箱，然後寄了出去。

法蘭克讓信紙紙片漂浮在某種溶劑上，使紙質替代品填滿缺縫處，靠著這些填補物的連接，整件文物又再次結合在一塊，很像是原本的信件，缺口部分則以空白狀態的底紙露出。

我對法蘭克要寄回的包裹滿懷期待，兩個禮拜後箱子寄到了，因為內容物易碎，我小心翼翼地拆封。紙張隱補法大成功！

這份文件是一段雜亂而紛擾的美國歷史遺物，是白人統治原住民部落的史跡。美國在十九世紀初年的西進擴張，釀成美洲原住民部落的離散與極大痛苦，這封信可說是集那股痛苦而成的化身。我們對它又敬又懼。

歷史不總是美好與溫馨的，歷史未必有幸福的結局。但是，保存歷史的真正價值所在，在於聆聽這些文物向我們訴說的真相。一八二九年傑克森傳達給喬克托與奇克索族的信件，展現了兩個文明爆發衝突的一刻，在此衝突中被征服的一方是美洲原住民。

我從未擁有過這樣的文物，屬於兩個對立文明領袖之間嚴峻的通訊，不是國家、而是文明，但我希望這次的經驗就是最後一次；我會這麼說，是因為我們曾經擁有過的政治領袖與國王書信，例如英國國王寫給法國國王的信等等，最多是文明內部的競爭，並

9〔譯註〕《蛋頭先生》是首英語童謠，內容大致是說蛋頭先生從牆上摔了下來，但連國王全部的人馬都沒辦法把它再組合起來。

不會揭示出文明與文明的衝突。但是，海利與福梭姆接觸的結果，並不算是罕見的現象，這對於任一文明來講並不是重大的事，文明衝突的結局通常是一方的失敗或遭到吸收。此番歷史獵人的戰果讓我們意識到這次接觸的特殊時刻，在某種程度上，修復傑克森的信件讓我們參與並感覺到那股競爭與掙扎的力量。

企圖對這封信有所了解，是我更體會自己歷史獵人生涯的部分旅程。這不過是一張紙，但象徵的意義遠遠不止於此，它的象徵性不只是針對一個人，而是一群人，那群人居住在這塊大陸上的時間，甚至比我十七世紀到來的祖先更早，他們的屈服與流散，與「我」家族的經驗大相逕庭，我們的家族經驗主要是受接納與同化。

許多人對於那個時刻感到痛苦，我對此頗為敏感。我們曾經擁有過一封尤利西斯・格蘭特授意寫成的信件，寫作的時間比傑克森這封信件晚了四十年，格蘭特在那封信中評論了美洲原住民文明的末日，他寫道，原住民的生活方式已近乎覆滅。而傑克森的這封信正是刺殺原住民生活的矛頭。我們曾聽聞許多自豪的美洲原住民部落代表，對於我們的發現多有美言，這是他們自身歷史的一項發現，這是他們讓人注意自身歷史的一個機會，使人們加入訴說美國故事的行列。

唯一對這項發現不高興的就是傑克森檔案庫的編輯，他認為這封信讓傑克森的名譽蒙上沒有必要的塵埃。

歷史也許會重演，但歷史事件不會再現。這件文物是特別的，它的重要性不容否認，因為這個理由，就算文物的狀況不佳，其價值與我們訂出的價格並沒有因而減損。文物保存狀況不佳，反而成為文物旅程的一部分，它從傑克森的筆桿，到了美國南方的原住民部落，後來失落了好幾個世代並化為碎片，接著到達我們門前，而後被拼組起來，再度於公共展覽、全美展覽中露面。

這份文物最終以十萬美元之價賣給一位私人收藏家，而且在費城的國家憲法中心（National Constitution Center）展出一整年。

18 潛逃出納粹德國 Smuggled Out of Nazi Germany

「小奈，我跟某人通過電話，他說自己有兩封愛因斯坦的書信，內容跟相對論有關。他的先人是與愛因斯坦同時期的德國科學家。你下週能不能跟他見面？他會進城來。」父親與我在電話上這麼說道，又補充：「他說自己還有其他的家族文件。」我掛上電話，查看電子郵件，來信夾帶了對方寄來的文件掃描檔。愛因斯坦的書信看起來是真跡，非常可觀，信件內容涉及他最偉大的發現——相對論。然而這兩封信其實只是對深層歷史脈絡的最初一瞥，由此，我開啟了一段辛苦但報酬豐厚的旅程。事情本是從愛因斯坦開始，漸漸地有如命中注定般，故事繼續開展、變化而愈加黑暗。這次的歷史發現將會改變我自己。

我們過去不曾聽聞喬治．布雷迪格（Georg Bredig）的名聲，布雷迪格是傑出的德國科學家、物理化學領域的發明者，是觸媒化學之父。布雷迪格曾於萊比錫、阿姆斯特丹、海德堡、蘇黎世求學，後來回到家鄉卡爾斯魯爾（Karlsruhe）。布雷迪格待在蘇黎世聯邦理工學院（ＥＴＨ）的時期與愛因斯坦重疊，二次大戰前歐洲北部科學、數學思想家輩出，布雷迪格便屬於這股風潮中充滿活力的德國圈子。布雷迪格旅行各地期間曾與眾多思想家共學、通訊，對象包括了愛因斯坦、馬克思・普朗克（Max Planck）[1]、羅伯・科赫（Robert Koch）[2]、保羅・艾爾利希（Paul Ehrlich）[3]、佛列茲・哈伯（Fritz Haber）[4]、恩斯特・柯恩（Ernst Cohen）[5]、瓦爾特・能斯特（Walther Nernst）[6]。布雷迪格人在阿姆斯特丹時，曾在第一屆諾貝爾化學獎得主凡特侯夫（Jacobus van't Hoff）的指導下工作。布雷迪格在萊比錫的時期，曾與自己的精神導師兼諾貝爾獎得主威廉・歐斯特瓦德（Wilhelm Ostwald）和斯萬特・阿瑞尼士（Svante Arrhenius）[7]，一起幫忙創建了世界上第一座獨立的物理化學實驗室。布雷迪格與阿瑞尼士的友誼親密，阿瑞尼士是當代最傑出的瑞典科學家且是諾貝爾遴選委員會成員，還被人視為現代氣候科學之父。

在二十世紀前幾十年這段科學與數學發現動力十足的時代，這些科學領域之間的界線並不明確，物理學、數學、熱力學、量子力學、物理化學、相對論等等全都是相互聯繫的，而科學家會寫信告知彼此最新的理論與研究進展。

那位傑出德國科學家的直系後裔，正與他的夫人坐在我的起居室內。他打開一個老舊的黑色手提箱，拿出兩封愛因斯坦的書信，我瞬間就確認那是真跡無誤。布雷迪格與愛因斯坦都在蘇黎世教過書，愛因斯坦在蘇黎世獲得博士學位，布雷迪格對於這位年少同事的研究非常感興趣。

1〔譯註〕馬克思・普朗克（一八五八—一九四七），德國物理學家，提出的量子概念打開了現代物理學的一道大門。

2〔譯註〕羅伯・科赫（一八四三—一九一〇），德國細菌學家，是炭疽桿菌、結核桿菌、霍亂弧菌的發現者，人稱細菌學之父。一九〇五年獲得諾貝爾獎。

3〔譯註〕保羅・艾爾利希（一八五四—一九一五），德國醫學家，發現能治療梅毒（曾被認定為絕症）的砒素劑。一九〇八年獲得諾貝爾獎。

4〔譯註〕佛列茲・哈伯（一八六八—一九三四），德國化學家，一九一八年諾貝爾化學獎得主，因發明化學肥料而享大名。

5〔譯註〕恩斯特・柯恩（一八六九—一九四四），荷蘭科學家，成就在於金屬同素異形體的研究。

6〔譯註〕瓦爾特・能斯特（一八六四—一九四一），德國化學家，是熱力學第三定律的提出者。一九二〇年諾貝爾化學獎得主。

7〔譯註〕斯萬特・阿瑞尼士（一八五九—一九二七），成就主要為電解質解離學說，也因此獲得一九〇三年諾貝爾化學獎。他還是最早認為二氧化碳會造成溫室效應的科學家。

第一封愛因斯坦書信是從蘇黎世寄出，開頭的稱呼是：「我親愛的同事！」這是封長信，寫滿半面大張信紙，信紙左側打了洞，布雷迪格會將自己的通信等文件打洞串在一起。信件日期是一九一三年一月二十日，其中寫道：「我非常感謝你不嫌棄我沒禮貌的沉默；如果我沒有實質性的事要表達，我就無法寫出東西（個人僵化的習性）。」

愛因斯坦在一九〇五年發表狹義相對論，鼎鼎大名的$E=mc^2$方程式，將能量等同質量乘以光速，並假定真空狀態下的光速永遠是常數，而時間與空間並不是獨立、而是相對的，這會根據你作為觀察者所處的位置而定。經過八年之後，愛因斯坦正在把重力與加速度融入他原本的理論，最終這會成為廣義相對論，這一步將改變幾百年來人們對此課題的思考。

愛因斯坦的信中討論了一篇布雷迪格寄給他的文章，那是由邁可．波蘭尼（Michael Polanyi）探究「熵」(entropy）——或說科學體系中的亂度問題——寫成的論文。愛因斯坦將關鍵要點留到信末才寫，在我閱讀這封信時，意識到一件愛因斯坦當時不知道、但我這個時代已經知道的事，愛因斯坦在預示自己偉大的發現：

> 我現在正承受科學上的苦，尤其是針對重力問題而折磨自己，不幸的是，

處理這個問題所需要的數學技能超出了我的能力，但我就是無法放手。

愛因斯坦逐漸接近他最偉大的突破，在這封壯觀的愛因斯坦書信中，我們看見了那股他所以偉大的固執與決心。對我來說，閱讀這封信件的感受，簡直宛如與華盛頓一同渡過德拉瓦河，猶如與阿姆斯壯一同登陸月球。再過幾個月，愛因斯坦將會開闢出一條思考重力（那股讓蘋果從樹枝落下、讓月球環繞地球運行）的新方式。愛因斯坦認為，樹枝上的蘋果與繞著地球的月亮並沒有受到力量牽引，它們只是對空間與時間結構的曲率有所反應，將這個數學真相用視覺方式加以比喻的話，那就像是把保齡球下壓入一張彈跳床，遂讓較小的物體拉近保齡球。同理，舉例來說，我們的太陽將空間扭曲，將地球與其餘行星維持在它的軌道上。這項驚人而深奧的理論更加鞏固了愛因斯坦的聲譽。

我感到驚心動魄，而這竟然不過是第一封信而已。

我從馬尼拉紙信封裡將第二封信抽出來。這封信寫於一九二〇年，內容同樣與愛因斯坦發表於一九一五年的廣義相對論有關，此信的主題是要怎麼證明愛因斯坦具有革命性的理論，要怎麼樣去驗證重力對於空間——時間作用的預測。根據廣義相對論，離開太陽的光應當頻率會升高，因為光離開了太陽自身具質量重力的拉力，這就是所謂的「紅移」(redshift)。布雷迪格曾寫信詢問愛因斯坦，能否在地球上測量到這樣的紅移，愛因斯坦的回答是沒辦法。愛因斯坦寫道：「若有人想要解決真正的問題，他必須操作一個『真正的』重力場。還好有測量感光底片的光合作用方法之發現，這個問題的天文學有效性變得頗有希望。」這封信的內容還包括數學公式，以及對於移動時鐘比靜止時鐘走得更慢的討論。我知道這是一份價值很高的文件，我們又再一次看見愛因斯坦的相對論研究，這位天才正在鑽研琢磨人類所能想像的最困難、最抽象的現象。這封信中提到的「光合作用」方法，最終證實了愛因斯坦理論的正確性，但這已經是幾十年之後的事了。

我對著布雷迪格先生說：「這些信真是了不起，我希望把兩封都買下。」

他說：「我不確定自己是否已準備好與第二封信告別。」

布雷迪格夫人解釋道：「這些東西對他有情感上的意義。他是要賣的，只是需要時間。」

我回答道：「等你準備好再說，沒準備好就不要賣。只要時機對了，我們願意買一封，也願意買兩封。」

布雷迪格想了想，又說道：「我還有一些其他的東西想給你看看。」

他將手伸進自己帶來的第二個袋子，我本來還以為裡面裝的是他要過夜用的行李，結果他從裡面拿出來的是他祖父的照片，場合是位於萊比錫的全球首座物理化學實驗室開幕，他的祖父坐在科學家同伴之間。袋子裡還有些別的東西，有繪圖用的圓規，還有一個裝著日用品的盒子。布雷迪格又拿出那些具開創地位科學家的第二張照片，他們居然全部穿著女裝，顯然是在相機前胡鬧。布雷迪格另外還有一封來自普朗克的書信，以及一封來自知名諾貝爾物理化學研究所首任所長阿瑞尼士的信。

布雷迪格含蓄地表示：「我家還有很多這類的東西，你應該來看看。」我整個心思都陶醉在愛因斯坦的信中，對他這句話沒怎麼放在心上。

顯然布雷迪格的來意是出售第一封信，於是我們便買下了第一封信，然後暫時擱著；他不想賣出另一封信，我們也不催他。

時光如梭，我也漸漸淡忘了那套收藏。經過幾個月後，布雷迪格再度來電，他已準備好要賣出第二封愛因斯坦信件了。我們會給他什麼呢？我們出了一個價碼，他希望能再多五千美元，我們欣然接受。最後，我們以大約五萬出頭美元買到這兩封信。

愛因斯坦一生的通訊大致上可分為幾類：科學類，尤其是跟相對論有關的；哲學與宗教類，關乎生命本質與我們在宇宙中的定位；核武擴張問題，警告此事的危險以及對人類的威脅；還有猶太教。愛因斯坦是以色列建國的支持者，他也曾經為（第一間猶太人設立的美國大學）布蘭戴斯大學（Brandeis）募款。嚴格來說愛因斯坦不是宗教信徒，但他致力於幫助猶太人從歐洲前往美國，以逃脫猶太大屠殺（Holocaust）。

整體而言，愛因斯坦書信當中價值最高的是第一類。布雷迪格這邊居然就有兩封，而且先前從沒試圖出售。

「你何不來一趟，來拿第二封信，順便看看我這邊有些什麼。」他這麼說道。

我心想：「誰知道呢，也許他還會有幾封普朗克的書信呢！」

布雷迪格家族現今住在南方鄉下，離田納西州橡樹嶺（Oak Ridge）核子設施不遠，布雷迪格的父親麥克斯（Max）過去便是在那裡工作，麥克斯與其父喬治一樣是科學家、化學家。布雷迪格開車到旅館接父親與我，將我們載到家族所有的牧場式單層屋，屋子感覺滿老的，坐落在青草鬱鬱的山丘上。布雷迪格夫婦都頗有年紀了，夫人當時坐在客廳裡看電視，那台電視與整間房子的裝潢擺設一樣，都是經典的一九七〇年代風格。

我們坐在沙發上，布雷迪格為我們拿來第二封愛因斯坦信件。真是太棒了，與我印象中的一樣，我們希望這兩封與相對論有關的信，可以賣到六位數美元。稍後，我們走下樓，要去看看「剩下」的物件是什麼。之所以來這一趟，除了要拿到愛因斯坦的信，就是想要碰碰運氣，沒準兒布雷迪格擁有的普朗克信件不只是兩封，而是五封吶！

布雷迪格領著我們走下鋪著厚地毯的階梯，來到了地下室，我可以感覺到空氣變得潮濕。走完最後一階，他向右轉，打開一扇彈簧推拉門，門後是個大房間，有日光燈照明，還有兩扇小窗可以透進一些自然光。這個房間充滿年歲的氣味，是一股強烈的舊紙張味道，就像置身在古籍書店一般。

我比父親先走進房間，環視了一番後，我的目光停留在一張又一張的桌子，由左至右，桌上放了書籍、信件、照片、物件，最右邊桌子上所放的東西，簡直疊到跟我一樣高。我對這番景象很震驚，自忖：「這不是一組書信，這根本是老布雷迪格的整座書庫。」

這間地下室有龐大的收藏：有頁數數以千計的通信，且經過仔細整理；數以百計的科學小冊子，其中各種語言都有，這是布雷迪格在職涯內累積的；一套布雷迪格的科學儀器，來自他位於卡爾斯魯爾的實驗室；布雷迪格參考用的數百本書籍，其中包括許多偉大著作的第一版，例如愛因斯坦《相對論》的初版，還有瑪里·居禮（Marie Curie）關於輻射的著作。此外還有數百份通信，都是布雷迪格與他相識、同事的偉大科學家之間的通訊。得知了擁有這些未公開、世人不知曉的書信存在，真的是讓我們大吃一驚。

這裡是座大寶庫，這個人好像是把自己的整座書庫、整個人生，完完整整搬運渡過大西洋，於此重建起來。稍後，我們發現事情經過確實就是如此無誤，但想起當時的背景環境，更加地吃驚。

這種情況下，你永遠不知道自己會碰上什麼、會發現什麼。你心懷希望，得自己決定要不要追下去（例如要不要飛到田納西州去看一套科學檔案），只是因為你信任與自己交涉的那個人，或者只是因為某種第六感，讓你覺得可能值回票價。

父親和我立刻開始挑選這一大堆物件，東西實在太多了，恐怕得將行程多拉長幾天。此時，布雷迪格的後人為我們拿來一疊又一疊的資料，我們開始尋找自己能認出的名字：諾貝爾物理學獎得主兼量子力學之父普朗克、諾貝爾化學獎得主佛列茲・哈伯等等，此外還有許多重要的科學家，實在不及備載。

布雷迪格與化學兼氣候科學家阿瑞尼士之間的通信持續了好幾十年，他們在一八九六年曾經討論到諾貝爾獎的創立：

諾貝爾龐大的財產將會成為基金；全世界的科學研究都應該得到諾貝爾財產孳息的支持。……只有上帝知道，諾貝爾的遺產能夠成就什麼事。

他們在信中寫到自己的家庭、在單位的研究，還會談到科學家同儕的軼事，以及二十世紀初許多新穎的科學進展。舉例來說，阿瑞尼士曾寫道，普朗克那個老混球對於自己的理論老在改變心意：

> 能量量子的理論十足吸引人，但是它真的很難懂，尤其是普朗克經常對於自己稍早的觀點有所質疑與更動。在這個問題有一貫的處理之前，目前的假說到底可行性或需要改進的程度有多高，實在很難講。

大約在一九一〇年左右，布雷迪格寫信給阿瑞尼士，表示他相信他們是處在一段數學與科學的黃金時代。阿瑞尼士所持的態度較為悲觀，他回信道：

> 關於普朗克、愛因斯坦等人造就的數學盛世，我個人採取懷疑的態度。除了勞倫茲（Lorentz）[8]以外，普朗克的學說應該是最精密複雜的，我對於他的

8〔譯註〕應是指亨德里克・勞倫茲（Hendrik Lorentz，一八五三—一九二八），一九〇二年諾貝爾物理學獎得主，其成就主要是電磁學與光學。

成就有極高的尊敬。他對我們的幫助，我還記得很清楚，當我們的對手迷信地抱持數學執念，他所扮演的角色很有用處。

布雷迪格保留了當年新出版的科學理論出版品，有小冊子也有書籍，他還留有與其他科學家的通信，討論蓬勃發展的物理化學領域。這套檔案還包括一頁又一頁的複雜方程式，原作者乃是諾貝爾化學獎的首位得主，也就是布雷迪格的心靈導師凡特侯夫。這裡的科學小冊數量浩繁，裝滿十個「銀行家收納箱」(banker' box，一種大約一二×一〇×一五英寸的紙箱)，房間裡的書籍則到處隨意散落在金屬老書架上。

那天，那間昏暗的地下室浮現出了一整個世界——一個關於激烈論辯、同志情誼、改變世界之發明的失落世界。愛因斯坦在蘇黎世、哈伯在卡爾斯魯爾、阿瑞尼士在斯德哥爾摩、恩斯特·柯恩與凡特侯夫在阿姆斯特丹、普朗克在柏林，他們全都在寫作、出版，對彼此督促激勵，即使是戰火波及時分依然如此，而布雷迪格就處在這一切來往的中心位置。

阿瑞尼士在一次大戰結束不久後寫道：「我知道，德國科學與科學家的處境頗為困難。」德國沒有多餘經費提供給像是科學這類的「瑣事」，而且布雷迪格和他的許多同事都是猶太人，事態將會變得很糟，非常非常糟。

† † †

科學類文件大約占了這間地下室的四分之三空間，我們最後走向其中一個角落的那堆。面對這麼大量的科學檔案，我們還難以吸收，此時布雷迪格一貫樸素低調地來告訴我們：「我還有一些與移民相關的文件。」

布雷迪格走到一張老木餐桌旁，從桌底抽出十個銀行家收納箱，箱上有「移民」、「簽證」等等標籤，每個箱子大概裝有三百至四百份的文件。我嘆了口氣，看著我爸。

我說：「這位先生的一生盡在此處。」確實如此。喬治・布雷迪格與他的兒子將文件加以排序分類，真是嚴謹的文件收藏者，他們好像是在為了某個未知的目的保留這些文件，或者他們可能認知到文件的珍貴，或意識到自己曾與這些文件差一點點就失之交臂。

一九三三年四月，希特勒被任命為德國總理已過了兩個月，政府通過了一道法令，將祖父母為猶太人的公務員或公開反對納粹黨的公務員一概解職。有些人看出不祥的徵兆選擇離去，愛因斯坦就是其中一位。

一千八百位德國猶太學者失去了職位，其中包括被強迫退休的喬治・布雷迪格。不久之後，布雷迪格的妻子於同年（一九三三）過世，這一定是帶來嚴重打擊的一年。此刻，庫藏文件的氛圍全然離開了科學，研究物理化學而朝著諾貝爾獎前進的布雷迪格，後來再也沒有任何成果發表。他要怎麼發表呢？他根本沒辦法去自己的實驗室，他的學生不會也不能與他一同研究，他現在被人稱為「猶太教授布雷迪格」，並且被人指控「表達非常不德國的言論與有害的態度。」

喬治的兒子麥克斯保存了父親寄給自己的信件，也保留自己寄給父親的信件副本。在此，這類信件有好幾百封，根據時間先後綑在一起。我意識到，關於處在納粹德國的猶太人的可怕歷史紀錄與個人悲劇，全都在這個房間裡。此時，布雷迪格先生從箱子內抽出數個與一九三〇年代後期諸事件相關的資料夾。

一九三六年二月，書信裡提到惡行逐漸進逼：「我現在已經取消所有報紙與廣播的訂閱。這一切變得難以忍受，但我仍非常努力『在困境中保持冷靜』。」喬治與他的兒子麥克斯都是學者，除了科學造詣之外也浸淫於文學領域，他們是自豪的德國人。喬治寫給兒子的家書結尾談到該如何抵抗，他引用德國大文豪歌德的話，力稱自己要在「面對一切勢力時堅守自己的立場。」後來，這句引言也被唯一的德國反抗運動（一九四二年慕尼黑的「白玫瑰」〔White Rose〕組織）採用了。

一九三六年十一月，喬治寫信給兒子，表示自己「迫切地認為，年輕一代在這裡沒有未來，最好能夠出國去。」他畫底線強調了這個關鍵句。

麥克斯也開始看見周遭的世界正在改變。隔年六月，他寫信給他的父親：

> 這個禮拜，HH（他們經常使用代碼或縮寫來保護朋友）告訴我，有個小團體採取了新的行動，他們根本與我不相識，但他們希望讓我的公司沒有任何猶太人，以求獲頒為「模範企業」（Musterbetrieb，被納粹認可的企業稱呼）。……關於一個公司必須要沒有猶太人才能成為「模範企業」，如果你對這件事有什麼了解的話，請告訴我。考慮到相關人士的懦弱與他自己的弱點，HH自認到一月或是四月之後就沒辦法繼續雇用我了。

對於麥克斯來說，這是個結束。他找到一個密西根州的家族願意贊助自己，他離開了，永遠沒再回去過。但是麥克斯還是持續與父親保持聯繫，全部的通信都在這間地下室裡。

一九三八年十月二十二日，喬治告知自己的護照已遭沒收，他剪下的報紙文章（猶太人被要求剪下文章保存）現在也在這套檔案裡。其中一篇文章上寫著：「德國公民中的猶太人，護照都在一九三八年十月七日到期，所有護照必須在一九三八年十月七日至二十一日之間上繳。」

這是喬治的末日，雖然他當時並不知道。喬治堅守自己的德國生活與德國朋友，即使那些朋友已經拋棄了他。可是到了一九三八年十一月，他在德國的生活已經難以維持了。最糟糕的一次狀況發生在一九三八年十一月十日的卡爾斯魯爾，喬治當時還住在這裡，喬治與他的女婿維克多．洪堡（Viktor Homburger）都遭到逮捕，洪堡最終淪落到達豪集中營（Dachau）。已屆七十歲的喬治曾經在卡爾斯魯厄（Gottesaue）的一間馬廄裡，被逼迫頭靠著牆，站足整整一天。

接下來的幾個禮拜、幾個月之間，納粹對猶太人施加愈來愈多的限制與羞辱，猶太人的生活愈來愈難以為繼，喬治陷入嚴重的憂愁沮喪。

麥克斯著手研究怎麼將父親拉出德國。救星出現了！麥克斯說服普林斯頓大學雇用他的父親，喬治當時已設法抵達阿姆斯特丹。

普林斯頓大學化學系的修・泰勒（Hugh Taylor）寫給麥克斯一封信：「我很高興通知您，多茲（Dodds）院長已經向您父親發出邀請，前來普林斯頓擔任為期兩年的助理研究員。」

這個職位拯救了喬治的生命。我們沒找到喬治去到普林斯頓或曾在普林斯頓工作的紀錄，他也沒有收到薪資。喬治立刻回拍電報接受這份工作。

此人的整個人生都出現在我們面前，這裡有他在萊比錫的研究、科學紀錄、他的書，他對於孩子與科學乃至於德國的愛，還有他的緊急電報、前來美國的簽證、所有旅程的收據。

但是這座檔案庫與這個故事至此仍未終結。喬治的女兒瑪麗安娜（Marianna）、瑪麗安娜的家庭、眾多科學家與朋友都還困在歐洲，其中多數身在法國占領區。早年被父親批評為遊手好閒的麥克斯，卻以拯救父親證明了自己，麥克斯擔起救援深陷納粹領土的姊妹等猶太人的任務。雖然麥克斯的性格能擔得起這種重擔，但看見這些恐怖（固然發生在遠方）的事，承受這種拯救他人的責任，定是讓他深感痛苦。

繼續檢視著這套物品，我可以感受到它的沉重。瑪麗安娜的家庭與很多人一樣，都被驅逐到拘留營。他們一家從位於法國西南的古爾斯拘留營（Camp de Gurs），利用編碼避開審查並近乎瘋狂般接連寫信給麥克斯，而麥克斯努力著安排他們平安前往紐約。這並不是個別家庭的案例，有許多團體在這場危機中合作起來幫助猶太難民離開歐洲。他們需要錢來購買食物與補給品送到拘留營，並賄賂官員以確保人員能被釋放。

我閱讀了瑪麗安娜於一九四一年從法國西南部拘留營寄出的信，信中寫著希望的字句，還包括要協助「處境較差的猶太人」：

> 這類協助的問題不在於錢，錢還容易找吶！問題重點是承擔責任。這是個同理心的問題，要承受人類同胞的痛苦，對抗內心的冷漠。

信中有朋友、親戚的消息，還有人們自殺的消息：

> 我建議你寫信給紐堡（Neuburger）夫人，以了解更多法莉（Vally）阿姨的資訊。我只知道在被驅逐的過程中，有人發現她躺在地上，已經沒有意識，因為她吞了毒藥。

法莉阿姨曾在三樓上叫喚我們，但我們正被遣送中，沒辦法上去。她的朋友比比（Bibi）、姊妹拉索（Laso），以及紐曼醫生（Neumann）都終結了自己的性命。

我退後了一步。這座檔案庫一開始都是科學，是與諾貝爾獎初期得主們的魚雁往返，是與愛因斯坦、普朗克等人的通訊，慶祝著科學的突破與發現。但是這座檔案庫的結尾，卻是企圖活下來的掙扎，我轉頭看著自己背後那些化學家與數學家微笑的合照、那些科學儀器、那些歐洲傑出專家（有猶太人也有基督徒）的書信，我看見布雷迪格對這整間書庫無微不至的照顧。然後我又轉回頭，看見我面前這一片絕望、失落。

這趟旅程是以兩封愛因斯坦書信開始，卻是以猶太大屠殺的悲劇告終，這個學術高超的猶太科學社群逃離了他們所愛的國家。老布雷迪格抵達美國四年後，於一九四四年過世，我企圖想像，老布雷迪格如果得知遺留下來的猶太人發生了什麼，他會怎麼想呢？他們發生了什麼事呢？例如恩斯特．柯恩，這位偉大的化學家是老布雷迪格的朋友，還曾經幫助布雷迪格逃到荷蘭，但柯恩最後卻是在奧許維茲集中營（Auschwitz）被殺害。

我想起我的表兄傑克（Jack），他是大屠殺的倖存者，最初見到他時，我還是個孩子，我們以前會去他家參加踰越節家宴。父親告訴過我很多遍傑克不可思議的倖存經歷，以及他的妻子、孩子在他面前被殺害的事。對於布雷迪格的故事，我個人有著強烈的共鳴。

幾個禮拜後，老布雷迪格的孫子開車載著檔案庫資料送來賓州。他把車停在我們辦公室正前方，我們將二十五個銀行家箱搬上電梯。喬治．布雷迪格曾經陷入地獄，親眼見過地獄，而這整座檔案庫居然奇蹟似地保持得這麼完整。

現在，辛苦的分類與辨識工作開始了。我們將所有檔案文件分為兩類，分別是科學類與猶太大屠殺類。科學類文件十分令人著迷，但我卻無法從大屠殺的事上分心，整個人被拉得愈來愈深。

其中有個故事特別縈繞在我的心頭。

伊娃（Eva）與阿爾佛列德．史尼爾（Alfred Schnell）是布雷迪格家的朋友，阿爾佛列德當時是個年輕科學家。麥克斯收到許多史尼爾家的來箋，信件是透過紅十字會寄的。他們躲藏在荷蘭的一座農場，並改用假姓名隱藏身分。他們的用語很模糊，因為信件可能受到審查，而且紅十字會禁止他們提到任何政治性話題：

一九四二年九月三十日。很遺憾依然沒收到你們的消息。媽媽在阿姆斯特丹的一間安養院。……我們依然抱持希望。

一九四三年八月十一日。麥克斯，希望你一切都好。雖然還是沒收到你的消息。我們住在一個小村子裡，避免遇上麻煩，有朋友幫忙。逃亡者阿爾佛列德與伊娃筆。

一九四三年九月二十二日。我們很好，雖然還是受發炎所苦，恢復得很緩慢，但應該沒有生命危險。雖然冬天將近，我們依然保持耐心。阿爾佛列德與奇葳（Kwik）筆。

麥克斯很努力要幫助他們逃出來卻徒勞無功。阿爾佛列德與伊娃在一九四四年十一月遭到殺害，當時阿爾佛列德四十三歲、伊娃三十歲。他們本來生活在乾草堆下方的一個小房間中，根據目擊者所言，他們是被忠於納粹的荷蘭士兵發現，阿爾佛列德被迫掘出自己妻子的墓穴，再挖自己的墓穴，然後眼睜睜看著妻子被槍殺，稍後自己也在槍聲中倒下了。

不到一年後，阿爾佛列德的兄弟費德里柯（Federico）收到一封信，寄件者是曾與生命即將走到盡頭的阿爾佛列德及伊娃共同躲藏的一個年輕人。麥克斯收到了這封信的副本，而我現在正看著它：

一九四五年八月五日。提筆寫這封信給您實在是件困難的事，但我想告知您他們的情況，我與他們一起密切地生活了一段時間，這麼做不只是我必須抒發對於您失去兄弟阿爾佛列德與其妻子的同情，也是我紀念與榮耀他們的義務，我有幸將他們視作最好的朋友。您將會從阿爾佛列德與伊娃的另一位朋友，來自海牙（Hague）的安妮・范德・史露斯（Anny van der Sluys）那邊，聽聞他們生命盡頭的可怕情況，以及遺體被發現、埋葬的地點。

我今年二十四歲，是烏特勒支大學（University of Utrecht）的學生，主修神學。一九四三年五月五日，德國人命令所有拒絕簽署效忠納粹政權聲明的荷蘭男性，五月六日就得前往德國做奴工。總數一萬六千名的學生裡，有一萬一千人沒去，而是躲藏起來（用我們的說法是「潛」起來）。在一九四三年五月二十一日，我抵達了自己最終的藏身之處，那是位於奧爾德布魯克

（Oldebrooke）村莊的一座農場，大約在茲沃勒（Zwolle）南方十五公里處。幾個禮拜後，我所在處的主人拜訪鄰居的一位老寡婦，他晚上回家時告訴我：「有些猶太人與布勞（Blaaw）夫人同住，他們邀請你找時間去拜訪，希望能和學生講講話。」

一段我永遠不會忘懷的友誼因而展開，他們介紹了自己的基督教名，因為他們不想讓人知道自己的家族姓氏。我們處得非常融洽，一起說說笑笑，抽起以暗中獲得的比利時菸絲捲成的香菸。

我依稀再次看見，我們一起坐在伊娃與阿爾佛列德的房間裡，房間大約長六公尺、寬五或六公尺，粉刷牆面。房間有個窗戶，望出去可以看見一片玉米田。我們以前會坐在桌子旁，伊娃和阿爾佛列德對坐並面向著窗戶。我們就這樣坐在一起有說有笑，一聊就是幾個小時，將戰火與危險全都忘卻。他們不會沉溺於彼此的愛之中，但是當他們的眼神落在對方身上，會讓你覺得他們生活在一起是種完美的結合。他們最大的恐懼就是被拆散，這件事並沒有發生。

我一直從他們那邊獲得新的勇氣。我們經常想像，當和平與正常生活來臨之時，我們可以拜訪彼此、與彼此共處，但這個夢想從沒成真。我常常自問，他們為什麼必須死。我從這些經驗中學到的唯一一件事，那就是上帝是愛我的，即使祂似乎在懲罰我。我向上帝祈禱，您在經歷這次喪亡後可以找到安慰。您可以安心，伊娃與阿爾佛列德會永遠活在記憶中，還會永遠活在那位獲得他們友誼與愛的男孩心中。

我一邊讀信一邊掉淚，深感於這個家族的喪親之痛，深受此等殘酷、惡行的衝擊。這只是眾多故事中的一個，這些信自從寄出以來就再也沒有人讀過，被收在田納西州一間地下室的箱子裡。我決定要將這些故事說出來，無論代價是什麼，這些是屬於勇氣、痛苦、希望的故事。我很好奇，這些資料到底是怎麼倖存的？一位猶太科學家如何祕密地將自己整座書庫運出納粹德國的？喬治．布雷迪格本人回答過這個問題。

喬治於一九三九年離開德國前，請身在美國的兒子麥克斯幫忙保護自己一生的成果。喬治說明，他不能將自己的書庫遺棄在德國，這樣它必然會被摧毀，喬治也沒辦法把裡頭的東西大量變賣。有沒有辦法在美國找到買主呢？也許會有書商願意付運費將東西運過去？但並未找到這樣的買家。幸運地是喬治的老朋友、荷蘭化學家凡特侯夫辦公室的一位同事伸出援手：他願意幫忙將物品儲藏於自己位於烏特勒支的實驗室。

當喬治離開荷蘭前往紐約，他的書庫遺留下來了，在納粹占領地區度過戰爭。布雷迪格家族在戰後將整套庫藏運來，結果它毫髮無傷地漂洋過海。幾十年之後，如今東西就在我的辦公室裡。

要訴說這些故事成為我生涯規模最大的任務，要翻譯數百封以現代德文或古德文寫成的信件、要了解科學、要整理卷帙浩繁的通信，過程中我們還雇用過兩位科學家與三位譯者。喬治與麥克斯・布雷迪格給了我一項任務：保存歷史，訴說他們的故事，以及說出其他人的故事。喬治擔心自己的資料檔案受到摧毀，擔心自己一生的作品失落於歷史中。最終，我們將這座檔案庫（「整座」檔案庫）賣給「科學史研究所」（Science History Institute），那是個致力於研究科學的國際組織，至此，史尼爾家、洪堡家、布雷迪格家的故事將受到傳誦，不致湮滅。

19 黃金礦脈 Vein of Gold

我的呼吸沉重，正等待著比爾．克勞佛德解鎖打開櫃子。比爾的曾、曾、曾、曾祖父是威廉．哈里斯．克勞佛德，現在已經很少有人知道這號人物，但當年的老克勞佛德可是身處政治中心的風雲人物。

比爾表示，他擁有一組驚人的重要文件收藏，所以我們頂著高溫與暴風雨前去瞧瞧。

我盯著坐在桌子對面的凱倫與父親。我們正身處美國「深南方」（Deep South），而比爾即將解答我們的問題：他是不是真的擁有一組龐大的檔案與歷史寶藏，有如最深處的黃金礦脈，或者我們只是虛擲週末，受了場教訓呢？

門緩緩地打開，出現了數十個黑色活頁夾，上面標誌的數字和我們面前的一張清單相吻合。我翻開第一本資料夾，裡面是大疊的聚酯薄膜套，每個套子裝著兩封信，而兩封信件的方向相反，中間有黑色襯墊相隔。活頁夾封面內頁的袋子裡，裝著比爾列舉的各物件清單，他盡可能地辨識文件的身分，但仍有許多沒法辨認出來，真是仔細而精采的呈現方式。我將第一封信取出套子，手指拂過它，將信拿到燈光下看個清楚——這是進行「一瞬」測驗、顯示真相的時刻。

†　†　†

一八一二年戰爭是美國立國以來首次宣戰的戰爭，此時的美國只有二十三歲。這場戰爭是歐洲更廣大衝突（也就是拿破崙戰爭）的一部分，是由法國與其盟友對抗結盟抗法的諸國。美國之所以參戰，是因為英國、法國企圖要扼死敵方的商業，兩國發動了一系列封鎖與限制貿易的法律。英國人抓住美國水手並要讓他們「印象深刻」，強迫美國水手轉為英王效勞。拿破崙示意要對美洲實施貿易制裁，再加上英國在海上的敵意，還有英國在北美西部刺激原住民對付美國移住者，這些事加總起來，把詹姆斯．麥迪遜總統逼到了極限。一八一二年，麥迪遜向英國宣戰。

許多人把這場戰爭稱為抗英的「第二次獨立戰爭」，戰爭期間美國民族主義、統一團結精神復興，且更加推進了西進運動。此戰有數位美國歷史上重要人物崛起：未來總統詹姆斯・門羅，在此時擔任國務卿與戰爭部長；未來總統約翰・昆西・亞當斯，是此戰爭的和平磋商者；未來總統安德魯・傑克森、札卡里・泰勒、威廉・亨利・哈里森，都在戰爭期間擔任軍事領導者而地位提升。此外還有亨利・克雷[1]，傑出的談判協商人士，克雷在此戰期間首次在國際外交場上嶄露頭角。

而身處在局勢中心，駐於拿破崙宮廷並接收各方消息情報的人，便是威廉・克勞佛德。一八一四年，約翰・昆西・亞當斯與亨利・克雷在比利時碰面，並與英方談判「根特條約」(Treaty of Ghent) 之際，他們會將最新消息捎給克勞佛德。

我盯著自己手中的信件，寫信的是威靈頓公爵，他在信上只簽了姓氏。威靈頓公爵在一八一二年戰爭中可不是邊緣人物。與哈里森、泰勒、傑克森一道，威靈頓也將自己的名字銘刻於這個時代，威靈頓公爵在一八一五年擊敗拿破崙，那也許是世界史上最著名的一場戰役——滑鐵盧之役。拿氏的潰敗終結了拿破崙帝國，歐洲因此永遠

1〔譯註〕亨利・克雷（一七七七—一八五二），美國政治人物，多次參選總統。曾多次調解南、北方衝突並維護聯邦，例如「一八五〇年妥協案」(Compromise of 1850)，有「偉大的調解者」稱號。

改變。威靈頓後來兩度擔任英國首相，多年之後還曾是維多利亞女王親信的顧問。

威靈頓的筆跡很難辨識，這封信的筆跡也不例外。他寫的字彼此黏在一塊，不顧形式；如果只單看某個字母，將非常難以解讀。然而，我算是很熟悉威靈頓的字跡，我企圖將這封信朗讀出來。一八一四年十二月，威靈頓是英國駐法大使，克勞佛德當時人也在那裡：

> 威靈頓公爵要對克勞佛德先生表達讚揚之意，他很高興能通知克勞佛德，他剛剛收到位在根特的國王陛下全權代表來訊，代表們通知公爵，他們在二十四日簽署了根特條約，與美國全權代表締和。

這封信所代表的意義，讓我全身像被電到一般。這封信宣布了終結一八一二年戰爭的條約（美國實施憲法以來第一次與歐洲國家締結的條約）簽定消息。公爵繼續表示，兩國應該永遠不再彼此對戰，應該成為朋友。這封信真棒、真是重要，而且還深刻地呈現出英國軍方對於美方行動的觀點。

信本身是不是真的呢？我把信紙拿到燈光下，檢查墨跡、背面穿透的狀況、浮水印，以及古老墨水與紙張應有的證據，這些是我這十年來磨練出的技巧。我盯著信上的字，字跡潦草的狀況令我既熟悉又挫折，我認出來了，這是我從無數威靈頓書信上看到的字。

我宣布：「我覺得沒問題。」

我對著比爾與珍問道：「你們知不知道自己擁有一封來自威靈頓公爵的珍貴書信？」

比爾搖搖頭。他們倆人此刻非常高興。他們從未找人正式鑑定，但也從來不懷疑自己所擁有的東西。我將那封信遞給凱倫與老爸，他們雖然沒開口，但顯然喜形於色。

我抽出下一份文件，那是一封來自湯瑪斯．傑佛遜的書信，信中描述自己對於戰爭結束的最初反應。比爾告訴我，這是他個人特別喜愛的一封。傑佛遜寫道，一如美國革命戰爭，在一八一二年戰爭當中：

> 英國人的征服力量，從來沒有超過他們軍隊占據的地點，從來沒有超出他們大砲的射程。……如果英國現在夠聰明，或者公正地和平處理強制徵召（impressment）問題，最近的條約應該可以成為造就和平的條約，甚至成為

締造長期和平的條約。多虧他們過去的愚蠢與錯誤，讓我們獲得了脫離他們而獨立的無窮好處。

這裡還有另外一封比爾沒有提到的傑佛遜書信。傑佛遜在信中寫到自己對於美國應該成為何等國家的遠見，並且攻訐持相反意見的主要擁護者：亞歷山大．漢彌爾頓。這封信的筆調看起來很像未來的林肯總統，傑佛遜於信中大力表示，一個民享的政府才能朝向和平與繁榮前進，而不是一個中央化的聯邦政權：

也許，在這個世界上還沒出現過這樣的政府，能夠以對多數人而言睿智而公正的原則自我規範，不受少數人偏狹而自私的觀點所影響。或者，這樣的政府曾經存在，就在我國誕生之時，但要維護這個政府的延續並非容易之事。不過，我依然相信，這樣的政府存在於此地，其程度遠高於世界上任何地方。

傑佛遜描繪了一幅鄉村式國家的景象，並表示漢彌爾頓是：

心靈非常強大的一個人，卻對於所有英國的事物抱著自然的偏袒。他對於英國體制臻於完美、英國政府智慧超群一事抱持著誇大的主張，而且他衷心相信為了這個國家好，要將英國作為一切事物的榜樣；卻不去考慮對一個本質上為商業性，而且與周圍許多強大鄰國有著複雜糾葛的國家來講是好的、有智慧的事，也許不適合套用到一個本質上為農業性，自然條件使其隔絕於舊世界壞政府們的國家。

這或許是我所看過的傑佛遜書信中最好的。四頁的信紙上寫著傑佛遜的一手俊筆，筆跡緊密而易讀，全信以親筆簽名告終，在最後一行下方的簽名，字體大小是信中文字的三倍。

下一封信是亨利．克雷的手書。推動作戰的克雷寫信給克勞佛德，告知對方華盛頓大火的事：「讓我深深受傷的是，我們竟然允許這樣的強盜與縱火行徑汙染我們的土地、燒毀我們的首都，而不對他們的船艦施以懲罰！」[2]

美國第一位偉大的首席大法官約翰．馬歇爾，曾經對美國早期銀行體制發表一項重要意見，並將其寄給當時的財政部長克勞佛德。這封由首席大法官交給內閣成員的通信，是我唯一見過的此類通信。政府特許的美國第一銀行發行股票供投資者購買，馬歇爾主張，美國第一銀行每年只能賣出定額的股票，而且政府本身也可以購買。銀行方希望能夠提高股票價值並且私下出售，但是政府方面介入，並以初期的固定價格購入股票。這起事件發生在美國第一次重大經濟危機期間。

我繼續挑選著，從一個活頁夾跳到下一個。這裡有拉法葉侯爵寫給克勞佛德的信，信中譴責美國奴隸制，而克勞佛德本人即為美國南方的奴隸主；由麥迪遜與門羅簽署、克勞佛德本人簽字的戰爭部長與財政部長任命狀；包括約翰．昆西．亞當斯在內的根特條約協商者，將條約的最終版本寄給克勞佛德，據我所知，這是英國、美國國家檔案館之外的唯一一份。這裡還有密碼形式的信件，寄件者是身在根特的談判人士，約翰．昆西．亞當斯於信中告以英方立場強硬的消息，還有根據麥迪遜總統從華盛頓寄來的外交指令的機密訊息；這是一種以數字為基礎的密碼，亞當斯對英國人使用的密碼是：六六六六。我將這些書信抽出來時，手是發抖的。

我們每個人都檢查並閱讀過每份文件，總數超過三百件，我們在那個房間裡待了整整七個小時。我們手中的東西絕不遜色於一整座重要文物的博物館，這些東西在近乎兩個世紀之內（六個世代的克勞佛德家族）隱藏於學者（與收藏家）的視線之外。這些書信有部分內容是人們已知的，但是沒人知道要去哪裡才找得到原件。有些書信的內容則是從未公開，確實可以說是失落於歷史之中。

在我們漸進目睹所有文物的過程中，我隨意地詢問比爾，他把這些文物都保存在哪裡？

「噢，它們就在我母親家中的一個箱子裡，幾年前我把它們放進活頁夾。希望你們還算喜歡。」這是比爾一向的謙遜態度。

我們為這組藏品出價近一百萬美元，我們出的每一塊錢都是單純理論性的投資，並不能保證我們能售出足夠的物件來彌補成本。比爾要求的價碼比我們原來的出價高出十萬，苦思良久，因為這會是我們有史以來在不確定買主、未代表某顧客的狀況下，所支出的最高預算。

2〔譯註〕一八一四年八月英軍攻入華盛頓後的報復性縱火，燒毀的建築包括總統官邸與國會，國會圖書館也因此燒毀，此事與本書第十四章有關。

我跟老爸說：「如果不買，那我們為什麼要幹這行？」

他同意我的說法，但他要再次確認：「你對於這些文物所帶來的曝光程度，會不會不舒服？如果會，我們可以不買。」

凱倫同意老爸。

所以最終決定得由我來下了：「我要這些東西，我不希望讓它溜走。」

我們接受比爾的報價，雙方握手成交。我相信這些文物，而且受到它們的砥礪，我感覺我們敲到深層的礦脈，找著了主礦脈，這些寶藏不只啟發了我們，也會啟發買家。

交易完成後，比爾開車將信件載來費城，文物隨即就被儲藏到辦公室的大保險箱中，搭飛機實在拿不了這麼多。

現在吃力的工作來了。我們得將文件分類整理，抄寫每份的內容，並且在型錄與網站上加以敘述。我們不會一次全部賣掉，所以，每件文物的市場價值會是多少呢？這對我們來說是件大事，考驗我們的知識、經驗、關係、鑑賞能力，更別說這也是對資金的一次考驗。我相信這場交易是雙贏，比爾與珍可以享受退休生活，而我們很榮幸能擁有這組藏品。

我們為大多數文件找到良好的新家。芝加哥的紐伯利圖書館（Newberry Library）取得大量克勞佛德通信中，與美國南方原住民相關者。威廉與瑪麗學院買下門羅總統四十五封傳達給財政部長克勞佛德的信件。「拉法葉學院」購得拉法葉的書信。至於私人收藏家部分，我們賣出的文件價格在一萬美元（威靈頓美金）到三十二萬五千美元（傑佛遜一八一二年戰爭書信）之間，很快就回本了。

這組檔案涵蓋克勞佛德三十年的人生，其中還包括好幾位我們今日認定的美國建國元勳。這就是那條白鯨，這是美國地底最深處的金礦礦脈。在我當時拿起這些文物，以及我現在回想它們的時候，我在其中感受到美國的脈搏跳動，而我親眼目睹過這些公僕對於我國的卓越貢獻。

擁有這麼龐大的一組文物，你並不只是抓住某一時刻，而是看見歷史在時間裡展開，你可以看見深度、人格、悲劇、勝利，以及廣闊的脈絡背景——就像我們從布雷迪格文庫中獲得的。布雷迪格文庫的結局是悲劇，我看見其中體現著自己的家族歷史；現在這個則是美國旅程的故事，我的家族同樣也是其中的一部分。我有家人從納粹那邊逃離，我有祖先曾經在美國革命中奮鬥。我的祖先查理・渥恩・休士頓有位親戚（所以也是我的親戚）曾在一八一二年戰爭期間作戰。這些男男女女離世許久，他們已不能言語，但我卻可以為他們發聲。我的責任是要理解與訴說相關之人的故事，而我欣然接受這個責任。

愛默生論歷史道：「如果一個人認為歷史名人在遙遠之前的時代所為之事，比自己今日所做的具有更深刻的意義，我不期望此人能正確解讀歷史。」我的旅程起始於自己沒來由地忽然決定加入父親開創的事業，這趟旅程帶著我見識了文件夾內知名的文物與收藏。我的旅程帶著我與喬治·布雷迪格同船逃離納粹德國，而高握火炬的自由女神迎接著我們進入安寧的紐約港；我的旅程帶我到蒙蒂塞洛莊園，坐在傑佛遜的旁邊，我在他偉大的圖書館裡盡情閱讀，並且討論美國的遠景；我的旅程把我放在卡梅洛初期的橢圓形辦公室，約翰坐在他的搖椅上，而巴比在旁邊動腦筋，充滿著動力、理想、光輝的氣氛，然後——「啪」——我正在空軍一號上，即時聽著這場瘋狂而悲劇的結局。

我的旅程將我放在永恆的十字路口，十字路口向過去延展、向未來延伸，而我處於現在的制高點，一切都在此消融。擔當歷史獵人，讓我汲取到其他行業無法想像的深度，讓我開闊只有真正了解史上人類經驗複雜性才能提供的人生視野。這些信件與文物成為一扇窗口，我則透過這扇窗，取得了我個人的收藏。

終章
Epilogue

我在這本書中引用參考了不少十九世紀偉大作家的資料，這麼做不是偶然的，其中的作者從德國到英國皆有，但主要是美國人，這是獨特的美國文學茂盛成長的第一段時期。「年輕」（年輕的人、年輕的國家）當中富有動力與見解，而這段時期的文人竟能用寥寥數語捕捉到這麼多。

我擁有這些人物的一小組文物收藏，例如愛默生跟梭羅等人，這些收藏是非賣品，它們反映的是我的熱情，它們是我的珍寶，我不用擔心得在市場上抵禦其他競爭者。其中一件文物，是梭羅第一本書《河上一週》（*A Week on the Concord and the Merrimack Rivers*）的第一版，書中有作者親筆寫的引言，引言下方還有親筆簽名；梭羅的簽名十分罕見，我從來沒見過這位《湖濱散記》作者其他的簽名引言。

梭羅的詩句將過去想像為生活在當下的媒介，他在詩中援引布列塔尼（Brittany）地區卡納克（Carnac）古代巨石陣，這些巨石在十九世紀浪漫主義時期是文人靈感的泉源。梭羅的部分詩句寫道：

那個時代的精神在哪裡
在今日的哪裡，也許在今日的詞句中？
三千年歲月並無消逝
三千年還在夏日清晨間徘徊

這首詩的結尾，就是寫在我手邊這本書上的引言：「如果卡納克的列柱依然豎立於平原上／好好享受它們留給我們的機會。」

那個時代的文人意圖將過去及現在相融合，將兩個時代相摺疊。在此意義下，雖然我們可能想以別種方式表達，但其實我們都是在做著一樣的事——我們別無選擇。既無法活在過去，也不能活在未來；但是，我們與他人的過往經驗，就如火焰般於現在燃燒著，或者如愛默生所言，一個人的目標是「以自身活過所有的歷史」。讓過去活生生存在於你之內，但同時也要讓自己的生命活在當下。

打從最初，即使我的年紀還沒大到可以吸收，歷史就四處圍繞著我。歷史在我還是個小男孩時便震撼了我，那是當我在蓋茨堡之役戰場上撿到一顆子彈，當我聽見父親講述古代偉人故事的時候。我在國中年紀開始為簽名文件撰寫重點時，歷史開始在我身上定居；而我決定拾起歷史，是我覺得自己可以試試看從事家族事業時；而歷史隨著我的知識增長，逐漸在我之中生根，而漸漸成為我的一部分。我見得愈多、學得愈多，就拾起愈多的動力，習得愈多的歷史意義。

然而，我逐漸意識到自己所做的工作不只是富有意義的冒險，不只是四處尋找寶石而已；不只是如此，它其實十分重要，歷史獵人是一趟發現之旅，是對更多意義的求索。傑佛遜的筆寫下我們的生命故事，林肯的智慧點亮我們的道路，邱吉爾的勇氣賦予我們力量，愛因斯坦的眼界驅使我們追尋；我們在自己的生命中，活出他們的故事。

擁有這些文件與文物、觸碰它們，能夠讓歷史的力量生動地彰顯，每一次的發現都使我們的心胸與心靈再次浸浴在歷史的光芒之中。我是歷史獵人，我在獵尋歷史，但我也在尋找自我。如果你讀了這本書也在乎這些故事，那麼你也是歷史獵人。

還有許多未竟事物等待探索，它們藏在閣樓與地下室內，它們掛在牆上，它們在各行各業人們的櫃子裡躲著，那都是我們尚未發掘的寶藏。每天都會帶來新的發現，每封電子郵件都是狩獵的呼喚，它們每次都不同，是邱吉爾、是蘇珊·安東尼、是拿破崙、是華盛頓。只要我們繼續從過往偉人那兒獲得靈感，歷史獵人便會繼續出動，而我們就會在現場。

致謝
Acknowledgments

我希望感謝協助我的眾位檔案管理員和學者，尤其是在「愛因斯坦文獻計畫」(Albert Einstein Papers Project）的黛安娜・巴克渥德（Diana Buchwald）；蒙蒂塞洛「傑佛遜檔案典藏」(Papers of Thomas Jefferson）的湯瑪斯・傑佛森・魯尼（Thomas Jefferson Looney）；普林斯頓大學「傑佛遜檔案典藏」的芭芭拉・歐柏格、林尼・申克（Linny Schenck）、詹姆士・邁克魯（James McClure）和湯瑪斯・道尼（Thomas Downey）；維吉尼亞大學「喬治・華盛頓文獻檔案」的班傑明・哈金斯（Benjamin Huggins）；史密森尼美國國家歷史博物館大衛・米勒；麻州歷史學會（Massachusetts Historical Society）的布蘭達・羅森（Brenda Lawson）及莎拉・喬吉尼（Sara Georgini）；威廉與瑪麗學院的傑拉德・蓋德莫爾（Gerald Gaidmore）；管理門羅檔案的丹尼・普雷斯頓（Daniel Preston）；殖民地威廉斯堡基金會（Colonial Williamsburg Foundation）的道格拉斯・馬約（Douglas Mayo）；美國國會圖書館的茱莉・米勒、芭芭拉・貝爾（Barbara Bair）、蜜雪兒・克勞（Michelle Krowl）與納森・多恩（Nathan Dorn）；現於莎士比亞圖書館的米雪兒・李・希佛曼；賓州歷史學會的李阿諾；還有哥倫比亞大學「約翰・傑伊典藏」(John Jay Papers）的羅布・哈柏曼（Robb Haberman）與布蘭特・渥格爾（Brant Vogel）。

我很感激珍娜・班頓（Janet Benton），你現在所握著的這本書，最初是他起的頭。我要感謝我的經理人珍・馮・梅倫（Jane von Mehren）以及愛維塔斯創意管理公司（Aevitas Creative Management）的團隊，謝謝她對於我的故事所具的潛力，給予耐心、指導與信任。我的編輯是聰明的瑞克・賀謹（Rick Horgan），他對本書的熱情與智慧非常重要，必須向他致謝。我也要感謝斯克里布納出版社團隊（Scribner）協助讓這本書成真，要致謝的對象包括柯林・哈里森（Colin Harrison）、蘿莎琳・馬赫特（Rosaleen Mahorter）、布萊恩・貝爾菲格里奧（Brian Belfiglio）、艾胥黎・吉連（Ashley Gilliam）、貝克特・路耶達（Beckett Rueda）及艾蜜莉・葛林華達（Emily Greenwald）。我還要感謝了不起的作家盧克・巴爾（Luke Barr），本書所以能成就，他扮演著不可或缺的角色，我在過程中非常重視他的意見。

感謝我的外祖父肯尼士・旭帕德（Kenneth Sheppard）與舅舅掃羅・萊伯維茲（Saul

Leibowitz），他們的謙遜與無私，是我企圖落實於人生與事業的道德榜樣。

我想要感謝如今已成為牧師的簽名文件專家尼爾．拉尼根（Neale Lanigan），他在我父親生涯早年曾經給予建議，他對於父親的教導，父親後來也一樣教給了我，我將這些教訓寫在本書之中。

謝謝哈達．麥克尼爾（Hadar McNeill），他與我們公司的合作，讓我得以將時間與精力放在這項重要的任務上。

如果不是父母的辛苦付出，我這個歷史獵人也當不成。三十年前，我的父母在家中餐桌上創立了「史帝芬．拉伯簽名及歷史紀念物」公司，他們後來歡迎我加入，並且願意信任我有能力掌管事業。父親傳授我最多的歷史知識與獵人技巧，但我對母親的感謝是同等的，她傳授給我的是最重要的建議：一次只走一步，讓工作在自己的面前進行。我在本著作與其他事務上屢屢運用了這個方法。

最後要感謝我的家庭團隊，那就是凱倫，我的妻子兼事業夥伴，如果沒有她，我什麼都成就不了。還有我那個能鼓舞心靈的女兒伊莉莎白，我希望她未來可以像梭羅那樣，能夠解決測量員遇到的問題，但其為人的真正目的則在於生命更深刻的意涵。

潮歷史 05

歷史獵人

追尋失落的世界寶藏

The Hunt for History : On the Trail of the World's Lost Treasures—from the Letters of Lincoln, Churchill, and Einstein to the Secret Recordings Onboard JFK's Air Force One

作　　者　奈森・拉伯（Nathan Raab）、盧克・巴爾（Luke Barr）
譯　　者　韓翔中
責任編輯　賴譽夫
封面設計　一瞬設計　蔡南昇
排　　版　L&W Workshop

編輯出版　遠足文化
行銷企劃　林芳如、余一霞、汪佳穎
行銷總監　陳雅雯
副總編輯　賴譽夫
執 行 長　陳蕙慧
社　　長　郭重興
發行人兼出版總監　曾大福
發　　行　遠足文化事業股份有限公司
23141新北市新店區民權路108之2號9樓
代表號：（02）2218-1417　傳真：（02）2218-0727
客服專線：0800-221-029　Email：service@bookrep.com.tw
郵政劃撥帳號：19504465　戶名：遠足文化事業股份有限公司
網址：http://www.bookrep.com.tw

法律顧問　華洋法律事務所　蘇文生律師
印　　製　韋懋實業有限公司
初版一刷　2022年4月

ISBN　978-986-508-130-0
定　　價　480元

國家圖書館預行編目資料

歷史獵人：追尋失落的世界寶藏
奈森・拉伯（Nathan Raab）、盧克・巴爾（Luke Barr）著；韓翔中 譯
一初版.一 新北市：遠足文化事業股份有限公司，2022年4月
364面；14.8×21公分（潮歷史05）
譯自：The Hunt for History : On the Trail of the World's Lost Treasures—from the Letters of Lincoln, Churchill, and Einstein to the Secret Recordings Onboard JFK's Air Force One
ISBN 978-986-508-130-0（平裝）
1.史料 2.手稿 3.世界史
542.09571　110016048